转型经济研究丛书

辽宁大学“211 工程”三期建设资助项目
教育部人文社会科学重点研究基地建设成果

中国市场化民主化现代化特色之路

徐 平 刘钧霆 耿丽华 著

经济科学出版社

图书在版编目（CIP）数据

中国市场化民主化现代化特色之路/徐平，刘钧霆，耿丽华著. —北京：经济科学出版社，2013.8
（转型经济研究丛书）
ISBN 978-7-5141-4227-3

Ⅰ.①中… Ⅱ.①徐…②刘…③耿… Ⅲ.①社会发展-研究-中国 Ⅳ.①D668

中国版本图书馆CIP数据核字（2014）第008150号

责任编辑：柳　敏　张庆杰　向焕强
责任校对：隗立娜
版式设计：齐　杰
责任印制：李　鹏

中国市场化民主化现代化特色之路
徐　平　刘钧霆　耿丽华　著
经济科学出版社出版、发行　新华书店经销
社址：北京市海淀区阜成路甲28号　邮编：100142
总编部电话：010-88191217　发行部电话：010-88191522
网址：www.esp.com.cn
电子邮件：esp@esp.com.cn
天猫网店：经济科学出版社旗舰店
网址：http://jjkxcbs.tmall.com
北京汉德鼎印刷有限公司印刷
三河市华玉装订厂装订
710×1000　16开　17印张　280000字
2013年12月第1版　2013年12月第1次印刷
ISBN 978-7-5141-4227-3　定价：48.00元
（图书出现印装问题，本社负责调换。电话：010-88191502）

总　　序

作为辽宁大学“211 工程”三期建设资助项目，作为教育部人文社会科学重点研究基地“辽宁大学转型国家经济政治研究中心”重要建设成果，经过学术团队三年多的辛勤创作与撰著，《转型经济研究丛书》就要和读者见面了。

“转型经济”这一概念的使用，源于转型经济国家群体的出现。20 世纪 80 年代末 90 年代初，随着东欧剧变尤其是苏联解体，这些国家毅然决然地告别了熟悉的计划经济，开始朝向陌生的市场经济转变。于是，转型经济体便应运而生了。几乎是在同一时点，即以 1992 年邓小平同志“南方谈话”以及以此精神为指导召开的党的十四大为标志，中国也成为转型经济体的重要一员。因为，此时的中国在十几年“摸着石头过河”改革探索的基础上，决定与计划经济体制彻底地分道扬镳，进而正式地将改革的目标模式确定为建立“具有中国特色的社会主义市场经济体制”。

转型经济出现 20 多年后，显然与其脱胎而来的计划经济业已截然不同。与此同时，它与当代西方资本主义国家的市场经济也有相当明显甚至具有本质属性的差异。还可以初步预料的是，今后转型经济与传统上的计划经济的距离将进一步拉大，但却得不出它将被彻底并入西方国家市场经济类别的结论。看来，转型经济是一个既不同于传统社会主义国家的计划经济，也不同于当代西方资本主义国家的市场经济的相对独立且将长期存在的社会经济形态。

我和我的团队骨干商议并决定撰著这套丛书的时候是 2009 年的夏天，回忆起来，具体是 2009 年的 8 月 17 ~20 日。四天里，我们同吃同住，封闭式工作，夜以继日地研讨丛书的立意、创新、重点、研究方法等重要问题。那是源于美国、波及世界各个角落的全球金融危机爆发高点持续的时刻，这也是我有必要提及的撰著这套丛书的另一个重要背景。在全球金融危机中，尽管中国、俄罗斯等转型经济国家的表现不同，但共同点在于均遭遇来自全球金融危机的巨大冲击。而遭遇冲击的缘由在于自身的经济增长方式存在严重问题，如中国是过度的外贸依赖（当然还有投资依赖），俄罗斯是过度的能源依赖。由此引起思索的是，在开放经济条件下，如果说以往转型经济国家的主要任务是致力于市场经济制度建设的话，那么当下，转型经济国家在必须继续深化和完善这一事业的同时，又迫在眉睫地面临着根本转变社会经济发展方式的任务。这进一步表明，转型经济的使命真的可谓任重道远。

转型经济研究这一议题强烈地吸引了我们，接下来的问题就是选择怎样的写作体例方式。我的意见顺畅地成为团队骨干的共识，即撰写一套由六本著作构成的丛书。既然是一个命题之下的丛书，基本要求自然就不能是简单的罗列，而是要有相互之间的内在逻辑关系。其中的第一部著作《转型政治经济学导论》，集中讨论转型经济的约束条件、转型目标与政策空间、转型的现实矛盾与演化机制、转型经济的未来发展等一系列关乎转型经济的基本问题，旨在为随后展开的国别研究提供统一的理论框架和分析工具。国别研究是丛书的主体部分，包括《东亚转型研究》、《俄罗斯转型研究》、《中东欧转型研究》和《中亚转型研究》四部著作，分别对这些研究对象转型的理论与实践、进程与特色、成效与问题以及未来走向等方面进行了较为系统的总结和尽量深入的分析。此处有必要说明的一点是，严格地讲，东亚并不属于我们所界定的转型经济体之列，然而，发端于日本而形成的极具特色的东亚模式及其后来的转型理论与实践，对于从计划经济走向市场经济的纯粹的转型国家，事实上起到了不容低估的催化和借鉴作用。所以，把东亚转型置于国别研究部分之首，有助于我们从历史脉络的角度加深对转型经济的理解。最后的落脚点定位在中国，以《中国市场化民主化现代化特色之路》收官。我们期待通过这种总、分式的系统安排体例，既在构建理论分析框架与方法方面，又在梳理和剖析纷繁复杂的实践经验方面，对于转型经济研究的深入做出新的尝试和贡献。

除了丛书方式选择以及体例安排上的新意，我们还始终追求在转型经济研究内容、视角和方法上一定要有自己的特色。这里我只简要指出以下三点，希望能够得到读者的认同。

第一，把“三化”作为转型经济研究的核心内容。在梳理相关文献的过程中我们发现，以往关于转型经济的研究大多只聚焦在经济体制转轨方面。我们认为，经济体制转轨，或者说，经济域的市场化问题，事实上只是转型经济的一个组成部分。经济增长方式的现代化，经济体制转轨基本取向的市场化，以及政治制度演进的民主化，在我们看来，这“三化”共同构成了转型经济的完整体系。对于转型经济国家而言，实现经济现代化是基本战略目标，而实现这一战略目标则需要依托经济制度的市场化。同时，在实现现代化赶超发展的特殊时期，一方面推动政治民主化的进程，另一方面发挥适应本国国情的政治体制的动员优势和稳定机制，显然又是十分重要的。不同国家乃至不同时期，“三化”的侧重点、尤其是经济市场化与政治民主化的组合方式会有差异和变动，但又存在必须遵循的客观演化规律。把“三化”、尤其是经济市场化和政治民主化的研究有机地统一和衔接起来，贯穿于我们这项研究工作的整个过程。

第二，特别关注转型经济的内外部约束。以往研究转型经济的另一个重大缺陷，就是多为描述转型经济所发生的事实，而对其事实发生的制约因素分析较少，或者不够深入。结果，只能是知其然而不知其所以然。本项研究事前锁定的突破点之一，就是要在这个环节上有所建树。我们关于转型经济内部约束的基本看法是：以制度变迁为其核心内容的经济转型，改变着社会资源和财富的产权边界，本质上是一个财富和权力重新分配的过程，这就必然引发转型主导力量关于“转型不被逆转”、“转型社会支持”、“转型时期政治权力的宪政合法性”等问题的优先考虑，从而使得经济转型演变成为一个公共选择的过程。关于外部约束：转型经济的发展道路、模式选择等，客观上对整个人类社会的发展方向必然产生十分重要的影响。于是，转型经济外部的各种力量（尤其是主要力量）不会视而不见，必然作出利己主义的支持或者阻挠的行为选项。同时，随着实践的发展，转型经济本身的成就抑或问题，又对现实中的国际政治经济体系、秩序、规则等产生重大影响。可见，转型经济的外部约束同样构成了转型经济研究的重要内容。

第三，综合运用多学科的研究工具。既然转型经济不仅限于经济制度的变迁，还涉及国内公共选择政治域、开放经济域等诸多问题，这就要求我们的此项研究工作在采用纯经济学分析方法的同时，有必要将国际政治经济学、博弈论、新制度经济学、新政治经济学等跨学科的研究工具纳入其中。对这些方法综合并默契地加以运用是复杂的，然而，学习和驾驭新方法的使用过程却是充满乐趣的，最重要的是，其研究成果一定是更为科学的。

转型经济是一个必将长期存在的社会经济形态。如此看来，迄今20余年的转型经历不过只是拉开了序幕。这就决定了，我们奉献给读者的研究成果是阶段性的，是初步的，是不完善的。我们等待着读者的意见反馈，尤其是读者中学界同行们的批评建议，认真消化吸收，促进接续的跟踪深化研究不断提升水平。

程伟

2013 年 4 月

前　言

法国学者布罗代尔（Braudel）曾经就历史研究方法论问题提出了一种“长时段”的研究方法，即注重历史发展过程的细致观察，高度关注社会结构的长期演化。在学术史上，也有许多学者将漫长而缓慢变化的人类社会发展过程纳入自己观察的范围，从整体性的视角对人类社会发展道路以及发展阶段提出了富有启发性的观点，其中包括马克思、孔德（comte）、李斯特（list）、罗斯托（Rostow）、康恩（kahn）等著名学者。从业已形成的诸多观点可以看出，人类社会的发展是一个不断从低级形态走向高级形态的演化过程。可以说，现代化正是在历经了这样一个“长时段”的演化过程之后，逐渐演化成为自英国工业革命以来最具有彰显性的发展范式，它不仅以其界标性特征成为一个时代的主体脉络，同时也构成了相当长时期内影响我们思考范围的基本框架。

从一般意义上讲，人类社会迄今为止大致经历了从农业社会到工业社会，再到信息社会的几个重大的历史性转换。目前，工业社会已经成为我们这个时代的固态表现，信息社会则呈现出我们这个时代的发展趋向。所谓现代化，就是指在现代生产力引导下人类社会从农业社会向工业社会的过渡。历史事实表明，现代化是一个世界性的历史演化过程。对现代化为我们生活所带来的变化进行密切而持续的关注，既是科学的方法，也是社会现实对我们提出的要求。如果忽视对这一变化进行密切而持续的关注，我们便会失去对世界现代化乃至中国现代化的完整把握。把握现代化的总体进程和总体特征，目的在于探明中国现代化在世界现代化总体进程中的地位及趋向选择。若问中国自鸦片战争以来最持久的特征是什么，这就是为实现中国从传统农业社会向现代工业社会的转换而付出的艰苦而卓绝的努力；若问中国从传统农业社会向现代工业社会的转换过程中最复杂的问题是什么，这就是为实现这样一种转换而进行的艰难而曲折的道路探索。可以说，今日的中国已经进入了这一社会转换的最关键时期，一条越来越清晰的具有鲜明特色的实现现代化的“中国道路”正在凸显。

具有鲜明特色的实现现代化的“中国道路”的绩效究竟怎样？如果我们平心静气地评价，可以说这条道路实现了当代中国的三个历史性跃升——综合国力的历史性跃升、民生水准的历史性跃升和国际地位的历史性跃升。从综合国力来看，如果将中国的发展放在人类的历史长河中进行观察，中国的人均国内生产总值（GDP）在公元1300年以前曾经长期领先于世界。但此后，中国开始落后于西方国家，到19世纪的时候与西方国家的差距更加扩大。只是到了新中国成立以后，尤其是1978年实施改革开放以后，中国国内生产总值以年均接近10%的速度增长，持续时间之长、速度之高，实属罕见。现在，中国已经成为世界第二大经济体和最具全球影响力的制造业大国。从人民生活的改善来看，中国不仅用不足世界10%的耕地养活了世界22%的人口，而且创造了人民生活从贫困到温饱再到总体小康的历史性跨越。据世界银行统计，2011年我国人均国民收入达到4 930美元，已经进入中等收入国家的行列。中国与西方国家的人均收入差距自公元1300年之后首次出现了收敛的趋势。中国国家统计局在2012年公布的数据表明，中国经济将继续保持强劲的发展势头。新中国的诞生特别是改革开放以来的经济发展，已经成为人类历史上后发展国家实现经济持续快速发展的奇迹。尤其在经历了一连串的国际和国内重大事件的考验，中国特色社会主义现代化道路选择的划时代意义已然清晰可见——中国道路是实现国家富强、民族振兴、人民幸福的成功之路。当然，中国道路也给当代世界的发展带来了新的机遇。国际货币基金组织的统计数据显示，2008年国际金融危机爆发以来，中国贡献了近1/4的全球性经济增长量，为全球经济复苏做出了举世公认的贡献。[①] 总之，中国的发展所释放的巨大能量已经引起了举世瞩目，也让我们对未来有了更多的期待。

在旷古未有的现代化大变局中所形成的独立自主的中国道路，实属来之不易。这条道路经历了百余年的艰辛探索过程、半个多世纪的反复实践过程以及30多年的自我改革和自我完善过程。它既是中国漫长发展过程中逐渐生成积累的结果，也是长期与现代文明深度交汇融合的结果；既是中国对现代化发展的方向性认同，也是中国共产党人结合中国实际自觉探索的过程。就是说，中国道路的形成寄托了无数仁人志士的夙愿和期盼，凝聚了亿万人民的奋斗和牺牲，承载了几代中国共产党人的理想和探索。中国从落后走向进步，从贫穷走向小康，从封闭走向开放，从愚昧走向文明，从迷信走向科学，从封建专制走向民主法制，从前现代走向现代化，经历了几代人的浴血牺牲，付出了巨大的历史代价。道路，关乎中国现代化发展，关乎中国社会转换，关乎国家命运和人民幸福。可以说，中国道路是自近代以来中国社会发展的必然选择，是凝聚中国、稳定中国、发展中国、壮大中国的必由之路。当然，中国道路并非一个排他性的概念，而是一个包容性的概念，是在开放中与现代文明交汇融合逐渐形成的一种新的特质。正如我国学者所指出的那样："20世纪的中国历史，清晰地呈现了中国与世界的互动关系：中国的观念形态与世界主要的意识形态一起涨落，中国各种政治运动与世界几种主要的政治运动共同兴衰，中国最终的选择与世界形势施加于中国的制约之间存在着深刻的内在关联。作为一个丧失了文化先进性和政治领导地位的国家，中国从世界其他主导性国家那里寻求'问题'和'方案'。中国20世纪的各种思潮、运动、选择，都不是

① 黄力之：《中国梦：世界和平发展新机遇》，载《光明日报》2013年7月24日"国家社科基金"版。

孤立于世界之外的。世界历史深刻地嵌入进中国历史之中，影响着中国的进程。”①

中华文明是历史悠久的，中国能量是空前巨大的，当然中国所面临的矛盾和问题也是前所未有的。可以说，中国正处于一个“多重复合”社会转型的关键时期：（1）文明类型的转换期——这是自近代以来“千年未有之大变局”；（2）社会类型的转换期——这是自社会主义制度建设以来进一步完善的关键时期；（3）经济体制转换期——这是双轨经济体制向成熟市场经济体制转变的关键时期；（4）政治体制完善期——这是适应经济社会发展探索新型民主政治的关键时期。当然，这个时期也正处在国际环境的错综复杂的变化时期，也是中国各种社会问题和社会矛盾的凸显时期。这种“多重复合”社会转换的特点以及这种“多重复合”社会转换所面临的国际国内的复杂环境，在中国现代化的历史上乃至世界现代化的历史上都是前所未有的。伴随社会转换进程的深化，中国道路是否具有可持续性，中国道路会对未来产生什么样的影响，这些问题已经成为人们热议的焦点。赞誉者有之，疑虑者有之，诋毁者有之，甚至有人认为中国并没有具备经济增长取得骄人绩效的制度基础——健全的法律体系、健全的金融市场、良好的产权保护等。因此，引致中国道路选择的深层原因是什么？如何认识中国道路的合理价值，如何解读中国道路的进步意义？如何构建能够支撑我们艰难转换的信念共识？如何继续实现中国道路的自我推新和借鉴创新？这些都亟待我们给出令人信服的理论说明和世界表达，也需要中国智慧的创造性发挥，即在探索具有中国特色的社会主义现代化道路的同时，也要应对这一道路探索过程中所面临的各种挑战。

科学研究的任务是理解世界和解释世界。在这里，有必要简略地谈一谈本书的构想。早在动笔著述的十多年前，我们便对中国的现代化问题产生了浓厚的兴趣。我们深知中国已经步入一种

① 张剑荆：《通向大国之路的中国策：大国崛起》，新华出版社 2005 年版，前言。

“多重复合”社会转换的关键时期。在这样一种“多重复合”社会的转换过程中，容易衍生各种意想不到的综合并发症——社会共同体的认同问题、政治权威的合法性问题、价值观念的多元化问题、经济发展的不平衡问题、国际社会的安全环境问题。马克思曾经有过这样一句名言：“问题就是时代的口号。”[①] 世界上还没有任何一个国家的现代化像中国这样面临着如此错综复杂的局面和庞大繁重的任务。中国是在一个历史遗留下来的这样一种困难背景中进行改革和推进现代化的，我们没有现成的模式可以遵循。西方国家在现代化进程中依据其历史经验已经形成了一些相关的理念和政策，但这不等于对中国历史发展中所积累的经验和中国现实发展中所面临问题的洞察。任何在不对选择发生的背景进行深入探讨的情况下而套用某种理论所得出的结论都是轻率的。行为理性不是从一切可能方案中选择最优的，而是在特定场景内根据充分理由所做出的决断。我们要学会倾听时代的声音，在倾听时代的声音中把握时代的脉动，鼓起勇气解决我们所面临的问题。

改造世界，不是在画布上作油画，没有达到理想状态可以再重来。我们既不能用机械呆板的理论来看待中国，也不能用中国特殊论来对待进步的思想成果。一切以马克思主义中国化和先进思想中国化，为人们准确地理解中国社会的“多重复合”转换扫清道路。本书的宗旨是，按照对世界现代化总体进程和总体特征的理解，来构建起对中国现代化道路的认知框架：（1）通过对世界现代化的整体性把握，深化对现代化本质的认知，进一步明确中国现代化发展的方向；（2）通过将中国现代化进程纳入世界现代化总体发展中加以考量，认清中国现代化的历史方位，进一步增强对中国道路选择的认知；（3）通过对中国道路的深刻思考，把中国伟大实践的经验上升为理论的阐述，进一步增强对中国道路选择的自信；（4）通过对现代化经验和教训的总结，增

---

① 《马克思恩格斯全集》第40卷，人民出版社1982年版，第289页。

强对社会转变型期风险的认识，进一步提供化解中国问题的思路。

作为项目的总负责人，程伟教授组织了选题和大纲的确定工作。在达成基本认知框架的基础上，徐平教授和刘钧霆教授提出了本书的大纲并经过讨论最终确定。本书共由8章构成：第1章，总论；第2章，中国现代化发展的历史背景与转型的初始条件；第3章，中国市场化转型的初步发展与基本成效；第4章，中国市场化进程中的民主化建设；第5章，中国市场化民主化深化中“现代化难题”；第6章，中国市场化民主化推进与“现代化难题”化解；第7章，开放世界中的中国现代化发展；第8章，中国大转型与未来展望。前言以及第1章、第2章、第6章由徐平教授负责撰写，第3章、第4章、第5章、第8章由刘钧霆教授负责撰写，第7章由耿丽华教授负责撰写。最后，由徐平教授和刘钧霆教授统稿。我们深知，目前所形成的认知构架仅仅是概括性的，难以囊括中国的全部。但是，犹如人们在初步寻找地理方位时并不需要确切了解每座房屋和每条小路的位置一样，这时，对他来说方向感和全局意识似乎更重要。

大风起兮，大局开启。中国正在发生翻天覆地的变化，中国正处于“多重复合”社会转换的关键时期。中国现在谈论最多的话题就是“改革、发展、进步”，这在一定程度上反映出中国人民在改革开放中获得的自信。中国共产党第十八次全国代表大会报告对中国现代化道路进行了高度概括：（1）进一步明确了中国现代化道路的科学内涵及确立这条现代化道路的前提和基础，阐明了这条道路的战略重点、政治保障、发展动力、根本任务、总体布局、发展目标和根本目的；（2）围绕总体布局，阐述了中国现代化道路对经济发展、政治发展、文化发展、社会建设和生态文明建设的基本要求。这些论述表明，我们对中国现代化道路的认识更加理性、更加全面、更加自觉。我们相信时间和我们站在一起，我们相信自己能够创造历史。当然，我们还需要记住发展和进步的重要基础是现实。美国学者道格拉斯·诺思（Douglass North）曾经这样指出：“在整个人类历史上，我们误解现实的概率远比正确理解现实的概率大得多，因而认识现实的本质就很重要。更为重要的是搞清楚现实究竟是如何变化的。”① 因此，我们必须正确把握中国现实的本质，通过对现实的彻底理解，为未来提供更坚实的基础。

① ［美］道格拉斯·诺思：《理解经济变迁》（中文版），中国人民大学出版社2008年版，第5页。

目　录

1

总论

从一般意义上讲，人类社会迄今为止大致经历了从农业社会到工业社会，再到信息社会的几个重大的历史性转换。可以说，人类社会进程中的每一次历史性转换都形成了一种彰显性的发展范式。目前，工业社会已经成为我们这个时代的固态表现，信息社会则呈现我们这个时代的发展趋向。所谓现代化，就是指在现代生产力引导下人类社会从农业社会向工业社会的过渡，也可以说是从农业社会向经济富裕、社会稳定的工业社会的整体过渡。[①] 我国学者罗荣渠教授认为："人类社会曾形成两大文明形态——农业文明和工业文明。前者属于人类社会的第一种文明形态，即以铁器和各种自然力的运用为生产力的基础，其经济结构或生产关系与原始农业文明有继承关系，存在着各种后期公社制、奴隶制、农奴制等不同的生产关系或经济结构；政治制度上，在不同地区存在着封建君主制、封建贵族制、官僚帝国制、城邦共和制等不同形式的王朝国家和家族国家。后者属于人类社会的第二种文明形态。生产力的基础是大机器生产体系以及能源经历了蒸汽—电力—石油—原子能的革命转变。生产力的总的特点是机器

① "工业"一词虽然在18世纪就已经具有了我们所熟悉的专门含义，但也很难摆脱它的旧含义：工作、活动、技巧，而工艺、制作、制造等词又长期在同一范围里存在。到19世纪，工业一词趋向确指大工业。当时的工业主要有三种类型：孤立的家庭小作坊、分散的手工工场、集中的制造厂（以水为动力和以蒸汽为动力）。在19世纪，以水为动力和以蒸汽为动力的集中的制造工业获得成功。参见［法］费尔南·布罗代尔：《15至18世纪物质文明、经济和资本主义》第二卷（中文版），生活·读书·新知三联书店2002年版，第311～318页。1816年，由圣西门创办《工业》杂志开始，逐渐形成了如个人主义、工业主义、社会主义、资产阶级、无产阶级等一系列新概念，揭开了人类认识工业社会的序幕。李嘉图（Ricardo）在1817年出版的《政治经济学及赋税原理》一书中专门增加了"论机器"一章。但是，早期工业化还具有工厂规模小、劳动组织简单、劳动力资源不稳定、都市化不成熟等特点。世界现代化进程研究丛书：《罗荣渠与现代化研究》，北京大学出版社1997年版，第194页。

力，即技术力取代了自然力和人力，非生物性能源的广泛应用，从而使生产过程发生了质的变化；强大的市场竞争机制形成，使经济获得了自我持续发展的能力。在这一阶段，世界存在着社会主义体制、资本主义体制、混合性体制等不同的生产关系或经济结构。在政治制度上则存在着集权型民主制、分权型民主制，以及专制体制等不同的形态。"[①] 布罗代尔认为，工业文明"是一个不可分割的整体，是各部门相互依赖、相互解放的结果。得利于人类智慧或偶然机遇，各个部门的发展可能有早有晚，但每个部门的发展无不为其他部门创造了有利的发展条件。真正的'增长'必定以不可逆转的方式使许多部门的进步相互联系，相互支持，一起上升到更高的水平"[②]。如果立足于整体性的视角，我们可以从这样几个方面加强对现代化的深度理解：(1) 现代化是一次文明转换——从对人性的蔑视和扼杀到对人性的尊重和弘扬；(2) 现代化是一种道路探索——人类通过对自身存在价值的重新思考，探索更适合人类生存与发展的途径；(3) 现代化是一场社会变迁——从自然经济到市场经济，从农业社会到工业社会，从王朝国家到民族国家，从专制制度到民主政治，从长期停滞到持续增长；(4) 现代化是一个历史过程——自文艺复兴以来人类社会跌宕起伏、绵延不断的转变过程；(5) 现代化是一波全球运动——自工业革命起已经形成了波及范围越来越大的三次发展浪潮。总之，现代化发展使人类社会的进步开始从相对低级的形态过渡到相对高级的形态。正如美国现代化问题专家 C. E. 布莱克 (C. E. Black) 教授指出的那样：现代化是人类社会所经历的三次最伟大的革命性变革之一。第一次是在大约 100 万年前，从灵长类动物千万年的进化中诞生了人类；第二次变革是发生在距今 7000 年至 4000 年左右，在两河流域、尼罗河谷、印度河谷、黄河流域、中美洲和安第斯河谷，相对独立地发生了从原始社会向文明社会的历史性跃迁；而我们今天，正面临着一个新的革命时代的挑战，这便是自西欧起步进而波及全球的从传统农业社会向现代工业社会的迈进。[③]

可以说，现代化以其时代的标界性特征形成了直到今天仍然影响我们思

---

① 尹保云：《马克思主义与一元多线历史观》，载世界现代化进程研究丛书：《罗荣渠与现代化研究》，北京大学出版社 1997 年版，第 125 页。

② ［法］布罗代尔：《15 至 18 世纪的物质文明、经济和资本主义》第二卷（中文版），生活·读书·新知三联书店 2002 年版，第 624 页。

③ ［美］C. E. 布莱克：《现代化动力——比较历史研究》（中文版），四川人民出版社 2002 年版，第 1 章。

考范围的基本框架。如果任意缩小这个范围，我们便会失去对现代化的完整把握。离开背景，我们就无法正确理解现代化的真正意义；离开整体，我们就无法正确解释现代化演进的原因。我们只有从宏阔的历史背景和整体性的高度对现代化进行连续性思考，并将中国现代化纳入世界现代化发展的总体进程中加以考量，才有助于我们探明中国在现代化总体进程中的地位及趋向选择，有助于我们关于中国现代化的深度思考以及对“中国道路”的正确认知。

1.1 世界现代化发展历程

1.1.1 从多元到一元

人类社会自诞生之日起，向我们所呈现的是多元文明特点。正如德国学者雅斯贝斯（Jaspers）所指出的那样：在这个世界上，“每个民族都有由特殊历史事实组成的无限多样性”。各个民族都拥有其属于自己的存在方式，呈现出不同的结构变化和发展动态。根据汤因比（Toynbee）的社会学统计，人类社会曾经存在过21种文明方式。不过，经过不断演化，到了六七千年前，古埃及文明、古巴比伦文明、古印度文明以及古代中华文明逐渐成为四个重要的文明中心。可以说，这四大文明中心都是在漫长的历史发展过程中逐渐形成和壮大的，都有其自己独特的风格和深厚的底蕴，都在不同的文化领域揭示了人类存在的价值。到了两三千年前，古埃及文明、古巴比伦文明、古印度文明又相继衰亡，出现了断裂现象，而古代中华文明还在继续发展。与此同时，在欧洲的地中海沿岸崛起了一个新的城邦奴隶制文明——古希腊文明和其后的古罗马文明。就是说，在两千多年前，古代中华文明、古希腊和古罗马文明，犹如璀璨的明珠，在世界的东方和西方交相辉映。

在欧亚大陆不同文明之间的有限交往中，中世纪的欧洲就从其他文明类型学到了许多新的技术，比如来自东方的新工具、科学乃至哲学知识。正如美国历史学家斯特恩斯（Stearns）指出的那样：正是这种新的力量因素的导入，才使中世纪的欧洲最终产生出意义深远的政治与文化成果。[①] 尽管如此，1500年以前的世界基本上处于一种静止的状态。美国学者凯恩斯（Keynes）就认为：“从我们有记录以来，比方说，自纪元前2000年，

---

① ［美］皮特·N·斯特恩斯：《全球文明史》上册（中文版），中华书局2006年版，第350页。

一直到18世纪初，住在地球各文明中心的一般人，其生活水平并没有很大的变化。荣枯兴衰都很确定，瘟疫、饥荒、战争不断来袭，也穿插着黄金盛世，但却缺少激烈的变化。”① 欧洲地区也是如此。尽管有了古希腊文明的发展，但在公元前300年至公元1500年间，西欧同东方亚洲诸伟大文明相比，几乎就是今日所谓的不发达地区。“西欧诸民族地处边缘地带，从那里窥视内地，它们充分意识到自己是孤立的、脆弱的。”② 在“中世纪大半时间里，西欧人一直感到自己被孤立在欧亚大陆西端，并受到了威胁。西亚地区就对西欧十分轻蔑，把他们看做不能理解科学的野蛮人，甚至经常掳掠欧洲人做奴隶。”③

如前所述，西欧文明源于古希腊文明和其后的古罗马文明。已经有充分的考察证明，东方文明曾经对古希腊文明的发展产生过全面而深刻的影响。就是说，在公元前7世纪到公元前6世纪，东方文明的输入所形成的文化融合激发了古希腊的创造活力——发展了自己独特的文化形式——哲学、悲剧、修辞学、诗歌、艺术前所未有地兴盛起来。公元前594年，雅典执政官梭伦改革，设立公民会议和司法陪审制度，这是雅典人对人类文明最伟大的贡献之一，同时也深刻地型塑了后来西方的现代文明。④ 这表明，古希腊文明也不是一个纯粹的原生态文明，它是在多个原生态文明的滋养下实现了文明水平的巨大飞跃。伴随着罗马帝国的衰落，欧洲开始进入漫长的“中世纪”时期，欧洲历史也开始呈现不断再生和分裂的外貌。⑤ 在经济方面，盛

---

① ［英］彼德·杰伊：《财富的历程》（中文版），国际文化出版公司2005年版，第181页。

② ［美］斯塔夫里阿诺斯：《全球通史——1500年以后的世界》（中文版），上海社会科学院出版社1993年版，第8页。

③ ［美］皮特·N·斯特恩斯：《全球文明史》上册（中文版），中华书局2006年版，第344页。

④ ［德］瓦尔特·伯克特：《东方化革命：古风时代前期近东对古希腊文化的影响》（中文版），上海三联书店2010年版。

⑤ 在现代欧洲史学范畴内，“中世纪”是一个专有名词。中世纪又称中古，本意为中间阶段，后来一般专指欧洲从西罗马帝国灭亡前后到15世纪末前后的这段历史。一般认为意大利早期著名人文主义者彼得拉克（1304～1374）是主要的奠基者。他把罗马皈依基督教之前的历史称为古代，将皈依后直到他那个时代称为近代，并将这段历史概括为野蛮与黑暗。这种对历史的新看法被后来的知识分子继承和发展，成为现代认识的基础。到16世纪，将历史分为古代、中世纪、现代的做法逐渐多起来。17世纪后半期，现代意义上的中世纪概念正式确立。真正把这段历史概念化的是德国人克里斯托弗·凯勒（1638～1707）。他将欧洲历史分为古代、中世纪和现代三个阶段，并以此为基础编纂历史教科书的指导思想。随着史学研究的深入，中世纪一词的内涵发生了显著变化：（1）涵盖的地域缘西欧、南欧扩大为整个欧洲，中世纪史也变成欧洲历史的一个阶段；（2）中世纪逐渐与封建社会画上了等号。在许多学者看来，西罗马帝国灭亡后的欧洲社会就是封建社会。刘林海：《“中世纪”的建构与解构》，载《世界历史》2012年第5期。

行庄园制，实质上相当于一个自给自足的经济和社会单位；[①] 在政治方面，处于分裂状态，教会力量、封建贵族、议会成为制约封建王权的重要力量；[②] 在对外关系方面，各个王朝在彼此替代中交错。[③] 正是这种分崩离析的状态，使罗马帝国的复兴成为泡影，而多元的制度结构缓慢生成。所谓的“多元制度”，在经济领域表现为采邑制，在政治领域表现为封建制，在政教关系上表现为教皇制。封建制意味着由敌对的封建国王和封建领主构成的整合体取代了皇帝的权威，教皇统治意味着独立的教会取代了皇帝支配一切的地位。在这样的历史条件下，国王与贵族的斗争以及国王与教皇的斗争成为中世纪欧洲的历史特点。

竞争是制度变迁的关键。美国学者诺思这样认为：“竞争迫使组织不断地对技能和知识进行投资以维持其存续。个人和他们所在组织获得的技能和知识的类型将会塑造人们关于机会和性质的不断演化的感知，这将会逐渐地改变制度。”[④] 在西欧，政治的分裂为不同的信念和经济制度创造了竞争性的制度环境，这对处于世界文明边缘地带的欧洲的兴起具有非常关键的作用。正是在这种多元制度的夹缝中，有一个崭新的力量在逐步生成——商人阶级的成长，开始在政治上和经济上向封建贵族——实际上是向君主政体进行挑战。[⑤] 一些城镇也联合起来，组成同盟，形成了强大的政治和经济实体，比如意大利的伦巴德同盟、波罗的海的汉萨同盟等。这些发展变化，使欧洲商人的地位和权力具有了异常的独特性——始终如一地拥有强大的势力和特权。在英国，他们当上了伦敦市长；在日耳曼帝国自由城市，他们成为参议员；在荷兰，他们是享受养老金的显贵。故有学者指出：“罗马帝国衰落之后，并未像情况相似的欧亚大陆其他地区那样一再出现帝国的复兴，而是反复长期地发生着蛮族入侵，终于，无可挽回地摧毁了古典帝国的最后残余，从而为一场命运攸关的社会变异即资本主

---

① ［英］彼德·杰伊：《财富的历程》（中文版），国际文化出版公司2005年版，第116页。

② ［美］皮特·N·斯特恩斯：《全球文明史》上册（中文版），中华书局2006年版，第352页。

③ “在14世纪，围绕着英国国王在法国所控制的领地，封建权利和正在形成的民族国家权力之间的矛盾，法国与英国两个国家的王朝之间爆发了漫长的‘百年战争’。”［美］皮特·N·斯特恩斯：《全球文明史》上册（中文版），中华书局2006年版，第353页。

④ ［美］道格拉斯·诺思：《理解经济变迁过程》（中文版），中国人民大学出版社2008年版，第55页。

⑤ ［美］斯塔夫里亚诺斯：《全球分裂——第三世界的历史进程》（中文版），商务印书馆1995年版，第24页。

义的产生扫清了道路。”① 换句话说，西欧开始逐渐闯出一条崭新的发展道路——工业文明。

1.1.2 从自发到自觉

现代化并非一种自然现象，而是人类通过自身的内在觉醒而探索出的一条发展道路。历史表明，这一过程是经由文艺复兴、宗教改革、地理大发现、民族意识觉醒、启蒙运动、制度创新等一系列历史性活动完成的。

1.1.2.1 文艺复兴

11～13 世纪，欧洲经历了第一次“城市化”浪潮。② 伴随着城市化的发展，形成了一种城市自治的趋向，马克思称之为“市民社会”。由于欧洲的城市化（尤其是大城市）发展多与贸易活动有关，因此，市民的思想状态比较活跃，活动的空间范围也比较大。城市化的这样一种发展形式，使人们容易从传统的桎梏——宗教、贵族、封建主、王室的依附中游离出来，追求利润的经济活动从封建制度的约束中解脱出来，逐渐形成了新的社会组织方式和行为准则（自治群体和市民文化），城市里的工艺师、工程师、工匠、技术人员、艺术家、教师以城市为依托，形成了相对自由的氛围，从事传授知识的活动。他们常常聚合到一起，租一间房子，教几个学生，这就是最初的学院。三五个学院合在一起就是最初的大学，如波隆那大学（1088 年）、巴黎大学（1150 年）、牛津大学（1167 年）、剑桥大学（1209 年）等。这些大学的出现成为当时自由精神的场所，帮推了文

---

① 从古典文明、中世纪文明和资本主义文明在外缘地区的诞生来看，每一种社会制度趋于腐朽且将被新的社会制度所淘汰的时候，率先发生转变过程多半不在中心地区的富裕的、传统的和板结的社会，而是发生在外缘地区的原始的、贫困的、适应性强的社会里。西欧经历的这场变异是由于它的落后，这是世界历史上反复出现的一个重要现象。［美］斯塔夫里亚诺斯：《全球分裂——第三世界的历史进程》（中文版），商务印书馆 1995 年版，第 22 页。

② 中世纪以来，欧洲经历了三次“城市化”浪潮：（1）11～13 世纪的中世纪盛期；（2）16～18 世纪的转型时期；（3）18 世纪后期的工业革命时期。谢丰斋：《欧洲城市兴起的双向根源》，载《光明日报》2013 年 1 月 17 日“世界史”版。关于 11～13 世纪的城市，托克维尔曾经这样描述：“城市自治制度早在 13 和 14 世纪就已经存在。它们就如同一个个小型民主共和国，行政官由全体人民自由选举，对全体人民负责，公共生活十分活跃，城市为自己的权利感到自豪，对自己的独立无比珍惜。直到 17 世纪末，封建王权的出现才普遍取消了城市选举制度，各城市的政府也蜕化为小寡头政治。”［法］托克维尔：《旧制度与大革命》（中文版），商务印书馆 2012 年版，第 84 页。

艺复兴的兴起。14~16世纪，是文艺复兴运动时期。文艺复兴运动的思想精髓是人文主义，即主张弘扬人性与人的价值，发展人的个性，保护人的尊严。个人应通过自己的斗争获得个人自由、尊严和个性的解放。作为近代实验科学之父的培根（Bacon）大声疾呼："不要再受教条和权威的统治：看看这世界吧！"① 培根的思想代表了欧洲人理性的复活，人性光辉的再现，有关人类自身的一种新概念逐渐形成——它体现了对人类的尊严和创造力的一种新的信心。人类无须一心想着神对来世会做何判决，而只需发展自己与生俱来的潜力，尤其是思考能力。② 恩格斯曾经这样称赞文艺复兴："这是地球从来没有经历过的一场最伟大的革命……这是一个需要巨人并且产生了巨人的时代，那是一些在学识、精神和性格方面的巨人。这个时代，法国人正确地称之为文艺复兴。"③文艺复兴开创了一种新的生活方式，开始思考人类的命运以及进行摆脱自然束缚的努力。一些人开始自由经营纺纱、织布、制陶、玻璃制造、采矿和冶金；一些人开始自由进行科学探索，由此形成了重要的天文学革命、化学革命、生物学革命，产生了一系列伟大成果。换句话说，"文艺复兴以后的欧洲，几乎可以被视为一堆火种，注定将会有'工业革命'随之而来。"④ 诺思也认为工业革命起源于文艺复兴运动。⑤

1.1.2.2 宗教改革

基督教起源于亚洲，发展在欧洲。在罗马帝国时期，基督教曾被认为是犹太人的复国组织而遭到压制。伴随罗马帝国的衰落，罗马帝国不得不寻求一种精神力量的支持——开始承认基督教的存在，基督教遂成为罗马帝国的国教。后来，基督教的教士们还组织了教廷，开始用基督教的精神力量统治大小诸侯，甚至向统治区域派驻总督，罗马帝国反而成为一具空壳。这表明，罗马教会不仅掌控了精神权力，而且掌握了世俗权力。王公、诸侯如不听其旨意，便会被开除教籍。在长达千年的统治中，基督教

---

① ［英］赫伯特·乔治·威尔士：《大国的崛起》（中文版），陕西师范大学出版社2007年版，第152页。

② ［美］斯塔夫里阿诺斯：《全球通史——1500年以后的世界》（中文版），上海社会科学院出版社1993年版，第15页。

③ 《马克思恩格斯文集》第九卷，人民出版社2009年版，第406页。

④ ［美］黄仁宇：《现代中国的历程》（中文版），中华书局2011年版，第24页。

⑤ ［美］道格拉斯·诺思：《理解经济变迁过程》（中文版），中国人民大学出版社2008年版，第78页。

对欧洲的政治、经济和文化产生了深刻影响。就是说，伴随着罗马帝国的衰落，是基督教将处于政治分裂的西方国家联结成为同一个思想空间，使西欧具有了文化的统一性。① 因此，有人认为："西方社会属于基督教文化的社会。"② 要理解西方社会，就要理解基督教；要理解现代化，就要理解西方国家的宗教向度。

基督教长期占据绝对的统治地位，也产生了种种弊端：一是宗教迫害，二是世俗利益。基督教在获得政权支持之前，内部的正统与异端的斗争仅限于教义的争论，并没有血淋淋的宗教迫害。在基督教成为国教之后，由于与国家权力的结合，教义之争便逐渐演变为宗教迫害。为了维持所谓教义的正统性，教会的控制者开始用暴力对待异端，魔女裁判、异端裁判则成了这个时代的特色，宗教法庭对异端思想之迫害史不绝书。据记载，仅在 1572 年 8 月 23 日夜晚，就有 2 000 多名新教徒在巴黎被屠杀。与此同时，在政教合一的体制下，作为神圣权威与世俗权威的相互交换和利用，教会赋予了统治者以正统性，统治者则给了教权以大量土地和其他世俗好处。教会因为与政权的结合而成为社会的特权机构，教权阶层也成了享有特权的贵族阶层，许多教士也变成了趋利好财之徒。比如在宗教仪式中许多代表信仰的活动变成了盈利指向的行动，当时发行赎罪券和一些其他的宗教行为就成了赚钱的行为，某教皇在过足了荣华富贵的日子之后，在死之前竟声称自己实际上并不相信上帝。由于宗教扩张日益深入到世俗社会，在给自己带来荣耀的同时，也给自己带来极大的麻烦和纷扰。

正是由于宗教迫害的残酷性和政教合一的趋利性，导致了一种温和的异端基督教形式的兴起。这是一种虔信教派，重视内在信仰而不是仪式和教义；主张简洁和谦卑的生活，服从公众规则和选举产生教长。教会组织内部的这样一股宗教潮流，被称为"宗教改革前的改革"③。1517 年，马丁·路德（Martin Luther）凭借活字印刷技术的发展，以一种更为清晰的思想和更容易接受的主张开始传播他对基督教的理解。他将自己撰写的《九十五条论纲》公示，迈出了与主教分离的第一步。马丁·路德认为以

① ［美］皮特·N·斯特恩斯：《全球文明史》上册（中文版），中华书局 2006 年版，第 349 页。

② ［德］卡尔·雅斯贝斯：《历史的起源与目标》（中文版），华夏出版社 1989 年版，第 7 页。

③ ［美］里亚·格林菲尔德：《资本主义精神——民族主义与经济增长》（中文版），上海世纪出版集团 2004 年版，第 91 页。

各尽所能乃系上天谛命，事业成功乃系得到恩惠。[①] 新教摈弃了虚无缥缈的信念以及繁杂的仪式，鼓励人们直接与上帝进行沟通，这就意味着人们可以读书识字，由文字所造成的阶层门槛被一扫而空。可以说，新教已经具备了新文明的某些重要特征。早期基督教将有形的物质视为罪恶，新教则鼓励人们努力致富，并发展出一套完全不同的财富观。社会学家韦伯（Weber）在翻阅教会资料时发现，在欧洲各国，一般教徒子弟都喜好选择文学艺术等人文学科来学习，在社会上所从事的多是收入不高的人文方面的职业，赚钱欲望很淡漠。而新教子弟则倾向于学习经济、金融、理工科、医学等，在社会上所从事的多是收益比较高的职业，赚钱欲望很旺盛。新教徒把世俗职业当做一种“天职”，即路德所说的“上帝给予的职业”，把世俗工作的完成和完美当做对神的侍奉，对世俗的工作有着极大的热情和关注；甚至，在清教徒那里，能够勤奋专心致志地从事世俗工作，被当做得救的表现，是蒙神的恩典的表现。清教徒把整个世界都当做了修道院，力图在勤奋工作和禁欲节约的生活中获得救赎。基于这样的一种研究，韦伯推断清教徒的这种入世、敬业、勤勉、节约、乐于致富、乐于投资的生活伦理，与早期资本主义阶段的勤勉、节约、致富、投资社会的资本主义精神是一脉相传的。最初的资本主义精神产生于新教伦理，资本主义初始阶段的原始积累得助于新教伦理，近代欧洲的资本主义产生得助于早期新教徒的旺盛活跃和持之以恒的经济活动。[②] 美国社会学家默顿（Merton）的研究也支持了这一观点。默顿在收集了大量的经验性资料后发现，1663 年英国皇家学会成立时，在 68 个会员中也有 2 人为清教徒。1666 ~ 1866 年，在入选法国科学院的 92 名外籍院士中，就有 71 人是新教徒。在 1829 年和 1869 年入选的伦敦皇家学会的外籍会员中，新教徒和天主教徒弟人数相当。[③] 可以说，新教商人和制造商在贸易、银行业和工业发展中也扮演了领先者的角色。正如有美国学者指出的那样：“英国的清

① 黄仁宇：《资本主义与二十一世纪》（中文版），生活 · 读书 · 新知三联书店 2006 年版，第 7 页。

② 于歌：《美国的本质——基督教支配的国家和外交》，当代中国出版社 2012 年版，第 57 页。

③ ［美］戴维 · S · 兰德斯：《国富国穷》（中文版），新华出版社 2001 年版，第 237 页。英国皇家学会是 1660 年经英国科学家罗伯特 · 波义耳提议成立的专门的学术研究机构，1662 年经英王查理二世批准正式运行。该会的建立，是英国理性思想和科学精神的反映。这表明，16 ~ 17 世纪，科学研究能够得到英国社会各阶层的支持，并非一种偶然。究其实，是英国人把科学研究得以兴起和发展的基础——理性思维以及由此演进而来的科学精神，融入到民族特性之中。洪霞：《皇家学会和近代英国科学精神》，载《光明日报》2013 年 6 月 6 日世界史版。

教徒主义最终逐渐减弱了对追求利润的责难，增加了对经济动机的容忍，减少了对企业的限制，并且能够更为心平气和地看待总体的经济生活，而它原先却不然，并且基督教内的其他思潮对此也不尽然。新教因此而释放出‘巨大的能量，在一个世纪内改变了物质文明的面貌’，使经济进步成为可能。”①

通过宗教改革，欧洲人很快得出了这样的结论：历史是可以改变的，而上帝也的确会让所有的事物常变常新。17 世纪，英国清教徒发动了清教徒革命，目标就是用清教徒诠释的基督教原则来改造社会。经过这场清教徒革命，英国遂成为“新教之国”。② 总之，宗教改革是一场革命。这场革命不仅体现在社会政治经济生活中，而且体现在思想观念上，它改变了西方文明对自身、世界、历史的许多看法。其中之一，是使人性从整体上实现了一次重大飞跃，改革的观念也支配了人们的实践活动。人们开始感到要以改革的精神来探索人类社会的发展道路。③

1.1.2.3 民族意识觉醒

16 世纪，哥伦布地理大发现打破了地区间彼此隔绝的束缚，开创了超越狭隘自我视域的新纪元。地理大发现的一个重大意义，就是为欧洲打开了一扇窗户。在整个欧洲为之感到激动与惊奇之余，民族意识开始觉醒，民族国家趋于形成，欧洲各国开始以民族国家的身份出现在世界舞台。

作为一种社会意识，民族意识首先起源于英国。正如有学者指出的那

---

① ［美］里亚·格林菲尔德：《资本主义精神——民族主义与经济增长》（中文版），上海世纪出版集团 2004 年版，导言。

② ［美］里亚·格林菲尔德：《资本主义精神——民族主义与经济增长》（中文版），上海世纪出版集团 2004 年版，导言。宗教改革是英国改变的一个直接转折，甚至是英国历史上一切事物的开端。“一个国家，只有它的人民是现代人，它的国家从心理和行为上都转变为现代的人格，它的现代政治、经济和文化管理机构中的工作人员都获得了某种与现代化发展相适应的现代性，这样的国家才可以真正称之为现代化的国家。否则，高速稳定的经济发展和有效的管理，都不会得以实现。即使经济已经开始起飞，也不会持续长久。”世界现代化进程研究丛书：《罗荣渠与现代化研究》，北京大学出版社 1997 年版，第 32 页。

③ 法国学者托克维尔在《旧制度与大革命》一书中评价法国大革命的反宗教倾向时曾经这样指出：“基督教之所以激起这样强烈的仇恨，本非因为它是一种宗教教义，而是因为它是一种政治制度；并非因为教士们自命要治理来世的事务，而是因为他们是尘世的地主、领主、什一税征收者、行政官吏；并非因为教会不能在行将建立的新社会占有位置，而是因为在正被粉碎的旧社会中，它占据了最享有特权、最有势力的地位。”这段话有助于我们理解为什么会发生宗教改革。见［法］托克维尔：《旧制度与大革命》（中文版），商务印书馆 2012 年版，第 47 页。

样："英国早在16世纪就出现了一种崭新的——敢于竞争、充满自信和富有民族意识的——精神。"① 1663年，福特雷出版了忠实反映这个时代命题的著作《英格兰的利益和发展》。该著作强调在任何情况下私人利益都必须服从于公众利益，该著作促进了1678年到1688年抵制法国的保护主义立法。因此，有人曾经评价说："这部著作对国家所做的贡献胜过给国库的数百万英镑赠款"②。1690年，英格兰商人巴本撰写了《贸易漫谈》，明确强调他们的主要兴趣在于"贸易如何给民族带来最大利益"。1704～1713年，笛福（Defoe）出版发行了非常有影响的杂志——《评论》，敏锐地意识到经济过程已经发生了本质变化。他指出："民族实力现在已经不像过去那样体现为勇猛顽强和骁勇善战，致使民族伟大的是民族财富"③。这表明人们对"国民财富"的意义和性质的理解从"少数贵族利益"进入了"民族国家利益"的一个重要阶段。作为民族意识的集大成，亚当·斯密（Adam Smith）在1776年出版的《国民财富的性质和原因的研究》更是一语道破天机：（1）民族意识的觉醒向民族国家注入了一个卓有成效的理念——发展经济，人人有责。这一理念的形成，对于更多的人致力于集体性经济事业产生了振奋和鞭策作用，他们由此踏上了持续发展的坦途。（2）民族意识的觉醒昭示一种崭新价值观的形成——在个体层面承认了追求经济利益的合理性，在社会层面强调了发展民族成员的共同福祉。自此，少数人的价值追求转变为社会的普遍认同。正如亚当·斯密所说："每个人，只要他不违反正义的法则，就可以完全自由地以自己的方式追求自身利益，就可以完全自由地以自己的勤奋和资本与其他任何人即任何阶层的人的勤奋和资本相竞争。"④ 因此，英格兰成为了培育这种新情操的第一批国家。（3）民族意识的觉醒将经济成就提高到集体意识所认可的荣誉地位。在当时欧洲的大部分国家，"商人"一词还是一个常常被人们嘲弄挖苦的字眼，在英国则成了荣耀的称号，商业成为地位优越、能力非凡人士的热门职业，商人的行动在英国赢得了国家的支持。⑤

民族意识的觉醒对英国的影响是巨大的。既然国家被界定为一个民族

---

① ［美］里亚·格林菲尔德：《资本主义精神——民族主义与经济增长》（中文版），上海世纪出版集团2004年版，第43页。

② 同上，第55页。

③ 同上，第65页。

④ 同上，第1章。

⑤ ［美］斯塔夫里阿诺斯：《全球通史——1500年以后的世界》（中文版），上海社会科学院出版社1993年版，第30页。

实体，国家就没有了个人意志，只有由其每一个成员所构成的共同意志，共同利益成为最大多数人的最大利益。[①] 后来，德国的李斯特又于1841年发表了《政治经济学的国民体系》。作为经济民族主义的权威性著作，他在书中阐述了关于德国经济发展的重要产业政策思想。美国工业化的发展，也融入了富兰克林（Franklin）和汉密尔顿（Hamilton）所阐述的民族精神的秉性。[②] 汉密尔顿就曾经将“金钱至上”和“虚伪伎俩”斥责为国家疾患，强调发展符合作为民族成员意义上的个人利益，而非私人意义上的利益。于是，他把美国带进了一个充满制造业精神的崭新的工业化时代。[③]

1.1.2.4 启蒙运动

从科学上看，宗教存在的理论基础是非科学的。在人类历史初期，由于生存环境的严酷和人类自身的不发展，人们对世界的认识采取了神话寓言的形式解释物质世界，预示理想世界，规范人们的生活。伴随着科学的进步，人们对世界和自身的认识更加扩大和深入。用世界本身的道理说明世界，按照世界本身的规律改造世界，越来越成为人们的共识。在18世纪欧洲各国发生的启蒙运动，便是这样一场运动。经过启蒙运动洗礼的人们，“不再用神话来猜想自然界，而是科学地探讨自然界”[④]。启蒙运动的主题词是理性。就是说，所有的人、所有的制度、所有的传统都要接受理性的检验。正如托克维尔（Tocqueville）指出的那样：人们开始“用简单

---

① 民族国家与王权国家有着重要的区别：信奉外表的统一，注重国民的幸福；社会封闭而单一，社会开放和多元；国家强大而民权衰弱，国民崛起而丰富国家。国家容易凌空蹈虚，徒有虚名。一个个王朝国家灭亡。“国家就是一个珠宝盒”。“国民是珠宝，国家是珠宝盒。这意味着国家若不以国民价值为第一价值，则国家毫无价值。”熊培云：《重新发现社会》，新星出版社2012年版，第6页。

② ［美］里亚·格林菲尔德：《资本主义精神——民族主义与经济增长》（中文版），上海世纪出版集团2004年版，第552页。

③ ［美］里亚·格林菲尔德：《资本主义精神——民族主义与经济增长》（中文版），上海世纪出版集团2004年版，第512页。1896年，李鸿章出访德国就已经发现了这一特点。民族国家“上下一心”，中国封建制度“政杂言庞”。中国面临“千年未有之变局”。西方国家的转型：从统治与被统治者之间的关系角度来看，是人民对国家及统治体系的认同问题。就是把民族整合到国家体制中来。在国际竞争中，如果没有民族整合，国家就没有力量，公民就无法成为可资利用的资源。比如近代战争越来越依赖一般国民的支持。张剑荆：《通向大国之路的中国策》，新华出版社2005年版，第31页。

④ ［日］森岛通夫：《透视日本——“兴”与“衰”的怪圈》（中文版），中国财政经济出版社2000年版，第309页。

而基本的、从理性与自然法中汲取的法则来取代统治当代社会的复杂的传统习惯。……人们以理性为唯一依据，勾画出崭新的蓝图去重建当代社会"[①]。英国的洛克（Locke）成为这场启蒙运动的先驱。洛克的主要作品有《政府论》和《人类理解论》，前者主要集中在政治思想领域，后者主要集中在认识论领域。《政府论》力图解释政府的起源、范围和目的，批驳了君权神授学说，确立了议会主权理论，并发展出近代宪政和民主的一系列基本概念，如主权在民、议会主权、社会契约、政府有限、分权制衡等。《人类理解论》力图解释人类知识和社会的起源、范围和限度，批驳了天赋观念论，提出了著名的"白板说"，认为人类的心灵在初始时期犹如一块白板，人类的所有知识和概念都是通过后天经验获得的。可以说，他对政府、宗教自由和教育等方面的论述，表明了他已经完全意识到社会改造的必要性和可能性。与洛克齐名的是法国的孟德斯鸠（Montesquieu），他在1734年出版的《罗马盛衰原因论》一书中，根据罗马的历史事实证明只有在公民得到自由和独立的地方，社会才能顺利地发展；凡是公民受到奴役的国家，就一定会衰败下去。由此，孟德斯鸠给出一个政治结论：如果法国人民十分热爱自己的祖国，他们就应该彻底消灭国王专制统治和封建等级关系。后来，孟德斯鸠的《罗马盛衰原因论》一书成为法国资产阶级革命的思想源泉之一，[②] 可以说，启蒙运动是人类精神的伟大觉醒，它帮助人们扫清了那些阻碍人类社会改造的错误观念，欧洲社会也由此发生了巨大的变化，人类社会开始在无限的可能性中寻求崭新的发展道路。它从物质世界和人类社会中将统治中世纪欧洲的上帝神性和神启思维方式剥离出去，帮助人们深信人类理性的伟大力量。可以说，强调人类生而平等，要求废除种姓、阶级、职业上的一切特权，人民享有主权，这是启蒙运动留给现代社会最宝贵的历史功绩。可以说，"启蒙运动为欧洲未来的发展树立起自由、平等和博爱的旗帜。从此，历史有了民主与专制、理性与非理性之分，世界有了进步与停滞、文明与愚昧之隔断。"[③]

1.1.2.5 制度创新

美国两位学者阿杰姆奥卢和罗宾逊（Acemoglu & Robinson）在其《国家为何失败：强大、繁荣与贫富的根源》一书中再次确认了政治制度对于

---

① ［法］托克维尔：《旧制度与大革命》（中文版），商务印书馆2012年版，第180～181页。

② ［法］孟德斯鸠：《罗马盛衰原因论》（中文版），商务印书馆1997年版，附录一。

③ 许平：《欧洲人认识中国的拐点》，载《光明日报》2013年3月19日世界史版。

一个国家经济成败的重要性。他们认为："国家的经济成功程度不同，是由于制度不同，影响经济运行状况的规则不同、激励民众的奖励手段不同。"归根到底，这些都是政治的产物。在政治层面下的经济制度可以划分为两种：一是掠夺型，一是普惠型。前者的目的是用牺牲大众的利益来满足少数人的富裕，后者的宗旨是让所有人都有机会平等地参与经济活动。奴隶制和封建制度属于掠夺型的经济制度，有法可依的市场经济属于普惠型的经济制度。两位学者把1689年英国"光荣革命"视为两种政治制度和经济制度的转折点，也是工业革命的开端。① 正如两位学者所表达的那样，西方社会，尤其是英国社会所发生的一系列的社会变化，促成了英国的一系列制度创新。从政治方面来看，1642年直到1689年发生的"光荣革命"，结束了英国的绝对王权统治，成立了立宪君主制，确立了议会政治。有学者指出："议会的出现意味着一套新的可变通的制度的确立，它为那些新生的社会力量提供了发表议论和提出要求的活动场所。同时，它也是代表着不同利益的各种党派组织和平地解决争论和冲突的政治机构。"② 英国的政治制度由此开始走向合理化。从经济方面来看，确认了私有财产神圣不可侵犯，清除了内部阻碍贸易的障碍，确立了统一的法律制度，建立了现代货币制度以及其他工业化的必要条件。这样的一种经济环境，鼓励了私人股份公司的出现，英国的经济活动由此开始大规模地组织起来。有人这样评价说："这种体制之所以独特，是因为其股份的性质限定了投资者的责任，将投资与管理分离开来，且使得调动大量专项投资成为可能。想投资的任何人只承担他在公司股份中所占数额的风险，具体的管理事宜委托给根据责任与经历选出的董事，这些董事也可以转而选择一些可靠的人办理公司的实际事务。这种安排吸引了各地以及各行各业的人——伦敦的羊毛商、巴黎的店主、哈莱姆的渔夫、安特卫普的银行家、约克的地主——将他们的积蓄拿出来进行私人投资。"③ 可以说，英国以这种方式轻而易举地调动了整个欧洲的资本为其工业化服务。

---

① ［英］马丁·沃尔夫：《国家财富：政治制度是经济成功的关键吗?》，载英国《金融时报》2012年3月3日。

② ［美］巴林顿·摩尔：《民主和专制的社会起源》（中文版），华夏出版社1987年版，第21页。

③ ［美］斯塔夫里亚诺斯：《全球分裂——第三世界的历史进程》（中文版），商务印书馆1995年版，第34页。

1.1.3 从萌发到定向

正是经由文艺复兴、宗教改革、地理大发现、民族意识觉醒、启蒙运动、制度创新等一系列历史性活动的缓慢而持久的撞击和整合，西方社会才逐渐形成了一种崭新的定向发展趋势——向现代工业文明的转变。

1.1.3.1 荷兰的率先体验

17 世纪后半叶，荷兰依托其经济制度的创新以及天然的海上运输条件，率先成为世界经济发展的中心。因此，布罗代尔称荷兰为“现代经济之首”,[①] 诺思认为荷兰是“现代经济增长的发源地”[②]。当时，荷兰虽然只有 150 万左右的人口规模，但它却拥有了保持持续增长的条件——商业、金融和技术方面的能力，社会的开放性、流动性以及诸如自由、个人主义和市场定向等心理状态等，这些被称之为“原始现代性”。[③] 有一位学者曾经这样描述说：“位于波罗的海、北海、地中海等形成的‘贸易之母’顶点；强悍且独立的自治市民、商人和海员构成的文化；采用分权式的政治结构，把中央权力降到最低，并培养起宗教包容力和经济自由；高度都市化与人口日增；能从泥炭取得廉价的能源，酿酒、冶炼、造船、纺织业欣欣向荣，而且农业专业化。这些资产没多久就使荷兰在科学技术上处于尖端地位，成为跃上全球舞台的强国。”[④] 有旅行者这样描写当时荷兰阿姆斯特丹港的繁荣景象：“我从未见过如此惊人的奇景。如果没有亲眼目睹，不能想象有 2 000 条船在同一港口的绝妙场面。真可谓是‘樯桅林立，遮天蔽日’。”[⑤] 据说到 17 世纪中叶，荷兰的船舶数量已经增加到 15 000 艘左右，达到欧洲船舶总数的 75%。[⑥] 荷兰的阿姆斯特丹港成为名

---

① ［法］费尔南·布罗代尔：《15 至 18 世纪物质文明、经济和资本主义》第二卷（中文版），生活·读书·新知三联书店 2002 年版，第 96 页。

② ［美］道格拉斯·诺思：《理解经济变迁过程》（中文版），中国人民大学出版社 2008 年版，第 119 页。

③ ［美］里亚·格林菲尔德：《资本主义精神——民族主义与经济增长》（中文版），上海世纪出版集团 2004 年版，第 106 页。

④ ［英］彼德·杰伊：《财富的历程》（中文版），国际文化出版公司 2005 年版，第 160 页。

⑤ ［法］费尔南·布罗代尔：《15 至 18 世纪物质文明、经济和资本主义》第二卷（中文版），生活·读书·新知三联书店 2002 年版，第 195 页。

⑥ ［美］里亚·格林菲尔德：《资本主义精神——民族主义与经济增长》（中文版），上海世纪出版集团 2004 年版，第 99 页。

副其实的欧洲商业文明的代表。荷兰的东印度公司可谓一个巨大的联合企业，它综合了商业和国家利益，统一了商业与军事行动，维持着从大西洋到印度洋的海上霸权。荷兰成就了商业文明，但没有创造出崭新的工业文明。有学者指出：荷兰的失败在于没有形成民族整体利益的观念。良心缺损的个人主义，不顾社会利益的放纵不羁，导致荷兰耗费了其历史上从传统思想的桎梏中解放出来的力量和经济能量，其地位不得不让位于英国。① 比如在荷兰与英国、法国交战的时候，荷兰商人竟将粮食卖给法国，继续在伦敦开设银行。因此，有人指出："在东方，荷兰的公司像国家；在欧洲，他们的国家又像公司。"②这样，荷兰的地位不得不让位于英国。

1.1.3.2 英国工业革命

历史向我们表明，17 世纪以前的发展还没有使现代化的组织与运动达到首尾连贯的程度，而英国工业革命的发生则成为这种转变的关键点或枢纽。③ 英国原本是以农业为基础的保守国家，但在 17 世纪英国发生了许多新的变化。正如法国学者托克维尔指出的那样："自 17 世纪以来，封建制度已基本废除，各个阶级互相渗透，贵族阶级已经消失。贵族政治已经开放，财富成为一种势力，法律面前人人平等，赋税人人平等，出版自由，辩论公开。所有这些新原则在中世纪社会中都不存在。然而正是这些

---

① ［美］里亚·格林菲尔德：《资本主义精神——民族主义与经济增长》（中文版），上海世纪出版集团 2004 年版，第 133 ~ 134 页。

② ［美］唐纳德·F·拉赫：《欧洲形成中的欧洲》（中文版），人民出版社 2013 年版，总译序。

③ 所谓革命，指的是技术变革对社会结构、国家形态和国际体制以及文化、生活方式的全面改造。英国著名历史学家杰弗里·巴勒克拉夫（Barraclough）这样写道："那些我们看做今日文明生活大量的普遍事物——内燃机、电话、麦克风、留声机、无线电报、电灯、机械化的公共交通、橡胶轮胎、自行车、打字机、合成纤维、人造丝——均出现于这个时期，而其中大部分出现于 1867 年至 1881 年这 15 年期间。……总之，大约在 1900 年，工业化开始对西方大众生活状况产生影响，这种影响已经达到了我们几乎无法体会到的程度。"［英］杰弗里·巴勒克拉夫：《当代史导论》，上海社会科学院出版社 1996 年版；转引自张剑荆：《通向大国之路的中国策》，新华出版社 2005 年版，导论。"革命"一词大概于 1688 年最早在英语中出现，意思是现存社会的动荡和破坏。恩格斯 1845 年创造的"工业革命"这个说法既有这层含义，也有相反方面的"重建"的意思。这个名词变成历史学家们的经典用语是阿诺德·汤因比 1884 年出版《工业革命演讲集》以后的事。1816 年圣西门创办《工业》杂志，形成个人主义、工业主义、社会主义、资产阶级、无产阶级等一系列新概念，揭开了人类认识工业社会的序幕。世界现代化进程研究丛书：《罗荣渠与现代化研究》，北京大学出版社 1997 年版，第 194 页。20 世纪 70 年代前后，有学者开始用"工业化"一词替代工业革命的提法。［法］费尔南·布罗代尔：《15 至 18 世纪物质文明、经济和资本主义》第二卷（中文版），生活·读书·新知三联书店 2002 年版，第 644 页。

新事物一点一滴巧妙地渗入这古老的躯体，使之复苏和免于瓦解，并在保持古老形式的同时，灌输新鲜活力。17 世纪的英国已经完全是一个现代国家，在它内部仅仅保留着中世纪的某些遗迹，犹如供奉品。”① 尤其是“光荣革命”以后，英国由于建立了能够容纳新因素成长和制度变革的特殊机制，进而形成了崭新的社会局面：（1）政治稳定，行政统一，形成了国内统一市场；（2）土地、劳动力的商品化程度较高，并在农村最早出现农村手工业；（3）虽然社会分化程度较高，但地主和商人阶层关系融洽；（4）清教的神佑理性与谋利精神盛行；（5）国家脱离罗马教廷而独立自主，在经济上不依赖外国，并拥有与西欧隔海相望的独特地理条件；（6）科学革命先行，在近代科学和技术方面处于领先地位。② 1869 年《权利法案》的实施，以法律权利代替了君主权力，真正确立了君主立宪制的资产阶级政治。从此，英国开始出现了创新力急速蔓延、异彩纷呈的时代。有学者列举了 1698 ~ 1843 年的技术发明，绝大部分为英国发明，比如排水用蒸汽泵、农业用条播机、炼铁用焦炭、排水用大气蒸汽机、纺织机用飞梭、棉纺用滚筒、铸钢技术、冶金用硫酸、棉纺用梳毛机、测量用分度机、高效率蒸汽机、扬谷机、滑动闸门、印制图案的金属滚筒、谷物脱壳机、纯碱技术、天花预防技术、金属车床、煤气照明、连续纸卷制造机、漂白粉、滑车制造机、高压蒸汽机、蒸汽火车头、装配线制造工厂、自动织布机、气船、甜菜炼糖法、滚筒加墨印刷技术、矿工安全灯、煤气表、电动马达、自动棉纺纱机、发电机、照相用感光纸、轮转印刷机、海底电缆等。③

英国工业革命的发生具有历史性的开创意义：（1）工业革命创造了一种新的生产方式。这一生产方式带来了工业部门对固定资本（设备和厂

---

① ［法］托克维尔：《旧制度与大革命》（中文版），商务印书馆 2012 年版，第 59 页。1739 年，孟德斯鸠游历英国，他一针见血地写道：“我置身于一个与欧洲其他地方截然不同的国家”；可惜他没有再往下说。而托克维尔则对这样的不同给予了回答。他认为：“使得英国不同于欧洲其他国家的并不是它的国会、它的自由、它的公开性、它的陪审团，而是更为特殊、更为有效的某种东西。英国是真正将种姓制度摧毁而非改头换面的唯一国家。在英国，贵族与平民共同从事同样的事务，选择同样的职业，而更有意义的是，贵族与平民间通婚。最大的领主的女儿在那里已能嫁给新人，而不觉得有失体面。”［法］托克维尔：《旧制度与大革命》（中文版），商务印书馆 2012 年版，第 124 页。

② 世界现代化进程研究丛书：《罗荣渠与现代化研究》，北京大学出版社 1997 年版，第 166 页。

③ ［英］彼德·杰伊：《财富的历程》（中文版），国际文化出版公司 2005 年版，第 186 ~ 190 页。

房）日益增长的需求。在这一点上，制造业不同于商业活动。商业活动的运作方式往往是专为一桩生意而动员资本和劳力，在完成一段贩运或投机后，便自动散伙。[①] 而制造业的出现则促成了一种新的生产体系的形成。这种生产体系有如下几个特点：快速、精确而不知疲倦的机器代替了人工技术和努力；无生命的动力资源代替了有生命的动力资源，而且发动机的发明，敞开了动力几乎无限制的供应；新的原材料，尤其是矿产资源以及后来的人造材料，代替了动植物资源。正是这些替代造就了工业化的发展，促进了劳动生产率及随后人均收入的迅速提高。[②] 当时英国付诸应用的重大技术革新有许多是向其他国家借鉴的。例如，有关深井采矿的新技术就是由英国雇佣的德国矿工传授的。但“令人惊奇的是，英国一旦引入这些新技术，就为它们创造了前所未有的广阔活动天地：企业规模增大，厂房高大宽敞，工人人数达到几十乃至几百人，投资迅速膨胀，动辄以几千英镑计，而当时工人的年工资仅 5 英镑——这一切都是新事物，标志着英国工业跃进的幅度”[③]。（2）工业革命掀起了一场工业化运动。这场工业化运动带动了整个社会从农业优势到工业优势的转变，从农业生活方式向工业生活方式的转变。对于这场“人类有史以来最伟大的生产力革命”以及所导致的社会巨变，马克思和恩格斯在其早期的著作中就已经有深刻的揭示。如“比以往任何一场革命都更为广泛”，“创造了现代化的市场”，“创造出新的交往方式”，“建立现代化的大工业城市”，“消灭了各民族的特殊性，开创了世界历史”等。（3）工业革命推动了人类社会从传统社会向现代社会的转换。工业革命的意义不仅局限于某一个方面，而是包括了社会生活的一切基本方面：一是知识现代化。任何方面都需要生活的理性态度。有可能对自然和社会现象寻求合理性的解释。由人类的理性来调节和支配，这种理性的态度便是现代化的实质过程。[④] 二是社会现代化。人们所承担的社会的、经济的、心理的旧义务受到侵蚀而崩溃的过程，由此人们可以获得新的社会化与行为的模式。各种角色的安排不再按照固定不变的血统、地缘、种姓或等级的归属来确定，而是以个人的成就

---

① ［美］戴维·S·兰德斯：《国富国穷》（中文版），新华出版社 2001 年版，第 238 页。

② 同上，第 255 页。

③ ［法］费尔南·布罗代尔：《15 至 18 世纪的物质文明、经济和资本主义》第二卷（中文版），生活·读书·新知三联书店 2002 年版，第 640 页。

④ ［美］塞缪尔·亨廷顿：《现代化理论与历史经验的再探讨》（中文版），上海译文出版社 1996 年版，第 29 页。

为基础"自由流动"。三是政治现代化。国家权力的合法性不是来自超自然的神授而是来自世俗的人民的选举，是建立在对公民承担责任的基础上的。政治权力不断扩散至更广大的社会集团乃至全体成年公民。政治权力以及社会的法律、行政机构的职能日益增强，对政治制度进行法理学表达的程度越来越合理。四是文化现代化。形成了培养专业化人才的教育体制，强调个性发展和工作效率，日益相信科学和技术，日益感觉到自己所生活的世界是可靠的，周围的人和体制是可以信赖的，他们会履行自己的使命和责任。

总之，现代化已经发展出一种制度结构，它能够适应不断变化的问题和要求。正如雅斯贝斯所指出的那样："自从人类历史开始以来，没有一个事件像它那样彻底改变了世界。它带来了前所未有的机会与冒险。我们在技术时代生活了刚刚一个半世纪，这个时代只是在最近几十年中才获得了充分的统治地位。这一统治现在正增强到其限度无法预见的地步。迄今为止，我们只不过部分地认识到这种惊人的后果。现在，不可避免地奠定了整体存在的新基础。"①

1.1.4 从一元到多元

一般来说，工业化的扩散经历了三次波浪式的推进：（1）18 世纪后期到 19 世纪中叶。这次扩散是以使用非生物能源（蒸汽）和粗质机器大生产为特征，通过私人企业自发地投资，从纺织部门逐步扩散到国民经济各个部门。然后，从英国向比利时、瑞士、法国和德国的部分地区推进，并使世界按新的生产方式进行国际分工。（2）19 世纪后期到 20 世纪初期。这次扩散是以电与钢铁为技术基础，由内燃机和电动机带动，铁路建设成为这一时期新兴工业化的中心，股份公司、银行和国家在推进工业化方面发挥了重要作用。此次扩散开始越过欧洲向异质文化地区传播，中国和日本对西方向东方扩张的冲击予以强烈的回应，通过输入工业化的方式开始探索现代化的道路。（3）20 世纪后期以后。这是一次具有全球性的变革浪潮，是新兴工业化世界对非工业化世界的全球性冲击，扩及亚非拉广大地区。石油、人工合成材料、微电子技术和各种新的生产工艺的出现，高科技、新能源、新材料以及生产过程与人工智能的结合，科学技术直接转化为生产力，巨型跨国公司和全球产销网的出现，则引起了现代经

① ［德］卡尔·雅斯贝斯：《历史的起源与目标》（中文版），华夏出版社 1989 年版，第 73 页。

济增长的结构性变化。经过工业化的三次扩散，世界开始形成了新的国际分工秩序。美国学者沃勒斯坦（Wallerstein）指出：从历史上看，生产方式发生了三次变动，世界体系也相应发生了三次变动：一是相互联系的生产方式以及由此形成的小体系——农业剩余以封建地租形式分配；二是朝贡关系的生产方式以及由此形成的世界帝国——农业剩余以朝贡形式分配；三是资本主义生产方式以及由此形成的世界体系——产品剩余通过世界市场机制和国家机器形式分配。[①] 伴随着新的国际分工秩序的形成，现代化发展道路也呈现出多元化的特点。美国另一位学者帕森斯（Parsons）在其《社会系统》一书中将现代化划分为三个格局：一是以“欧洲西北角”（英国、法国、荷兰）为主体，以英国的产业革命和法国的民主革命为代表；二是以“欧洲东北角”（德国、奥地利）的急速工业化为主体，其中由于民主化的不平衡发展，出现了纳粹这一巨大的摩擦现象；三是以美国为主体，成功地将民主革命和产业革命比欧洲更加紧密地联系起来。[②] 在帕森斯所讲的三个格局中，美国在第三格局时才开始一跃成为世界之首。可以说，20 世纪 60 年代现代化理论研究在美国的盛行，正是源于对美国在世界现代化总体进程中这种地位的自觉。

1.2 现代化、市场化与民主化关系辨析

现代化虽然是在特定的历史环境条件下生成的定向发展趋势，但在剥离令人眼花缭乱的画面之后，我们发现其中衍生出的特定的逻辑发展必然——城市化、市场化、工业化、科层化、民主化。除了这样一种发趋势外，我们还发现有如下几个关键性的要素是必须把握住的——国家利益是根本，工业化是动力，经济增长是指标，市场化民主化是制度安排。

1.2.1 国家利益是根本

我们从欧洲现代化的历史进程可以看到，西欧国家自文艺复兴以来，不断生成着有利于现代国家制度建设的理性文化。可以说，西欧现代国家

① 王正毅：《世界体系与国家兴衰》，北京大学出版社 2006 年版，第 89 页。

② ［日］富永健一：《日本的现代化与社会变迁》（中文版），商务印书馆 2004 年版，第 54 页。

的崛起是中世纪后期西欧理性文化崛起的产物。

在农业社会，往往是少数统治者拥有对财富的占有权力，所以农业社会中人们所认同的国家并不是现代意义上的国家，而是以血缘为基础的王朝国家或家天下。在这种情况下，人们只是对君主个人权力的认同，而不是对一个真正意义上的国家权力的认同。[①] 而现代国家的形成，是基于两个根本性的转变而实现的：一是王朝国家向民族国家的转变，二是臣民体制向公民体制的转变。这种转变的意义，在于实现了民族国家内部各民族成员的平等，有更多的人获得了平等发展的机会。[②] 其结果，民族国家的形成加强和扩大了国家政权的社会基础，增强了国家的社会动员能力。正如德国学者米勒（Meller）指出的那样："国家是所有物质和精神追求、所有物质和精神财富、所有民族内部和外部生命的集合，从而构成了一个富有活力和生机无限的整体。"[③] 1939 年，孟德斯鸠曾经游历英国，他一针见血地写道："我置身于一个与欧洲其他地方截然不同的国家……" 可惜他没有继续往下说。而托克维尔则对这样的不同给予了回答。他认为："使得英国不同于欧洲其他国家的并不是它的国会、它的自由、它的公开性，而是更为特殊的某种东西。英国是真正将种姓制度摧毁而非改头换面的唯一国家。在英国，贵族与平民共同从事同样的事务，选择同样的职业，而更有意义的是，贵族与平民间可以通婚。"[④] 可以说，民族国家成员享有的基本平等权利赋予了每一位民族成员的民族尊严。正是这种民族尊严，构成了人们对民族国家忠诚的基础，以及对国家尊严或国家威望的感情投入——国家的总体利益。有学者这样认为：当时的英国不只是一个政治实体，它更是一个具有共同认同以及公民身份平等的社会。只有这样的国家，"才能够使社会目标与个人的欲望和积极性相调和，使集体的协同作用能增强行动的实绩。其整体大于各个局部的总和。这样一个国家的公民会较好地响应国家的鼓励和倡议"[⑤]。

总而言之，在现代社会，国家是社会的汇合点，是众多职责和权力的

---

① ［美］汉斯·摩根索：《国家间政治——权力斗争与和平》（中文版），北京大学出版社 2007 年版，第 142 页。

② ［英］厄内斯特·盖尔纳：《民族与民族主义》（中文版），中央编译出版社 2002 年版，第 24 页。

③ ［美］里亚·格林菲尔德：《资本主义精神——民族主义与经济增长》（中文版），上海世纪出版集团 2004 年版，第 215 页。

④ ［法］托克维尔：《旧制度与大革命》（中文版），商务印书馆 2012 年，第 124 页。

⑤ ［美］戴维·S·兰德斯：《国富国穷》（中文版），新华出版社 2001 年版，第 303 页。

汇聚，是各种社会组织中的最高层机构。当完成了王朝国家到民族国家的转变，国家事务可谓千头万绪，但可以归结为两大主题：一是管理全体国民财富，二是增加全体国民财富。因此，现代国家必须相应地考虑保持并增加国民财富的事务以及可资利用的方法和手段。而这些目的实现的基础是共有的信任和爱戴，唯有如此，国家的财富才能够依靠集体的力量永久地保持和增加。当然，“属于国家财富的不仅是国家领土内的所有商品、动产和不动产，而且还有国内居民所拥有的聪明和才智。所有这一切都应该合理地使用，包括权利与义务”①。

1.2.2 工业化是动力

工业化是一场供给革命，所以法国经济学家萨伊（Say）才据此提出了“供给自动创造需求”的“萨伊定律”，② 美国经济学家罗斯托也认为工业化使人类社会从农业社会的“自我持续性落后”走上了工业社会的“自我持续性增长”之路。③ 就是说，是工业化把经济增长的种子播撒在人类社会发展的道路上。

在工业化以前，经济发展以农业为中心，生产技术以人力和畜力为依托，经济增长速度缓慢，社会结构呈缓慢静态变化；在工业化以后，经济发展以工业为中心，生产技术以机械力为依托，经济增长速度加快，社会结构呈快速动态变化。与此同时，社会财富的创造方式亦有不同。例如，在工业化以前，人们的关系依赖于土地关系，围绕庄园进行，劳动是致富之源；在工业化以后，人们依赖于资本关系，围绕企业进行，投资是致富之源。④ 因此，工业革命是一个时代的临界点，预示了一个完全不同于农业社会特质的新的社会发展样态的演化趋势。⑤ 瑞典经济学家西斯蒙第

---

① ［美］里亚·格林菲尔德：《资本主义精神——民族主义与经济增长》（中文版），上海世纪出版集团2004年版，第228页。

② ［法］让·巴蒂斯特·萨伊：《政治经济学概论》（中文版），商务印书馆1997年版。

③ ［美］罗斯托编：《从起飞进入持续增长的经济学》（中文版），四川人民出版社2001年版。

④ 在信息社会，人们依赖于信息关系，围绕创新进行，知识是致富之源，呈现的特点是跳跃发展。

⑤ 诺思认为人类历史上发生过两次重要的经济革命。第一次经济革命是发生于公元前第八个千年的农业发展。第二次经济革命是科学知识在解决经济和人口问题中的应用（起源于文艺复兴时期），其结果是经济生产率和人类福祉及寿命的巨大飞跃。参见［美］道格拉斯·诺思：《理解经济变迁过程》（中文版），中国人民大学出版社2008年版，第78页。

（Sismondi）认为："将自然力发动起来，使它听从人们的指挥，是工业革命的一大胜利。自从人类能使自然力为人类服务时起，这些力量就以远远超过人类自身的力量进行了更迅速、更大规模的工作。"

工业化是现代社会进步的动力。工业化通过一种"协同生产方式"，将生产过程转变成为被美国学者格林菲尔德（Greenfield）称之为的"脑力和双手的伟大乐章"，[①] 演绎出了如萨伊所说的巨大的"创造效用"，实现了一场伟大的供给革命，[②] 社会财富由此出现了陡然增长的态势。进入20世纪，"工业化已经成为（现代）国家发展的标志"。[③] 尤其是作为一个世界性的大国，更需要具备完备的产业体系，这是自工业革命以来世界性大国经济发展的重要特征。

1.2.3 经济增长是指标

如果说工业化是经济增长的发动机，那么经济增长就是衡量工业化发展的重要指标。正如布罗代尔指出的那样："增长的方式虽然各不相同，但它总是带动经济的高涨，就像涨潮把退潮时搁浅的船舶抬高起来一样。它产生一连串相互联系的平衡和不平衡，促成一些或难或易的成功，使人们能够脱离困境，创造就业机会和利润……增长是世界在每次放慢脚步或进行收缩后重振宏图的运动。"[④] 为此，从马克思到西蒙·库兹涅茨（Simon Kuznets）的所有经济学家和经济史学家都认为经济增长是天经地义的——是自然的、不可避免的和不言自明的。20世纪中叶，西蒙·库兹

---

① ［美］里亚·格林菲尔德：《资本主义精神——民族主义与经济增长》（中文版），上海世纪出版集团2004年版，第264页。

② ［法］让·巴蒂斯特·萨伊：《政治经济学概论》（中文版），商务印书馆1997年版，第61～62页。供给自动创造需求，被称为萨伊法则。可以说，工业革命以前的农业生产是个惰性领域。一是农业生产缺少弹性，不能迅速适应任何一种需求，因而供给地位低下；二是农业生产的各个部门不相协调，在任何情况下不能同步前进。应该部门动了起来，其他部门不一定受它的带动。各部门甚至轮流扮演瓶口的角色，阻碍进步走上正轨。所以，在工业革命以前的农业只能提供微薄的收益。参见［法］费尔南·布罗代尔：《15至18世纪的物质文明、经济和资本主义》（第二卷）（中文版），生活·读书·新知三联书店2002年版，第176页。在农业社会中，人类的活动总是停留在一个零平面。就是说，每个人被迫生产几乎是自己生活所需要的一切。［法］费尔南·布罗代尔：《15至18世纪的物质文明、经济和资本主义》（第二卷）（中文版），生活·读书·新知三联书店2002年版，第40页。

③ ［法］费尔南·布罗代尔：《15至18世纪的物质文明、经济和资本主义》（第二卷）（中文版），生活·读书·新知三联书店2002年，第3页。

④ 同上，第685页。

涅茨运用计量的方法，对由蒸汽机带动的工业化带来了技术创新、组织创新与社会变革进行了量化分析，提出了“现代经济增长”的概念。在工业革命以前，欧洲的经济增长率一般都低于0.1%，即大约要700年才可能使物质财富增长1倍。在工业革命开始的100年间，年均增长率猛增至1%或更高，这样大约只要70年社会财富即可增长1倍。在现代经济增长的推动下，欧洲和北美在1850~1950年间的人均收入在一个世纪中增长了7倍。[①] 世界经济与政治格局也发生了决定性的变化，西方超越了东方。

现代经济增长与以往经济增长的重要区别在于其持续性的增长倾向，以至于我们的文明事实上已经成为一种真正的“经济文明”。所谓“经济文明”，是指以追求利润为生活取向，继而出现为追求利润而导致的市场竞争，为维护市场秩序而形成的法律规制，由此将关心普遍公众利益和改善自身社会地位作为人们追求的目标。“在这一文明中，经济占据着支配地位，并被广泛视为社会现实的基础范畴和人类存在的终极目标。”[②] 甚至可以说，经济增长已经占据了现代经济生活的全部容积。经济增长毫无疑问地已经成为现代社会生活的重要基础，政治权力、民族强盛或民族威望都有赖于这个基础。无论哪种社会制度，如果没有现代经济增长，所谓的社会优越性都将流于空谈。只有稳定可靠的经济增长，即在产量和就业上有重要而可靠的增长，才能“反映一国人民寻求享受更好经济福利的需要和愿望”[③]。一个国家的经济增长可以解释为在一个长时期内提高为其居民提供越来越多的经济产品的能力。由此，经济增长开始成为现代社会发展的重要标志，成为衡量一国经济发展水平的重要标准。

1.2.4 市场化民主化是制度安排

工业革命和经济增长造成了社会结构的剧烈变化，社会结构的变化又

---

① 罗荣渠：《现代化新论续篇——东亚与中国的现代化进程》，北京大学出版社1997年版，引言。

② ［美］里亚·格林菲尔德：《资本主义精神——民族主义与经济增长》（中文版），上海世纪出版集团2004年版，第480页。法国学者布罗代尔也有过类似的论述。参见［法］费尔南·布罗代尔：《15至18世纪的物质文明、经济和资本主义》（第二卷）（中文版），生活·读书·新知三联书店2002年版，第477~486页。甚至金钱和财富被视为最终的价值和标准，并将是否能够获得金钱与财富看做是个人能力的结果。

③ ［美］约翰·肯尼思·加尔布雷思：《美好社会——人类议程》（中文版），江苏人民出版社2009年版，第21页。

为工业化和经济增长提供了更广阔的发展空间。一个现代化国家的重要职能，就是为工业化和经济增长做出合理的制度安排——消除一切阻碍工业化和经济增长的因素。[①] 一般来说，在发达的现代化国家的工业化和经济增长过程中，一直存在两种制度基础：一种是市场化制度安排，另一种是民主化制度安排。前者是指以市场为基础，充分尊重市场竞争规律的制度安排；后者是指在一个主权独立的民族国家成立以法理为依据的负有责任的政府。

1.2.4.1 市场化是现代经济运行的基础

一般来说，经济分为两大领域：生产和消费。一切以生产开始，一切以消费结束。在这两大领域之间，还有一个交换领域，如同河流一样细长而活跃地将生产和消费连接起来，这就是马克思所称的流通领域，现在习惯称为“市场”。市场（交易活动）自古以来就存在，但市场经济却是现代社会发展的产物。市场交换是为了需求，而市场经济是为了利润。市场经济是一种组织化和制度化的交换形式，而交换的基本推动力来自于供求关系。无求便无供，无供便无求。供求创立交换，交换创立供求。供求双方携手，结成连锁，成为电路中的电流。总而言之，“交换把各种经济牢牢地焊接在一起。交换是连接的圆环和合页”[②]。换句话说，市场是整个经济活动的动力装置。市场秩序只有在市场的各个参与者之间自愿交换的过程中才能产生。[③] 而这种自愿性的调节机制，便是价格机制。通过价格机制，形成合理的分工基础和良好的要素市场与产品市场。现代化发展的一个显而易见的条件，就是蓬勃发展的市场经济。

市场原本是社会发展的寄生物，但在工业化条件下，市场已不再是自发地发展，而是为工业体系服务的“组织体系”。[④] 就工业化本身的特性来看，实际上就是通过劳动分工，最大限度地发挥其生产能力，通过从事

---

① 市场经济的特点就是不断地变化，这就为新颖的生活提供了巨大的空间。正如约瑟夫·熊彼特（Joseph Schumpeter）所说：“不可能有静止不动的资本主义。”参见［美］斯塔夫里亚诺斯：《全球分裂——第三世界的历史进程》（中文版），商务印书馆 1995 年版，第 163 页。

② ［法］费尔南·布罗代尔：《15 至 18 世纪的物质文明、经济和资本主义》（第二卷）（中文版），生活·读书·新知三联书店 2002 年版，第 227 页。

③ ［美］詹姆斯·M·布坎南：《自由、市场与国家》（中文版），上海三联书店 1993 年版，第 105 页。

④ ［法］费尔南·布罗代尔：《15 至 18 世纪的物质文明、经济和资本主义》（第二卷）（中文版），生活·读书·新知三联书店 2002 年版，第 233 页。

不同领域分工的人们相互之间的合作，将原材料源源不断地进行加工，然后再转化为商品。然而这种分工与合作，需要有制度上的安排以及社会的协作。正是在这个意义上，英国历史学家汤因比才认为“工业化赋予了伟大的企业家们施展其才能的余地”。所谓的企业家，就是这样一种人，当他察觉到某种特殊商品或服务有强烈的市场需求时，他就能够利用给他带来利润的机会并有效地组织制造出这种商品或提供特殊服务的原料和人力，因此，英国历史学家克拉克（Clark）才提出了市场经济是现代社会中的“一种组织和一种运动”的观点。[①] 那么，是何种原因促成了市场从自发性向组织性和制度性的转变，揽其要者为三：（1）城市化发展促进了交易行为的改变和交易范围的扩大。在以血缘和地缘为基础的农业社会，人与人之间的关系是以个人为纽带来维系的，其交易关系是人格化的交易关系——以人格信用和习俗自律为担保的重复性交往。伴随着城市化的发展，形成了城乡分离的格局，劳动人口大规模向城市流动，社会发展开始超越血缘和地缘的界限，人与人之间的关系更多地是依赖合作式交往以及规则性的约束——协议的有效执行——非人格化交换，个体的努力不再依靠血缘的世袭性质，而更多地是依靠自己；社会组织也从血缘纽带构成的亲族组织中分离出来，形成功能分化、具有特定目的的规模化组织。这些变化促进了交易行为的改变和交易范围的扩大。（2）非人格化的交易与竞争促进了市场经济的成熟和市场规则的改变。斯密认为：“只要取消对人类基本好奇心、创意和竞争天性的限制，就能够创造出‘富裕的进步’。”[②] 然而，伴随市场规模的扩大，市场会变得越来越复杂，市场参与者更需要有明确的预期。按照规则，市场参与者在自己规则要求中以及活动范围内进行交易，减少参与者之间的矛盾和冲突。市场规模越大，对规则的要求就越强烈。韦伯曾经指出：“贪得无厌不等于资本主义，但资本主义等于追逐利润——合理化。”[③] 这里的“合理化”，就是指赋予现实以秩序化的基本过程。没有规则，复杂的现实将难以控制。有了这样一种合理性，就会产生无穷的适应力。（3）民族国家的形成促进了市场功能的改变和市场规模的扩大。伴随着民族国家的形成以及国际竞争的展

---

① 参见［美］黄仁宇：《放宽历史的视界》（中文版），中国社会科学出版社 1998 年版，第 60 页。

② ［英］彼德·杰伊：《财富的历程》（中文版），国际文化出版公司 2005 年版，第 294 页。

③ ［美］里亚·格林菲尔德：《资本主义精神》（中文版），上海世纪出版集团 2004 年版，导言。

开，市场开始从低端市场走向高端市场——信贷市场和劳动力市场、商业发展出现高级化——专业化、组织化、区域化、全球化。伴随这一趋势的展开，国家在市场经济中的作用日益明显，对市场化的制度安排成为不可或缺的重要职责。

总而言之，市场经济的有效组织和顺畅运行需要具备如下三个条件方能展开：（1）广泛信用关系的确立，以促进资本流通；（2）所有权与经营权的分离，以促进企业组织的扩大；（3）共同规则的制定与遵守，以促进企业活动范围的拓展。而现代化国家的发展，甚至世界的发展，无非是市场经济的发展。“市场经济不断扩大自己的领域，将越来越多的人，越来越多的远近贸易纳入理性秩序，而所有这些贸易加在一起就趋向于创造一个有整体性的世界。”①

1.2.4.2 民主化是现代经济运行的保障

市场经济的一个重要特点，就是尊重个人的自由选择。在市场经济中，每个人都是独立的存在，是能够自主决定的主体，因此，市场经济就是经济活动的“民主”。这也是马克思所说的“劳动商品化”和“契约自由化”的概念。那么，如何构建一个有利于市场健康发展的秩序，这就需要如下两个变量：一是经济变量——市场和财富分配；二是政治变量——配置社会资源和社会成员的广泛参与。作为现代国家，如何实现这两个变量的合理运行，这就涉及民主化的制度安排问题。在现代社会，“民主”一词已经成为社会文明与进步的一面旗帜。无论是否符合事实，几乎任何政府都把自己描绘成为民主的。但是，民主是一个历史性概念，并不具有绝对的性质。一方面，在历史上，民主并不是一直具有现在这样的积极意义；另一方面，在现实中，民主从来就没有达到过纯粹的性质，任何国家都没有实现完全的民主。民主（英文 democracy 来自希腊文 demokratia），由“人民”（demos）和“统治”（kratos）组合而成，意思是社会由人民治理或由人民做主。在人民治理这种意义上讲，民主设想的充分意义往往只是一种潜在的可能，而不是已经完成的现实。然而，在现实过程中，民主又是一个时时发生的现实，人们在不断扩大着自己的民主权利。实际上，民主是社会成员之间为了达成利益妥协而安排的某种社会妥协程序，

---

① ［法］费尔南·布罗代尔：《15 至 18 世纪的物质文明、经济和资本主义》（第二卷）（中文版），生活·读书·新知三联书店 2002 年版，第 68 页。

以便能够实现某种公共生活空间的可能性。有了妥协的程序，民主才会获得尽可能的人的支持，从而形成民主认同的社会氛围，建立稳定的社会和谐程序。①

民主的内涵是机会均等和自由选择，最终目标是实现有序化的公平公正的社会生活，实现途径是将政治权力从少数人垄断转变为由拥有平等权利的所有国民共同分享。当然，这一结构的变化过程不是一蹴而就的，民主化进程比市场化进程更加复杂而曲折，它经历了民主意识形成——民主化发展——民主政治确立（制度安排）的漫长演化过程。具体来说，民主化具有如下两个特点：（1）民主意识的觉醒是一个漫长的生成过程。事实上，人类文明的历史就是一部民主意识觉醒的历史。众所周知，农业社会是鲜有“个人”概念的。在农业社会，家庭是主要的生产单位，个人通过家庭获得生活资源，个人的命运由家庭决定。甚至一人犯法，全家承担责任。尤其在中世纪的欧洲，就连家庭也被淹没在封建庄园中，家庭作为封建庄园的一个生产单位从事生产。在多数情况下，个人既是家庭成员，同时在身份上也隶属于庄园主，为庄园主做工，向庄园主效忠，受庄园主保护。庄园往往具有武装，对外可以作战，对内则可以实施刑法。在精神上，个人还隶属于教会。教会被视为信徒与上帝之间的中介，信徒只有通过教会才能与上帝进行沟通。灵魂的救赎只有通过教会的一系列活动如弥撒、圣餐、捐款、购买赎罪券等才能实现。总之，中世纪的欧洲是一个个体意识尚未觉醒的社会。甚至卢梭（Rousseau）在 18 世纪中叶发表《社会契约论》和《爱弥尔》时，还引起了当局和教会的记恨，卢梭不得不逃亡瑞士。当时日内瓦也在查禁卢梭的书籍，并下令逮捕作者，卢梭只好再度逃亡，藏身于偏僻的孤岛。经过启蒙运动，西方世界才逐渐清扫掉中世纪以来神学对人性的遏制和束缚。与此同时，英国的圈地运动割断了农民与土地的联系，封建权力的支配作用以及人身依附关系被大大削弱。于是，民主、自由、平等的观念才开始逐渐深入人心。（2）民主化的发展是一个逐步完善的过程。诺思认为：制度是渐变的，而不是突变的。正是制度的这种渐变性，才将过去与现在以及未来连接起来。民主化过程实际上就是政治权力逐渐从个人（君主）到寡头、再到民众的转移过程，执政行为逐渐从为家族利益服务到为寡头利益服务、再到为民众利益服务的转移

① 韩震：《“民主”——我们所倡导的社会主义价值观》，载《光明日报》2013 年 3 月 23 日理论版。

过程。民主化从产生到成熟，经历了一个漫长的演进过程。即便在英国，其民主化进程也并非一帆风顺。例如，17 世纪的“平等派”战士为了实现成年男子普选权甘愿牢底坐穿。在小皮特时期，英国曾经终止过一切有关改革的讨论，这个时期一直持续到拿破仑战争爆发。从平等派起义到 1931 年 97% 的投票率，英国足足用了 300 年的时间。在法国，公民权的普及也有着相似的坎坷经历。法国从 1789 年大革命开始民主化进程。1791 年法国《人权宣言》名义上取消了等级制，却又采取政治隔离政策将公民划分为“积极公民”和“消极公民”：凡不符合财产规定的公民没有选举权和被选举权。此后，法国先后经历了三个王朝、两个帝制和五个共和国。从第二共和国开始才有了选举，但直到第三共和国，法国才被历史学家们公认确立了民主体制，但占人口半数的女性仍然没有投票权。直到 20 世纪 40 年代，法国才实现了“一人一票”的选举制度，到 1962 年才开始直接选举总统。在美国，1776 年《独立宣言》宣告“人人生而平等”，但事实上这里的“人”并没有包括黑人和印第安人，甚至没有包括占人口一半以上的妇女。美国废奴运动持续了近 90 年的时间，最终还是通过内战，黑奴才成为自由人。直到 20 世纪 70 年代《民权法》通过，黑人的公民资格才得到真正承认。总之，民主化在世界各国发展的效果之所以参差不齐，就在于民主化的发展需要与之相适应的社会环境和条件。

1.3 后发展国家现代化的特殊性与市场化民主化制度安排

1.3.1 现代化的一般性特征

从上述研究中可以发现，现代化的发展具有明显的一般性特征，正是由于现代化所具有的一般性特征，才使现代化发展呈现出从横向结构向纵向结构演化的轨迹。

第一，发展取向的共同性。虽然韦伯在《宗教社会学》一书中提出了现代化“仅仅发生在西方的命题”，即认为现代科学技术、现代法律体系、政府以及私人企业的现代科层制度、现代民主主义、现代化的大众传媒以及现代资本主义都是西方世界的产物。非西方世界仅仅是在模仿西方才获得了这些东西。但是，只要代表了人类社会发展的正确方向，现代化就是一个不可逆转的进程，就会成为世界各国发展的共同选项。其实，把人类社会看成一个从低级向高级发展的过程，是许多思想家的重要观点。1877年，摩尔根（Morgan）在其出版的《古代社会》一书中就提出了人类诞生的同源性、人类智力的一致性、文化进化过程的循序渐进性的观点。马克思和恩格斯在《家庭、私有制和国家的起源》、《德意志意识形态》、《哲学的贫困》、《政治经济学批判序言》等著作中也肯定了人类社会从低级向高级发展的历史必然性。马克思在《资本论》的前言中就明确指出："工业较发达的国家向工业较不发达的国家所显示的，只是后者未来的景象。"① 工业化是一个自然演进的历史进程，是每个国家或民族都要经历的一个必然发展阶段。正是因为工业化具有"超出一切不同民族或国家的全人类共有之物"的特点，马克思和恩格斯在《共产党宣言》中才这样认为：新的工业的建立已经成为一切文明民族的生命攸关的问题。"由于一切生产工具的迅速改进，由于交通的极其便利，把一切民族甚至最野蛮的民族都卷到文明中来了。它的商品的低廉价格，是它用来摧毁一切万里长城、征服野蛮人最顽强的仇外心理的重炮。它迫使一切民族——如果它们不想灭亡的话——采用资产阶级的生产方式；它迫使它们在自己那里推行所谓的文明，即变成资产者。一句话，它按照自己的面貌为自己创造出一个世界。"②

第二，发展道路的多样性。在当今世界，现代化已经成为不可逆转的进程，也是世界各国发展的共同选项。然而，有关现代化的争议却从未停止，西方国家动辄以自身的发展经验为祭旗，对广大后发展国家横加干涉。事实上，现代化既是人类社会的共同追求，也是具体的实践过程。作为一种理想追求，所有国家都应该遵循现代化的一般性规律；作为具体的实践过程，现代化道路则往往呈现多样性。这样，现代化实际上是发展取向的共同性与发展道路的多样性的统一。马克思早就敏锐地发现了人类社会比其他存在物的优越性就在于能够自己选择发展的目标和途径。在马克思看来，人类从事选择的根据是社会历史发展的基本规律——共同性与多样性的统一。历史发展的多样性并不是预定的，它具体如何，在很大程度

① 《马克思恩格斯选集》第2卷，人民出版社1995年版，第100页。
② 《马克思恩格斯选集》第1卷，人民出版社1995年版，第276页。

上同各民族或地区的活动有关，与各民族或地区的社会选择有关。人类社会的诸多民族或地区就以多种多样的选择为主题，拉开了人类历史发展的序幕。

人类社会发展取向具有共同性，但我们又不能简单地把这种共同取向理解为发展道路的一致性。日本学者森岛通夫指出："历史不是单线的表现图式，而多线发展才是适合我们所发现的历史现象的唯一图式。"[①] 历史发展的规律是不平衡规律，世界其他国家难以再现早期西欧现代化的全部条件，因此，通往现代化的道路具有多样性的特点——发展路径的多样性、发展模式的多样性、发展特征的多样性，由此"显示出无穷无尽的变异和程度差别，这些变异和程度差别只有通过这些经验所提供的事实进行分析才可以理解"[②]。因此，美国现代化问题专家布莱克（Blake）才将《现代化的动力》一书的副题竟称为"比较史学的研究"。他将不同类型的现代化国家归纳为七种模式，力图说明世界现代化的进程及其结局。就是说，现代化的目标与指标体系是相同的（至少是相近的），现代化的内容以及实现现代化的前提条件也存在许多共性，但是实现现代化这个目标并为之创造前提条件的道路与方法却千差万别。我们的重要任务就是寻求更为深层的现代化进程中共性与个性的有机结合。就是说，现代化从来没有不可逾越的单一道路，因而不应简单地用一个标准来衡量并套用于其他地区与国家。世界上各个国家和地区都有自己特殊的情况，除了历史文化背景与社会结构不同外，地理位置与自然环境的差异，乃至于起始阶段与市场机遇的差异，都会影响不同国家的道路选择。各国必须依据自己的国情与所面临的时空环境，来设计切合实际的现代化蓝图与实施方案。[③] 在现代化发展的格局中，正是由于社会的开放以及选择的展开，才形成了当今世界单一的世界经济、多重的国家体系和多元文明的世界体系的格局。这样一种格局，促进了不同国家或地区之间的接触和交流，进而又形成了互相之间的互补过程。互补是现代生产力得以跳跃发展的重要基础，现代生产力得以扩大的重要前提，现代社会飞速发展的直接动力。互补的形成

---

① ［日］森岛通夫：《透视日本——"兴"与"衰"的怪圈》（中文版），中国财政经济出版社2000年版，第30页。

② 罗荣渠：《现代化新论——世界与中国的现代化进程》，北京大学出版社1993年版，第63页。

③ 世界现代化进程研究丛书：《罗荣渠与现代化研究》，北京大学出版社1997年版，第13页。

和交流的扩大积聚了裂变的能量，推动了世界现代化的快速发展。世界是多种形态的共存。马克思在给人类社会下定义时，曾经特别强调交往的意义。他认为："社会——不管其形式如何——是什么呢？是人们交互活动的产物。"[①] 还有学者指出："任凭欧洲有一切卓越，西方仍感觉不到的是什么？我们所没有的和极其关切的要在亚洲找到！……我们绝非走上了通向人类自我完善的道路。亚洲对我们完善的需要是必不可少的。"[②]

1.3.2 后发展国家的特殊性

英国是第一个实现现代化的国家，有学者把英国作为参照系，将相对落后的国家称为"后进国"，将欲追赶英国的国家称为"追随者国家"。[③] 20世纪60年代的现代化研究，主要集中于后发展国家的现代化问题。当然，这些理论在某种程度上忽视了后发展国家实现现代化的特殊性——文化的异质性、心理的抵御性、发展的迟滞性。

（1）文化的异质性。对于广大后发展国家来说，接受和适应西方国家的异质文化是现代化过程中首先面临的问题。这一问题是西方国家的现代化所没有的。就是说，对于广大后发展国家来说，现代化首先是一个接纳西方工业文明的过程。在接纳西方工业文明的过程中，通过本国的传统农业文明与西方的现代工业文明之间的矛盾和冲突运动，在不断地改革传统农业文明并使之适应于现代工业文明的同时，也不断地改造西方现代工业文明，使之与传统农业文明相融合，最后形成一种本土化的、继承了本国传统文明中能够与工业文明相适应的精华部分的现代工业文明。这一过程一旦完成，也就是当这种新的现代工业文明覆盖了全部社会的时候，后发展国家就完成了现代化过程，从而迈入了现代工业社会。[④]

（2）心理的抵御性。工业化不仅是发展经济的手段，而且是建立国际分工秩序的工具。在西方国家实现工业化的同时，也开启了排斥其他国家传统工业的扩张活动。因此，现代化的扩展具有一种明显的暴力倾向。现

---

① 《马克思恩格斯选集》第4卷，人民出版社1995年版，第532页。

② ［德］卡尔·雅斯贝斯：《历史的起源与目标》（中文版），华夏出版社1989年版，第81页。

③ ［美］戴维·S·兰德斯：《国富国穷》（中文版），新华出版社2001年版，第323页。

④ 世界现代化进程研究丛书：《罗荣渠与现代化研究》，北京大学出版社1997年版，第129页。

代化的这种扩展方式产生了这样一个后果，一方面现代化使世界的联系越来越紧密，另一方面现代化的扩展又分裂了世界，世界经济发展的不平衡现象日益加剧。正如美国学者兰德斯（Landes）指出的那样："1500年来殖民主义的统治造就我们面前这个世界，一方面是繁荣发达，另一方面则是屈辱的血泪史。"[①] 在一定程度上，殖民主义就意味着社会不平等，这种不平等造成了先发国家与后发展国家的对立，而且这一隔阂愈益根深蒂固。

（3）发展的迟滞性。西方国家是现代化的先行者，无论是政治方面抑或经济方面，都在世界的工业化进程中占有优先地位，而广大后发展国家只能在由先发国家所编织的国际经济秩序中开始自己的工业化进程。在这种国际经济发展的格局中，后发展国家在国际分工、资源和能源的开发利用以及方方面面均处于不利地位，形成了诸多的"后发劣势"。概括起来包括以下几个方面：一是工业化"起飞"的方式和速度问题。先发国家的工业化乃至完成是其漫长历史发展过程中渐进积累并自发演进的结果，而后发展国家则不能按部就班地获得这样一种进展，它们在缺乏资本、技术、制度、管理和国际竞争能力的背景下，[②] 只能以政府介入的方式进行大规模或强制性的行动，其结果可能会妨碍市场经济的进步，或因浓缩发展进程而导致进化因素的扭曲和变形。[③] 二是社会中的各种因素之间相互依存关系的问题。后发展国家在向先发国家学习的过程中，看到的往往是其已经取得的成功，而很少思考其成功是在什么样的因素或条件下形成的，更难以洞察这些成果与社会其他因素的内在关系。正如哈耶克（Hayek）所指出的那样："那些来自较不发达国家的、承担着向其人民传播理念之使命的人士，

① ［美］戴维·S·兰德斯：《国富国穷》（中文版），新华出版社2001年版，第597页。

② 参见简新华等：《后发优势、劣势与跨越式发展》，载《经济学家》2002年第6期。

③ 日本从欧美引进的三权分立制度的发展很不充分，许多学者都指出了这一点。如根据三权分立的程度以及政府经济职能范围的构成，以青木昌彦为代表的比较制度分析学者把各国政府的形态划分为权威主义、关系依存和规则依存等三种类型。日本属于关系依存型的政府。具体有如下的特点：立法、行政和司法之间三权分立的程度比较低，特别是立法与行政的高度统一，而司法过程的有效性比较低。日本实行内阁制，一直到1993年，政府始终由在国会中占多数席位的自由民主党组成，内阁成员同时是国会议员，按照宪法和国会法规定，有权提出法案者包括议员、内阁、常任委员会以及特别委员会，政府实行其立法计划并非难事，在行政部门和立法部门的力量对比中，立法部门处于弱势。在立法过程中，国会又处于弱势，其根本不在于采取的政府形式，而在于官僚成为实际上的操纵者。正如日本学者指出的那样："在日本，向国会提交的重要法案的绝大部分是由官僚完成的，而且几乎毫无问题地获得通过，不仅如此，对这些法律如何运作也基本上是由官僚决定的，即真正的政治权力和实质上的立法权掌握在官僚的手中。"参见［日］樱井雅夫：《日美经济：产业立法过程比较》，载《青山国际政经论集》1990年第18号。这里涉及的相关问题在后续研究中还有详细分析。

在接受西方训练的过程中，所习得的并不是西方早先建构文明的方式，而主要是那些由西方的成功所引发的各种替代性方案的梦想。”① 由于存在诸多的“后发劣势”，许多后发展国家虽有渴望发展的诉求，但结果却令人沮丧。努力没有获得应有的效果，相反却是令人心酸的失望。

不过，美国经济史学家格尔申克隆（Gerschenkron）等一些学者从另外一个视角探讨了所谓“落后的优势”问题，提出了一个“相对落后性假说”。② 他认为后发展国家在从“自我持续落后”向“自我持续增长”的转变过程中，具有一种得益于落后的“后发优势”，即可以充分引进和利用先发国家的科学技术。他说：“对一个较落后的国家，断定其落后程度的一个依据正好是它缺乏那些在较先进国家被作为工业发展前提条件的因素……然而，落后国家有着先进国家不曾有过的一项工业发展的‘前提条件’，这就是有先进国家作为技术辅助、熟练工人和资本货物的来源。”③ 法国著名学者列维（Levy）也认为工代化的后来者具有明显的确定优势：（1）他们不是在未知领域内探索，与先行者相比，他们具有关于他们行动方向的、正确或错误的概念；（2）在计划、资本积累、技能和组织模式等方面存在着借鉴最初的专业知识的可能性；（3）存在着超越其他地区的现代化过程所经历的早期阶段的可能性；（4）在一定程度上后来者总是居于能够获取其他地区成功果实的地位，而不必为发明付出太多的代价。④ 可以说，这些学者对“后发优势”的分析对后发展国家是适用的，同时也为后发展国家实现现代化提供了理论支持。

如果将上述有关“后发优势”的理论具体化，可以得出如下几个重要

---

① ［英］弗里德利希·冯·哈耶克：《自由秩序原理》（中文版），生活·读书·新知三联书店 1997 年版，第 3 页。

② 我国学者樊纲教授也概括了“后发优势”的问题，提出了“知识（信息）”优势的问题，即作为后发展国家，有发达国家的经验可资借鉴。其中包括市场经济体制的建立与发展方面的知识，现代产业发展的经验与知识，对付经济风险、经济危机的对策的经验与知识等。当后发展国家还没有达到世界经济体系发展的前沿时，其特殊的优势就在于可以“免费利用”那些通过失败与危机积累起来的经验与知识，减少由于“试错”、波动、冲突、危机所付出的代价。参见樊纲：《发展的道理》，生活·读书·新知三联书店 2002 年版，第 212 ~ 215 页。

③ ［美］亚历山大·格尔申克隆：《对现代工业化“前提条件”概念的反思》，载［美］塞缪尔·亨廷顿等：《现代化：理论与历史经验的再探讨》（中文版），上海译文出版社 1996 年版，第 184 页。德国学者哈曼、瑞典学者冈纳森和英国学者巴库克也有过相近的观点。

④ M. 列维：《现代化的社会模式（结构）与问题》、《和现代化的后来者》，载谢立中等主编：《二十世纪西方现代化理论文选》，上海三联书店 2002 年版；还可以参见［日］富永健一：《“现代化理论”今日之课题》，载谢立中等主编：《二十世纪西方现代化理论文选》，上海三联书店 2002 年版。

结论：一是发展模式选择的比较优势，即对先发国家各种不同工业化的模式进行理性的比较和选择，做出适合自身历史条件的最优选择，实现资源的最优配置。二是发展途径选择的比较优势，即通过有效利用先发国家现有的成果和经验，加快后发展国家的工业化进程，缩小与先发国家之间的差距。三是强化制度供给的比较优势。一方面，在实现向工业化状态转变的过程中，必须大规模地发展诸如基础设施等，这就为政府对转变过程的介入形成了强烈的社会需求。另一方面，后发展国家经济落后的现实又容易引发强烈的社会变革意识，这种社会变革意识也可以通过制度供给的强化，引导社会资源投入到工业化的进程之中。就是说，后发展国家共同持有的落后意识，为发挥政府的比较优势，调动资源以及采取抵御风险的行动提供了一种合法性支持。

事实上，正是由于从“自我持续落后”向“自我持续增长”转变过程中存在的不平衡发展所形成的巨大压力，才成为后发展国家加速工业化发展的根本动力。所谓“赶超式现代化”，是指在特殊的历史条件下，某一国家或地区通过“转化式适应”实现其经济超常规增长的实践过程。① 其中有三个质的规定性：（1）超常规增长，即在一定时期内表现为比较高的经济增长率；（2）不平衡发展，即在一定时期内表现为非均衡的增长态势；（3）阶段性“突进”组合，即在一定时期内表现为各种促进增长要素之间的相互配合。由此可以看出，经济赶超的实质就是后发展国家在经济起飞后以不平衡的经济跳跃式发展为特征的经济超常规增长。而日本明治维新以及战后以来的工业化发展的历史，就是一部以先发国家为目标的“赶超式现代化”的历史。正如日本经济学家所说：日本的经济发展“始终持续着这样一个过程，即树立目标并为实现目标而努力，一个目标实现后，为实现下一个更高的目标而继续努力，并且在很多的场合，以欧美先进国家为范例，作为制定目标的标准”②。

据此，我们可以将现代化大致划分为两种类型：一是自然演进型现代化，即在自然条件和技术条件下，一些潜在的或自发的活力成为推动现代化发展的力量。③ 因而，现代化具有相对缓慢性、平稳性和持续性发展的

---

① 这一概念是由日本经济人类学学者前川启治提出的。意思是当有些国家被卷入国际经济体系中的时候，有的国家会为这一体系所吞没，而有的国家则通过主动适应保持了自身社会的连续性和国民的同一性。参见［日］大野健一：《从江户到平成——解密日本经济发展之路》（中文版），中信出版社 2006 年版，第 4 ~ 7 页。

② ［日］加藤宽等：《经济政策》第 3 卷（日文版），有斐阁 1971 年版，第 36 页。

③ ［美］保罗·巴兰：《增长的政治经济学》（中文版），商务印书馆 2000 年版，第 131 页。

特点。西方先发国家属于内源型现代化，所以其现代化属于自然的、渐成的和平稳的现代化。二是赶超发展型现代化，即以超常规的方式，即由国家安排从传统社会向现代社会的转变。由于与西方国家的异质性，在西方国家同为现代化构成要素的市场化与民主化，在非西方国家就难以由同一力量承担。原因是非西方国家的市场化只能是“自上而下”的市场化，即由国家主导进行的市场化，但国家难以成为民主化的主导力量。因此实现民主化的运动只能以“自下而上”的运动的形成出现。依照格尔申克隆的经济命题，罗荣渠教授提出了如下一组政治命题：(1) 一个国家的经济愈落后，就愈不可能从传统政治体制向现代民主政治体制直接过渡，而需要通过若干中介阶段；(2) 一个国家的经济愈落后，首先解决的问题是国权问题（民族解放）而不是民权（个人解放）问题，是民族的生存权而不是个人的权利；(3) 一个国家的经济愈落后，就愈需要强调权力集中，实行高度集权的政治运作，建立权威主义政府；(4) 一个国家的经济愈落后，工业化的启动就愈需要强大的国家导向与政治推动；(5) 一个国家的经济愈落后，农村势力在社会变革中就可能发挥更大的作用。①

1.3.3 后发展国家市场化民主化制度安排

后发展国家的市场化民主化进程往往形成与先发国家现代化进程的反向运动：先发国家的现代化进程走的是一条“市场发育——市场成熟——法理权威”的演化道路；后发展国家的现代化进程走的是一条“政府权威——市场发育——市场成熟”的推进道路。这样一种反向运动的形成，与后发展国家现代化启动时的社会条件有密切的关联。

第一，社会精英集团的崛起。后发展国家的现代化比先发国家的现代化要困难得多，以什么样的方式输入工业文明，如何让人民接受输入的工业文明，如何消除现代阵营与传统阵营的对立矛盾，如何保证转变过程中的社会稳定，② 这些都有赖于社会精英集团的觉醒和崛起。其中包括：从分散的、集团的或地域性的权威向统一的、全国性的权威转变；建立能够体现民族国家意志的官僚机构；扩大社会民众参与的规模。一般分为“权

---

① 罗荣渠：《现代化新论续篇——东亚与中国的现代化进程》，北京大学出版社 1997 年版，第 120 页。

② ［美］塞缪尔·亨廷顿：《现代化理论与历史经验的再探讨》（中文版），上海译文出版社 1996 年版，第 119 页。

威集中——权威合理化——扩大职能区分——扩大体制包容性”几个阶段。对后发展国家来说，强大的政治权威建立起来后，扩大社会民众参与的规模是最复杂的问题。这个问题之所以复杂，是因为它关系到新制度的稳定性。推进现代化的社会精英集团掌握政权之后，现代化有可能顺利地开展，但是现代化会很快造就新的社会集团，形成新的社会要求，新的社会集团和新的社会要求迟早需要在政治上反映出来，而如何吸收这些不断涌现的新集团，便是体制面临的迫切任务。[①] 一个在把权力转移到推进现代化的社会精英集团从而获得宝贵的政治稳定的国家，现在将面临新的不稳定因素。我们在谈论这一点时，必须时刻记住：现代化是一个连续快速变化的过程，人类历史上从来没有过如此迅速的变化。因此当一个阶段结束从而达到平衡与稳定时，另一个阶段的开始又意味着不平衡不稳定的因素已经随之而来。原有的稳定正在消失，新的稳定则是争取的目标。

第二，以国家利益诉求为先。在上述背景下，后发展国家的政治考量理所当然地先于经济因素：（1）有计划的市场化推进。以替代的方式，制定国家发展目标、战略规划和资源分配。（2）有控制的民主化安排。比如东亚现代化的特征是：在政治发展方面，建立现代权威主义政权；在经济发展方面，国家自上而下的发展导向；在社会发展方面，世俗化的儒教秩序伦理。[②] 上述这些文化特征，以西方的价值观来看，大多不符合其所谓的现代理性标准，但从这些国家的经济发展实践来看，的确又在不同程度上发挥了积极作用。当然，这样一种发展道路也存在一定的弊端：一是社会超常规发展所造成的畸形缺陷。对后发展国家来说，经济增长的目的主要是为了实现赶超，因此，往往把速度看做缩短差距和考核政府绩效的主要标志。为了追求高速度，后发国家常常以政府干预的方式打破社会发展的自然成长过程，在落后的经济基础上浮摆一个对实现赶超至关重要的重工业体系。然而，由于自然经济的雄厚基础以及尚处于早期发展阶段的落后工业的广泛存在，所以在引进现代工业的过程中时常伴随着紧张的结构压力，使发展性短缺日益明显。而赶超性短缺的包袱，一般来说主要是由地方经济承担的。在国家将主要资源用于现代工业的发展时，给地方经济留下的仅仅是一些零散的、难以形成经济实力的资源，从而使地方经济常

---

① 世界现代化进程研究丛书：《罗荣渠与现代化研究》，北京大学出版社 1997 年版，第 70 页。

② 罗荣渠：《现代化新论续篇——东亚与中国的现代化进程》，北京大学出版社 1997 年版，第 146 页。

常处于十分困难的境地。这种状况又往往迫使地方政府不得不用超规范的、与国家发展完全不同的办法搞经济，于是形成了地方政府经济活动与国家层面经济活动的重大区别。[①] 二是社会超常规发展所导致的巨大压力。任何体系，从人体的循环系统到社会财富的创造系统，都应遵循内在的规律进行运转，过慢容易失灵，过快容易崩裂。“每一个国家的经济和每一个财富创造体系都按其特有的步伐运转，也都有其独有的新陈代谢速度。”[②] 相反，“如果我们总是生活在生产能力与效率的边限上，就会导致极度紧张，这对于社会与个人都是不健康的。两者都超出了帕金森规律意义上的能力适用阶段”。因此，“人们必须总是要保持一些潜在的可能性和未使用的能力，让个人与社会处于能力适用阶段。有进一步发展能力的状态比竭尽一切力量的状态，更接近于最佳发展”。[③] 赶超加快了社会发展的节奏，也造成了紧张的社会压力。一方面，它使传统社会的基本骨架，即两级治理结构和自然经济的自稳定结构在现代社会的嵌入下不能正常发挥其功能。另一方面，由于变化的速度过快和角度过大，现代社会的规则和秩序难以即刻建立。这样，传统的框架依然以各种形式渗透和再现于现代社会结构的每个角落，使社会发展出现管理的“真空”，正式的制度安排难以履行，超规范的“非制度安排”在正式制度安排的外壳下各行其道。[④] 为

---

① 一般来说，地方性制度变迁的绩效取决于三个因素：（1）初始条件，即传统体制的强弱、产业基础制约和非市场化意识形态等的制约效应；（2）地方推动力，即地方政府和地方民间主体在推动地方制度变迁中的努力程度；（3）中央政府的制度供给，即中央政府的改革资源配置体制和分配格局。当时日本的特点是忽视了地方利益的存在。直到1992年起，日本这样一个以高度集权和僵化的官僚机构而闻名的国家，才开始发起一个推动分权化的特别计划。该计划包括命名30个在提供社会服务方面领先的市镇，从而推动地方政府更大程度地卷入社会服务的设计。1995年，日本通过《分权化推进法》。参见［美］艾琳·卡马克：《全球化和公共行政改革》，载《经济社会体制比较》2002年第3期。日本政府改革中的“规制缓和”，是希望重新界定政府与民间的关系；“地方分权”则是希望重新实现公共部门内部的权力转移。参见［日］增岛俊之：《日本的行政改革》，天津社会科学院出版社1998年版，第26页。

② ［美］阿尔文·托夫勒：《力量转移——临近21世纪时的知识、财富和暴力》（中文版），新华出版社1997年版，第267页。

③ ［德］彼得·科斯洛夫斯大基：《后现代文化》（中文版），中央编译出版社1999年版，第86页。

④ 制度并不是法律和条令，制度的含义比法律和条令要广泛。青木昌彦用“共有理念”这个概念把诺思关于制度的正式方面和非正式方面同时概括起来。他列举了三种情况：一是法律和条令并没有明文规定的“共有理念”，如终身雇佣制和主银行制等都不是法律规定的，但在日本大都按照这一套规则来行动；二是与法律和条令相冲突的“共有理念”，如贿赂等；三是与法律和条令相一致的“共有理念”，即人们严格按照如法律和条令的规定行事。参见［日］青木昌彦：《什么是制度？我们如何理解制度?》，载《经济社会体制比较》2000年第6期。

了避免发生政治与社会危机，政府就需要对越来越多的经济领域和社会领域承担起更多的责任，比如救助困难中的工业企业等。因为一个大公司或银行的破产对于许多表面状态良好的企业，对于整个社区，甚至对于政治稳定都会产生影响。结果，政府在不知不觉中逐渐演变成为一个“超载政府”。[①] 这在一定程度上造成了越来越大的国家预算，同时也逐渐破坏了原属于社会的创造性领域。这种由政府独揽一切“公共事务”的垄断性体制，“已经无法应对老龄化社会的需要、全球化需要的灵活性、符合多样选择的价值观的多元化、丰富的文化创意中个人创意所需要的尊重等，因为这些都是无法以整齐划一的方式去统领”[②]。三是“强政府”干预所造成的扭曲的制度供给：（1）不规范的行政管理。在规制环境条件下，真正的行政管理只发生在中央经济部门中，而对于地方经济，地方政府经常采取的手段是借用政权的力量强制贯彻行政管理。形成这种状况的部分原因是地方的精英几乎被国家层面所吸纳，行政管理能力受到了人员素质的限制，部分原因是由于地方政府面对的是复杂的所有制结构，这种所有制结构除接受政权管理以外，本能地拒绝其他类型的行政管理。因此，对地方政府来说，事关重大的不是加强行政管理，而是巩固权力地位，只有在权力背景下的行政管理，才是人们易于接受的行政管理。（2）扭曲的经济运行。赶超经济的含义是由国家层面将适合现代工业的经济关系嵌入整个经济中，形成了相对集中的管理体制，这种体制即使对管理中央经济是适应的，对地方经济也不可能完全适应。地方经济中存在着大量的自然经济成分以及难以进行精细管理的中小企业。从性质上看，地方经济的这种状况很难进行高度集中的管理方式，特别是很难照搬国家层面那种以行政规范为特征的管理方式。一方面，地方经济不能不接受国家高度集中的方式进行管理，否则体制的统一性就难以贯彻，地方经济也难以与中央政府进行对接；另一方面，地方经济又时刻期望变通和修改体制的规则，以便因地制宜地进行发展。这种矛盾的处境使得地方政府在管理经济时，经常要在政府规制的外壳下添加某些特殊的内容，从而导致行政管理产生某种变形。尤其是曾经获得成功的制度安排一旦确立之后，即使环境变化，也很

---

① 如日本学者所说：在经济高速增长时期形成的雇佣制度、社会福利制度和大规模政府公共开支使得经济增长的收益主要向个人倾斜，而政府和企业则承担了主要的成本。1990 年，日本的财政状况在西方七国中是最好的，目前却是最差的，累计债务余额已达到 GDP 的 140%。参见［日］神原英资：《日本为何难以推进结构性改革》，载《国际经济评论》2002 年第 3 ~ 4 期。

② ［日］小岛明：《日本的选择》（中文版），东方出版社 2010 年版，第 157 页。

难从整体上改变。比如在经济起飞过程中实施的“政府替代”，形成了政治组织与经济组织之间互惠性的制度安排。随着市场发育和经济发展，“政府替代”理应逐步弱化，但因政府同主要经济组织在利益上交织在一起，使得政府很难从“伙伴关系”中顺利退出，由此形成了路径依赖乃至关系“锁定”的局面。

罗斯托在《经济增长的阶段》一书中指出：从颇为技术性的意义上说，当社会达到成熟阶段时或者达到成熟阶段之后，社会的主要注意力就从供给转到需求，从生产问题转到消费问题和最广义的福利问题。先发国家在摆脱了物质稀缺性的负担之后，面对的是在成熟阶段和大众高消费阶段过渡之间所出现的困扰。所以，在大体上摆脱了稀缺性的压力时，应该考虑到下一步能做什么和将做什么，把我们的精力和资源拿出来，正视和应付增长阶段中隐含的挑战。① 然而，作为后发展国家，在完成了经济赶超目标之后，却深深地陷入了发展误区而不能自拔。具体表现是：(1) 沾沾自喜于已经取得的经济成就，忽视了为追求经济高速增长而付出的高昂代价——环境的破坏以及消费者利益受到的侵害。如果把这些社会成本考虑进去的话，其经济增长率就会大打折扣。(2) 无限夸大传统制度供给的“优越性”，丧失了对自身的正确认识。为了实现经济赶超目标，似乎政府对经济与社会生活的任何干预活动都合法化了，因为一旦宣称它是“为了实现赶超目标”，那么所有的政府规制和行为似乎就是合理的和正当的。既然是正当的，已经形成的惯性习惯就很难被打破。在实现有形的“赶超(增长)”后，发展的经济绩效便容易出现持续性恶化。这种持续性恶化的经济绩效与经济发展的客观要求形成了强烈的反差，政府体制的调整就会变得异常困难。

---

① ［美］罗斯托：《经济增长的阶段》（中文版），中国社会科学出版社 2001 年版，第 10 章。也有人认为：随着现代社会的发展，经典的工业化模式在发达工业国家已经发生了范式危机。如德国学者贝克（Beck）于 1992 年和 1994 年出版了《风险社会》和《再现代化》两本著作。他认为，科学技术的发展具有两面性：它一方面推动了现代社会的进步，另一方面又产生了大量的不可预测的副作用——技术和生态风险，而且风险已经超出了现代社会的管理能力，成为一种普遍的社会特征。这种社会特征可能意味着科学、政治、经济和社会方面的“结构突变”，即工业社会形态的解体和重构。参见何传启：《第二次现代化理论》，载北京大学世界现代化进程研究中心主编：《现代化研究》第一辑，商务印书馆 2002 年版。

中国现代化发展的历史背景与转型的初始条件

自1840年以来，中国社会发展最重要的课题就是在波澜壮阔的世界现代化的总体进程中找准自己的发展坐标，探索一条具有中国特色的现代化道路以及化解这一道路从选择到完善过程中所遇到的种种问题。可以说，在世界现代化的总体进程中，中国现代化道路的探索实属经历时间最长、波折最多的发展特例。因此，客观认识中国现代化发展的历史背景与转型的初始条件，对科学认识中国现代化道路的选择，正确解决中国现代化进程中所遇到的问题以及坚定走中国特色社会主义现代化道路的信心，都具有十分重要的意义。

2.1 中国早期现代化的道路探索与历史逻辑（1861~1949年）

一般来说，一个国家的内在性质和外在情境往往决定一个国家的历史命运。现代化的发展标志着人类社会历史的巨大进步，按照马克思主义的社会发展观来看，当时向现代化转型过程中的西方主要国家的社会发展处于比中国社会更先进的历史阶段。因此，在中国从衰败的社会向现代化转变的过程中，向西方主要国家学习是一个重大而全新的课题。然而，西方工业文明是以明显的暴力倾向向世界扩散并被中国所认识的。比如当时英国给中国的印象就是唯利是图，“利在则友，利亡则寇。列国之结欢于英者，大抵无实德之可图。”[①] 西方主要国家的侵略和掠夺让中国付出了巨

① （清）马建忠：《适可斋记言》，载《中国启蒙思想文库·3·采学西议》，辽宁人民出版社1994年版，第167页。

大的代价，不仅对中国社会造成了严重破坏，而且让中国对现代化道路的选择产生了复杂的心理，造成了中国早期现代化道路的探索经历了波澜起伏和变化万端的过程。

2.1.1 中国传统文明的特点

美国学者诺思曾经指出："为了改善制度结构，我们必须先清楚地理解这一制度框架的来源。我们只有知道身处何处，才能知道去往何方。理解社会的文化遗产是进行'可行'变革的必要条件。我们不仅要清楚地理解构成现存制度的基础的信念结构，也要清楚地理解在多大程度上信念体系受到变迁的影响。只有这样，我们才能了解现存制度和它们的组织基础的来源，才能获得进行可能的结构改革的洞见。"① 在现代化理论中，许多研究者认为民族意识的觉醒和民族国家的形成是现代化启动的前提条件。西方主要国家最先形成了这种民族国家，率先走上了现代化的发展道路。如果简单地以西方的历史尺度来衡量历史悠久的中国文明的话，是不可能正确描述和解释中国社会发展实际的。"中华文明不是作为一个民族国家，而是作为一种永恒的自然现象在历史上出现的。"②

在现代化产生之前，中国就是人类文明的重要探索者，并形成了不同于西方文明的鲜明的独特性——政治与文化的同一性。就是说，在西方社会，国家与文化之间的联系是松散的和多变的；而在中国传统社会，国家与文化的联系是紧密的和稳定的。历史事实表明，正是这一文明特点，使中国文明成为世界人类历史上最具创造力和影响力的文明之一。据记载，

---

① ［美］道格拉斯·诺思：《理解经济变迁过程》（中文版），中国人民大学出版社 2008 年版，第 147 页。

② ［美］亨利·基辛格：《论中国》（中文版），中信出版社 2012 年版，第 1 页。有人曾经这样评价："中华文明源远流长，虽欲穷其渊源而不可得。中国人早期的社会状况邈无痕迹，此乃中国的一大特点。研究一国历史时，我们习惯于先确定一个清楚的起点，然后借助流传下来的历史文献、历史传统及重大历史事件，一步步地追溯文明的衍变过程，从其起源到发展，再到壮大，直至衰亡。中国则不同，无论何时，他们似乎永远处于和今天相同的发展阶段。"见［美］亨利·基辛格：《论中国》（中文版），中信出版社 2012 年版，第 2 页。事实上，"国家"不单指统治体系，而是指一个由很多人通过某种方式联结在一起，通过一定治理活动维持一定程度秩序的共同体。作为国家意义上的"中国"早已经存在，虽然王朝覆灭，中国屹立如故。中国的融合和完整是文化融合的结果，是共同社会基础的结果，各民族共同缔造了中国。作为中国人，都有着属于"中国"特有的那部分共同的文化心理，所谓血脉相连。柏杨：《中国人史纲》，同心出版社 2005 年版，第 1 页。

自16世纪后半叶，西方国家的一些传教士或商人就开始进入中国，他们发现了一个令人向往的、巨大的、统一的帝国。中华帝国对欧洲的吸引力，不仅展现在财富与风俗上，还有作为一个文明国家的各个方面，从器物、制度到思想。16世纪末门多萨的《中华大帝国史》风靡欧洲，几乎把中国描绘成一个理想帝国。[①] 而欧洲向现代转型的历史，就是伴随着一个对“他者”文化（包括中国文化）的发现和借鉴的过程。15～16世纪欧洲在实现地理大发现的时候，同时也开始了意义重大的对世界（包括中国）的文化发现。从技术层面看，我们知道的古代“四大发明”，就对人类社会发展产生了重要影响。英国著名科学家培根在其1620年出版的名著《新工具》一书中这样写道：“发明的力量、效能和后果，是会充分看得到的，这从古人所不知且来源不明的俨然是较近的三项发明中表现得再明显不过了，这就是印刷术、火药和磁针。因为这三项发明已经改变了整个世界的面貌和事物的状态……由这些所引起的无数变化，以致任何帝国、任何教派、任何名人对人类事务方面似乎都不及这些机械发明更有力量和影响。”[②] 这是在17世纪培根还不知道这些技术发明来自中国的情况下所说的话。后来，马克思在1863年发表的《机器、自然力和科学的应用》进一步指出：“火药、指南针、印刷术——这是预告资产阶级社会到来的三大发明。火药把骑士阶级炸得粉碎，指南针打开了世界市场并建立了殖民地，而印刷术则变成新教的工具，总的来说变成科学复兴的手段，变成对精神发展创造必要前提的最强大的杠杆。”[③] 事实上，中国对西方的影响不仅有四大发明，中国的思想文化也曾经对西方社会产生过重要影响。新近的研究成果表明，在17～18世纪欧洲社会大转型时期，中国的汉学就成为西方社会寻求自我认识的一个途径。[④] 1594年，意大利传教士利玛窦（Matteo Rilli）将《四书》翻译成拉丁文出版，被称为“基督教的孔夫子”。法国启蒙思想家伏尔泰（Voltaire）在《哲学词典》中曾经列举了孔子的七句格言，慨叹道：“我们不能像中国人一样，这真是大不幸。”称赞中国的儒教是“人文宗教”，“它没有迷信，没有荒谬传说，

① ［美］唐纳德·F·拉赫：《欧洲形成中的欧洲》（中文版），人民出版社2013年版，总译序。

② 转引自王渝生：《传统文化与中国科技发展》，载《光明日报》2012年5月14日“光明讲坛”版。

③ 《马克思恩格斯全集》第23卷，人民出版社1972年版，第421页。

④ 张国刚：《18世纪欧洲关于〈资治通鉴〉的一段讨论》，载《光明日报》2012年11月26日“国学”版。

没有亵渎理性和自然的教条”。他把有仁义的道德、贤明的君主、得当的法律、有效的行政机制，通过科举制度层层选举出来的贤能达人管理的中国社会，看做是合乎理性的理想社会。1793 年，雅各宾派领袖罗伯斯庇尔（Robespierre）在其起草的《人权与公民权宣言》中写道：“自由是属于所有的人做一切不损害他人权利之事的权利；其原则为自然，其规则为正义，其保障为法律，其道德界限则在孔子的格言中：己所不欲，勿施于人。”[①] 1899 年，英国生物学家达尔文（Darwin）在其名著《物种起源》中大量引用了被他称之为的“中国百科全书”中关于遗传变异的记载（据查为贾思勰的《齐民要术》、李时珍的《本草纲目》和宋应星的《天工开物》）。1980 年，美国出版的《人民年鉴手册》曾经列出世界十大思想家，孔子又被推举为十大思想家之首。由此可见，中国文明的发展具有重要的世界意义。在西方世界还在中世纪的黑暗中哀怨的时候，中国早已是盛世繁华、光芒四射。作为一种历史的存在和延续，中国文明经受了多次选择性的考验，在一次次蛮族入侵之后又一次次地复活。因此，我们要认识中国社会，就必须怀着一种如钱穆先生所说的“温情和敬意”，认真回顾中国文明的历史特征。“如果（我们）不把国家及其社会基础结合在一起考察，就有对国家做出错误判断的危险。”[②]

2.1.1.1 高度集权的皇权体制

恩格斯在《反杜林论》中曾经提出了古代社会统治与奴役关系产生的两种不同道路。一种是原始共同体内部的上层职事人员，因其管理权力的膨胀与“独立化”倾向，驯致其由原来的“社会公仆”转变为“社会的主人”，并结成为一个与普通下层民众相互对立的统治阶级，从而使社会实现由原始公社向国家的过渡。另一种是一般教科书描述的古希腊罗马奴隶制及奴隶制国家产生的道路，即原始公社内一些富裕起来的家族，在社会生产力水平达到人的劳动力所生产的东西超过了维持劳动力所需要的前提下，通过强迫使用战争中俘获的外族战俘的劳动，来获取他们所生产的剩余价值，从而导致奴隶、奴隶制和奴隶制国家的出现。可以看出，这是两种完全不同的统治与奴役关系产生的道路：前一种统治与奴役关系产生在原始共同体内部，那些作为统治者的王公贵族与被他们统治与剥削的下层民众，都是由一个具有共同血缘关系的原始共同体中分化而来；后一种统治与奴役关系即奴隶制关系

---

① 王渝生：《传统文化与中国科技发展》，载《光明日报》2012 年 5 月 14 日“光明讲坛”版。

② 王正毅：《世界体系与国家兴衰》，北京大学出版社 2006 年版，第 110 页。

则建立在本共同体以外的成员进行剥削压迫的基础之上。恩格斯认为："没有奴隶制，就没有希腊国家，就没有希腊的艺术和科学；没有奴隶制，就没有罗马帝国。没有希腊文化和罗马帝国所奠定的基础，就没有现代的欧洲。"[①] 中国的国家起源与西方不同，中国大致属于恩格斯所说的前一种起源形态的国家。中国的国家形态经历了一个"邦国——王国——帝国"的演变过程。[②]

中华文明的初创时代始于尧舜，终于周公制礼。可以说，我们的先人历经筚路蓝缕、前赴后继的艰辛实践，早已构造了一个稳定而宏大的民族共同体。《尧典》之"合和万国"就是中华民族意识觉醒的标志，"合和"或者"协和"之道就是中华民族的治理之道。[③] 周王朝时期（公元前11世纪至公元前12世纪）的基本社会构架是以血缘为基础，通过书面契约建立君臣关系——以君为中心的"君臣共同体"。君子需要有"公"的心智和"公"的能力，从而达成天下之"公"。就是说，他们需要摈除私人情感因素，以公共的视野压倒私人血亲的视野，公正地决策共同体的公共事物。"人君之于天下，不能以独治也。独治之而刑繁矣，众治之而刑措矣。"[④] 从尧舜时代到春秋时代，这样的一种社会构架共持续了两千年之久。

春秋战国时期，中国社会开始进入剧烈变动的时代。原因有如下几个方面：（1）铁犁技术的出现。这一时期，中国是一个社会下层民众和贵族并存的社会。因为土地来自分封，也就是只有国君和贵族才有土地，社会下层民众则是主要的生产工具。由于铁犁技术的出现，引起了社会的巨大变化，贵族制趋向没落，土地所有权开始从国君和贵族手中滑落。两种新兴势力——都市商业阶级和土地重新分配后的地主阶级开始向木耕人耕时代的旧制度——世袭的贵族阶级发起挑战。各国政府为了保持生存，开始利用新兴力量打击旧的权威。如各国国君大多数都抛弃贵族政治，竞相从平民中选拔人才——包括政治家、军事家。（2）思想争论的出现。在当时社会发生巨大变化的背景下，思想争论也呈现百花齐放的奇观。社会的巨大变动给平民带来了获得知识技能以及改变身份地位的机会。一些平民阶层的知识分子遂有高级情操上的诉求，开始按照自己认定的方向提出社会治理的方法。中国的古代哲学思想和文化创造开始萌芽成长。（3）列国争雄局面的出现。为了在竞争中获得胜利，各国纷纷推行改革措施，这对各

---

① 转引自沈长云：《国家起源的中国之路》，载《光明日报》2012年12月17日"国学"版。
② 王震中：《"聚落三形态演进"说》：载《光明日报》2013年1月14日"国学"版。
③ 姚中秋：《华夏治理秩序史·天下（1）》，海南出版社2012年版，第92页。
④ 转引自姚中秋：《华夏治理秩序史·封建（2）》，海南出版社2012年版，第12页。

种新兴思潮的形成是一种强大的鼓励。在这个时代，中华民族的思想已经进入了无崖的空间。柏杨在描绘这个伟大景观时曾经指出：这个时代最重要的特征就是一种向前看的心理状态，人们逐渐从那种崇古守旧的传统中脱颖而出，表现出一种创造未来的坚决态度和倔强精神。[①] 结果，具有雄才大略的秦王嬴政结束了自周朝失控之后的政治纷争和社会混乱局面，统一了中国，奠定了许多在中国历史上具有重大历史意义的权威性规范：(1) 发明九卿官制。秦朝与周朝不同，周朝属于国王亲属和大部落酋长掌握政权，秦朝则是中央集权的政治机构。在皇帝之下设立宰相，宰相之下设立九卿。秦朝的组织精神是政治、军事、监察三权分立，互不统摄。这样的制度设计，有利于巩固皇帝的权力。作为皇帝的耳目，监察机关主要负责察看官吏和人民是否对皇帝效忠或者是否尽职。与此同时，从秦朝开始实行的郡县制，甚至是一个县城的县令，也往往是由秦朝军队的中下级军官转任，中央集权的权威直抵地方的每一个角落。此后，历代王朝中央政府的组织虽有变化，但九卿的官称不变，一直保持两千多年。(2) 发展交通运输。秦朝开凿的运河如同蜘蛛网一样密布全国，对航运和灌溉都具有重要价值。秦朝修筑的公路宽五十步，每隔十米种植一棵松树或柏树，这恐怕是世界上最早出现的林荫大道。交通运输的整备不仅有利于武装部队的机动性，更促进了各地经济文化的交流，区域之间的差距开始出现收敛的趋势。(3) 统一书写文字。在秦朝统一中国之前，各封国经过长期的政治独立，逐渐形成了互不相同的经济和文化单元。以文字为例，当时齐国的文字与楚国的文字就有很大区别。秦朝首先下令采用一种新文字，也就是一种简体字，把周王朝及六个国家所使用的繁杂而又相互差异的字体，简化为“小篆”——以后再进一步简化为“隶书”。可以说，这是中国历史上前所未有的由政府发动的文字改革，堪称中国文化上最大的跃进。[②] 在中国，各

---

① 柏杨：《中国人史纲》，同心出版社 2005 年版，第 158 页。

② 从公元前 9 世纪，中国历史的文字记载就开始获得了保存，没有间断，这是中华人对人类文明最伟大的贡献之一。同时代的其他所有文明古国，或者根本没有记载，或者虽有记载而记载已经湮没，只好依靠考古发掘，才能得到片段。柏杨：《中国人史纲》，同心出版社 2005 年版，第 90 页。书写文字，实际上意味着有可能把文化和认识到的东西储存和集中起来，实现文化传承与创新。书面语言具有特殊的重要意义。尽管中国各地区的方言互不相同，但各个地区的中国人却都能够理解书面语言。书面语言之所以能够为所有的人理解，因为它是由表意或象形的文字所组成。这些文字在中国不同的地方发音不同，但任何文字不管其发音有何不同，意义却是相同的。“这种共同的书面语言对于一个讲着许许多多彼此无法理解的方言的民族，是一种使其国家保持统一和历史延续不断的重要力量。”［美］斯塔夫里亚诺斯：《全球分裂——第三世界的历史进程》（中文版），商务印书馆 1995 年版，第 316 页。

地的气候条件、农业发展以及其他社会习俗千姿百态。由于文字的统一，形成了以汉字为基础的文化交流体系，为各区域的社会生活提供了统一的构架，中华民族开始具有了共有的文化特征。（4）规范度量标准。秦朝还规定了标准长度（度）、标准容量（量）和标准重量（衡），从此，中国境内的尺寸、升斗、斤两以及车辆的轮距实现了统一，奠定了中华民族统一的规范基础。历史学家黄仁宇指出："中国的历史之所以不同于其他一切文明的历史，乃在于中国在公元前若干个世纪里就已经发展出了一种中央集权的政治体制。"① 与此同时，这种中央集权体制的持续性完善，使中国的政治和伦理的成熟程度远远超过其他政治体制的发展。

汉朝的管理制度基本上是秦朝的延续，故有"汉承秦制"的说法。在汉朝，由董仲舒设计了察举制度——官吏的选拔方式由地方官员定期推荐优秀人才输送到中央政府，待熟悉中央政府种种业务后，再派到地方工作。察举制度的实施，实现了中央和地方人力资源的流转，促进了各种信息的交流，保证了皇权体制的稳定运行。② 经过汉朝以后，高度集权的皇权体制得到巩固，中华民族的凝聚力进一步增强。正如有学者指出的那样："在汉代，最早的官僚选拔制度和行政管理部门的职业化发展起来。这些职业化建制有助于形成中华民族的认同感，这种认同感对于中国文明能在外族入侵和内部分裂中生存下来是十分关键的。"③ 此后，无论历史的发展多么曲折复杂，都以此为基础维系着一个统一的秩序体系。到了隋朝，又发明了非凡的国家考试制度。④ 通过国家考试制度为政府结构配备文官，不仅为皇权体制提供了有效稳定的行政管理人员，同时也促进了社会阶层的有效流动，提高了官僚体制的整合能力，抵御了政治分

---

① ［美］黄仁宇：《现代中国的历程》（中文版），中华书局 2011 年版，第 2 页。

② 许倬云：《大国霸业的兴废》，上海文化出版社 2012 年版，第 17 页。

③ ［美］皮特·N·斯特恩斯：《全球文明史》上册（中文版），中华书局 2006 年版，第 88 页。

④ 中国近 2000 年来选拔文官都是通过科举制度根据考试成绩决定的。最初考试是相当全面的，着重儒家经典，但也包括法律、教学和政治事务等科目。但是，后来逐渐集中于文体和儒家的正统思想。结果形成了一种制度，理论上官职的大门是向所有才智之士敞开的，实际上却有利于拥有充裕财富的阶级，他们才有钱供得起子弟的多年学习和准备应试。这并不意味着由世袭贵族来统治中国；毋宁谁，这是一个有知识的阶序结构，即士大夫政治，它为中国提供了一个有效率而且稳定的政府，并赢得了欧洲人的尊重和赞赏。与此同时，这也是一个抑制独创性、培养顺从性的制度。因此，只要中国保持相对隔绝的状态，这种制度就能维持其稳定性和连续性。但是，在遭到西方入侵时，这个制度起的作用却使中国不能进行有效的适应，最后终于在 1905 年废止。通过行政集权，封建国家依靠科举制度选拔官僚，一是促进了社会流动，二是选拔了人才，三是遏制了贵族势力。

裂的倾向。这种组织严密的官僚政治工具，在世界历史上也是无与伦比的，被法国历史学家汤因比称为“历史最悠久、效率最高的行政样板”①。到了明清时期，中央集权更加完备，所有的律令全国一致，皇帝向全民抽税，凡有职能的官位不能遗传，除了皇位之外，能遗传之爵级则无实权。

根据上述传统政治形成的脉络，我们可以将中国传统政治归纳为三个显著特点：（1）国家统一是历代统治者不变的政治追求，也是以皇权专制为核心的中央集权的合法性基础。（2）中央集权政体是中国历代统治者政治选择的趋势所在，也是国家统一最重要的推动者和组织者。（3）官僚政治是中央集权的重要基础，也是皇权专制的重要补充。官僚政治讲的是职务分等、权力分层，通过规范化和制度的方式，实现政治统治，并利用行政监督，保障政府各部门的有序运行。有学者认为中国是“组织系统最完整、政治体系最发达”的国家。② 正是维护国家统一的这一政治追求，中国虽历经无数磨难，却始终保持了疆域辽阔的巨大国家形态。③ 因此，官僚政治是古代中国对人类政治文明的伟大贡献。

---

① 转引自［日］森岛通夫：《透视日本——“兴”与“衰”的怪圈》（中文版），中国财政经济出版社2000年版，第280页。一是文官制度。传统上，中国发展出了世界上最为庞大也最为有效的文官体系。那么大的中华帝国靠什么来统治？建立帝国的是武力，但统治帝国的是发达的文官体系。西方国家也经历过帝国时代，但没有发展出类似中国的文官体系。西方从近代国家的产生，到后来的民主政治的转型和运作，没有文官体系是不可想象的。隐含在中国文官体系里的几个原则，对西方产生了很大的影响：（1）皇权与治权的分离。天下是皇帝打下来的，国家的所有权是属于皇帝，但治理权，即治权或者相权（宰相）是向社会开放的。中国发展出了一套中央集权式的考试制度来录用官员，这和西方历史上的家族统治构成了鲜明的对照。西方引入了中国式的文官制度。在民主化发生之后，最终演变成为现实的政治和行政的分离。而政治和行政的分离，是近代以来民主政治运作的制度前提条件。（2）文官的中立性。政治是要变化的，那么如何保证一个国家的政策的连续性？如何保证治权不会因为政治的变化而中断？中立的文官制度是关键。在西方。政治人物受到民主规则的制约，但文官制度的运作有其自身的规律，不受民主政治的影响。（3）文官轮流掌管不同部门的制度。中国历史上，文官一般不能在一个地方长期掌权，皇帝会对他们进行调动，类似于现在人们所说的“干部交流制度”。这里有两个目的：一是防止地方主义和地方势力的形成；二是为了让官员积累治理不同地区的经验积累治理整个国家的事务的能力，以便于他们升迁。郑永年：《为中国辩护》，浙江人民出版集团2012年版，第110页。

② ［英］赫伯特·乔治·威尔士：《大国的崛起》（中文版），陕西师范大学出版社2007年版，第84页。

③ 从汉武帝开始，中国的疆域就已经非常大。到唐朝盛世时，中国的疆域达到1 000多万平方公里。到元世祖忽必烈时，中国疆域达到中国古代的最大值，面积约为1 500多万平方公里。清康熙年间设立台湾府，使古代中国疆域最后定格为1 300多万平方公里。

2.1.1.2 超强稳定性的社会基础

中国高度集权的皇权体制，除了具有高度发达的组织体系外，还以超强稳定的社会基础为依托。这一社会基础的主要特征是：（1）以土地为根本的社会。自古以来，中国就以人口众多著称。据记载，中国在汉朝时就已经达到近6 000万的人口规模，比极盛时期的罗马帝国人口还多。1580年时达到2亿人口；1850年时，达到4.1亿人口。美国学者无不感慨地指出："这种举世无双的雄厚的人力资源使中国可以不关心世界形势的发展而保持同一性。"① 在农业社会，为了维系众多人口的生存，历朝历代都视土地为根本。在以土地为根本的国家，农业当然是其重要的经济基础。汉语中所说的社稷——国家，就是土地和粮食。占总人口五分之四的农民始终担负着供养城市居民、朝臣和士兵的重荷。因此，在中国传统社会拥有土地就成为构建强大而稳固的皇权体制的重要基础。就是说，没有土地，就没有家庭，没有土地，就没有国家。中国传统农耕生产方式的一个重要结果，是在人与土地之间建构起了牢固情感，农耕是用锄头与土地对话的生产方式，对土地具有高度的依附性。中国艺术之所以歌咏自然、哲学之所以讲"天人合一"，都离不开农耕文明所建构的这种人地关系。同时，土地是农耕民族最重要的财富，这种财富的最大特点是不可移动。中华民族之所以眷恋故土、安土重迁，根本原因就是财富的非便携性，对土地的依附是人们面对时局变乱不得不做出的选择。② （2）以宗族为基本共同体的社会。社会人类学认为，宗族的性质是一个体现"父系世系群"原则的亲属集团。宗族曾经在世界各国普遍存在，但就"宗族"系统性的制度规范而言，从来没有任何一个国家或民族能够达到中国宗族制度那样完整和严密的程度。③ 可以说，宗族是中国传统社会最为基本的共同体，宗族的治理是社会治理的基础。"宗"就是一个"家"，它以其强大的血缘继承性，构成一个传承性的系统——"百世不迁"。其特征是父家长制、长子继承、祖先崇拜。④ 在宗族文化

---

① ［美］斯塔夫里亚诺斯：《全球分裂——第三世界的历史进程》（中文版），商务印书馆1995年版，第315页。

② 刘成纪：《中国精神的传统基源与现代转换》，载《光明日报》2013年4月24日。

③ 钱杭：《"类型学"视野下的宗族制度研究》，载《光明日报》2013年1月14日"国学"版。

④ 中国具有远远高于西方的社会流动性，民间社会多以乡绅为中心，但不存在享有自治权利的市民社会与市民阶级。中国社会不存在西方或阿拉伯世界那种独立宗教权力，从而也没有政教分离的二元社会系统。罗荣渠：《现代化新论续篇——东亚与中国的现代化进程》，北京大学出版社1997年版，第139页。

中，家族成员把生产劳动与生活劳动紧密地结合在一起，以此构成了最基本的伦理道德和情感关怀的基础，最充分地协调了内部成员之间的关系。在中国传统社会，经营一个宗族是唯一具有合法性的自治活动。“在当时，宗族是中国社会上下阶层之间联系的唯一主要的纽带。”① 在市场不发达的情况下，农业生产能力极其有限，因此，以宗族为基础实现了人际的资源共享、风险共担。与此同时，作为一种替代性的社会组织，宗族的存在部分地化解了皇权体制崩溃过程中所带来的种种弊病与危机，中国社会得以延续和发展。（3）以村落为单位的社会。在中国农业社会，还以土地为基础形成了无数个农村村落——人与土地联系在一起而构成的社会单元。社会学家费孝通先生在《乡土中国》一书中，通过对中国乡土社会细致观察和对传统文化的认真分析，提出了中国乡土社会中存在的四种类型的权力，即横暴权力、同意权力、教化权力和时势权力。传统中国社会中的乡村，一如费孝通先生所提出的充满了乡土性。这种乡土性具有地缘性、血缘性、自给性、自治性、稳定性的特点。自宋朝起，皇权体制又以农村村落为最基本的行政单位，开始实施保甲制度——政府在乡村权力中谋求平衡教化权力的一种努力。这是一种相互监督的制度，即村落为单位，十户人家结成一保，一名保长专职负责禀报保内成员的行为。若干保又联结成更大的保甲组织，以此类推，形成一套等级制度。可以说，这是国家政权向乡村社会延伸的权力化表现。正如清代的《役夫行》所言：“任是深山更深处，也应无计避征徭。”此外，中国农业社会还在土地所有者、知识所有者和政治机构之间建立了密切的联系。“在农业发达地区，特别是南方，血缘关系扩展为宗族。宗族作为一种社会结构是通过以下方式起作用的——将为国家服务所谋得的财富投资于土地。同样的，任何企图取得贵族特权的家族则通过得到学位或准学位的方式来证明自己的能力，并以此名正言顺地在政府机构中谋得一官半职，从而可继续扩大家族的物质财富。依靠在国家中的职位，补偿并扩充家族的财产，并维护着血缘家族的社会地位。”②

---

① ［美］巴林顿·摩尔：《民主和专制的社会起源》（中文版），华夏出版社 1987 年版，第 165 页。

② ［美］巴林顿·摩尔：《民主和专制的社会起源》（中文版），华夏出版社 1987 年版，第 131 页。

2.1.1.3 世俗倾向的文化特色

任何一种文化都是一个庞杂的文化复合体，同时也是一个处在不断变化与发展中的有机体。中国文化属于世俗文化，更具有其他文化不可比拟的开放性和包容性。

春秋战国时代，中国在思想上就达到了高度的繁荣。孔子晚年“祖述尧舜，宪章文武”，编纂删订《易经》、《书经》、《礼经》、《诗经》、《乐经》、《春秋》。因《乐经》无文而散失，故常称“五经”。可以说，五经反映了自尧舜到周公的社会实践与思考，同时也成为影响中国文化发展的经典。正如柏杨所说的那样：“所谓中华民族的学术著作，在20世纪之前，百分之九十都是对这五部古书的研究和再研究；所谓学者、专家、思想家，差不多都是为这五部古书作注解，或为其中某一句某一字作考证的人。”① 孔子逝世后，他的弟子们将其平日的言论摘要地记录下来，名为《论语》。《论语》虽然没有一个完整的哲学体系，但也能够表达他的思想要领，故《论语》也与“五经”一样成为中国文化的经典。后来，道家思想和阴阳家思想也被融合在儒学的体系之内。尽管中国历史上出现过若干次的文化冲突，但最终都以儒学为主干获得重塑。以儒学为核心的中国传统文化具有如下几个特点：（1）世俗性。按照现代化理论，随着经济的发展，人口迅速向城市集中，大众的生活和思想会产生急剧的变化，有关宿命和超自然体验的传统价值观因教育的普及、大众传播的发展和科学实证精神深入人心而受到贬抑，宗教在社会中的地位将呈现不断下降的趋势，取而代之的是文化的世俗化发展。这一理论虽然很好地说明了西方的社会状况，但与西方的情况相反，中国是一个以儒学为中心的世俗文化国家。中国的儒学从诞生之日起就是一种世俗社会的伦理道德体系，它表现为注重现世，不谈来世；注重世俗理想，忌谈怪力乱神。孔子生活在春秋末期，当时的中国正处在一个政治动荡、诸侯混战、民不聊生的时期。孔子十分重视实现社会的和谐，故曰：“不知生，焉知死。”孔子的核心思想是施仁政，重礼教，行孝悌。他关心的是如何在现实世界建立一个“各有其位，恪守本分”的秩序社会——“君君、臣臣、父父、子子”。那么，如何才能让人们能够真正做到“恪守本分”呢？这就需要“礼”与“仁”，以“礼”达“仁”，即建构起内在的道德主体性。故曰：“动之不

① 柏杨：《中国人史纲》，同心出版社2005年版，第150页。

以礼，未善也。”“人而不仁如礼何？人而不仁如乐何？”孔子认为，人一旦获得了这种伦理上的认同，便能实现彼此间的相感相通，达到“同心同德”的境界。他认为如果每个人都能够按自己身份行事，家庭就会有秩序，国家就会有安宁。因此，个人服从家庭，家庭服从帝王，帝王则需要仁慈和友爱。如果每个人都按其名分行事，就会形成齐家、治国、平天下的局面。孔子之所以具有异乎寻常的影响，主要是因为这些伦理原则为改善世袭权力下的政治与社会关系发挥了重要的认知作用。正如有学者指出的那样：孔子所强调的五伦关系涵盖了家庭关系、朋友关系以及政治关系，其学说“为中国文明奠定了伦理信条和社会秩序观念”。① 可以这样认为，儒学文化的这一特点逐渐养成了中国人世俗社会条件下求稳定、求和平的性格。世界上还“从来没有一种文化，能够像中国文化这样可以自我控制与自我平衡”②。（2）包容性。自苏格拉底以后，希腊思想中出现了“逻辑”这个词（流变思想向逻辑论证的转变——逻辑的、分析的、静止的）。思想一旦被逻辑化，就要产生“主客两分”：物理的世界（物的秩序）和心理的世界（心的秩序）。在他们看来，只有把认识主体从世界中分离出来，才可能认知世界。蔡元培认为这是“物我两执”，而中国文化强调“中庸”——“执两端而取中庸”。③ 实际上，这种中庸思想就是现代社会所强调的文化上的包容性。孔子之后，历时300年的百家争鸣，主要有儒墨之争（仁义、兼爱）、儒道之争（有为、无为）、儒法之争（德治、法治）。通过这场文化之争，各种思想实现了相互借鉴和相互融合，也使中国文化具有了博大精深和包容万物的特点。正是这种博大精深和包容万物的特点，在中国文化中才形成了“和合”的理念——追求社会稳定和社会和谐。这在14～17世纪许多到过中国的传教士的记述中都有体现。意大利耶稣会会士利玛窦曾经这样写道：“……如果我们停下来细想一下，这一点似乎很出人意料：在一个几乎可以说是疆域广阔无边、人口不计其数、物产多种多样且极其丰富的王国里，尽管他们拥有装备精良、可以轻而易举地征服邻近国家的陆军和海军，但不论国王还是他的人民，竟然都从未想到去进行一场侵略战争。他们完全满足于自己所拥有的东西，并不热望着征服。在这方面，他们截然不同于欧洲人；欧洲人常常

---

① ［美］皮特·N·斯特恩斯：《全球文明史》上册（中文版），中华书局2006年版，第89页。

② ［美］黄仁宇：《现代中国的历程》（中文版），中华书局2011年版，第13页。

③ 汪丁丁：《制度分析基础讲义》，世纪出版集团2005年版，第17页。

对自己的政府不满，垂涎其他人所享有的东西。”[①]（3）统一性。在西方前现代化时期，许多人都依附于一种信仰和教会，而不是国家和普遍的文化；在中国传统社会，文化的发展则是和国家联系在一起，而不是与一种信仰和教会联系在一起。正是在这个方面，中国成为国家和文化的现代联系的先行者。在中国，多种多样的口头语言是与文化的统一性共存的。[②]经过漫长的融合和浸染，儒学对中国的影响至为深远，甚至可以说已经内化成为人们的一种自觉。正如美国学者斯塔夫里阿诺斯（Stavrianos）指出的那样：“也许最有助于中国文明内聚力的最重要因素是儒学的道德准则及思想遗产。”[③]基辛格博士指出：“几乎所有帝国都是凭借武力建立的，然而没有一个能够靠武力延续下去。若要长久统治世界，必须化武力为义务。否则统治者会为了维护统治耗尽精力，却无力塑造未来，而塑造未来才是政治家追求的终极目标。压迫若能让位于共识，帝国即可得以延续。”[④]而中国的统一则在于形成了一整套以儒学为核心的价值体系。也就是说，中国已经不是单纯的自然存在，而是作为一种文化寄托于载体，成为中华民族的共同家园。

2.1.1.4 巅峰意义的农业文明

以小农经济为基础，构成了中国农业社会发展的基本形态；以精细技术为中心，创造了中国农业技术文明的巅峰意义。英国著名科学史家李约瑟的学生坦普尔（Temple）在其出版的《中国——发现和发明的国度》一书中，曾经列出了中国古代的100项技术发明。另据统计，16世纪以前影响人类生活的重大科学技术发明大约有300项，其中175项是中国发明的。[⑤]李约瑟在其七卷本的巨著《中国科学技术史》中指出：“（中国人）在许多重要方面有一些科学技术的发展，走在那些创造出著名的希腊奇迹的传奇式人物的前面，和拥有古代西方世界全部文化财富的阿拉伯人并驾齐驱，并在公元3世纪到13世纪之间保持一个西方所望尘莫及的科学知

---

① 转引自［美］斯塔夫里阿诺斯：《全球通史——1500年以后的世界》（中文版），上海社会科学院出版社1993年版，第14页。

② 参见［英］厄内斯特·盖尔纳：《民族与民族主义》（中文版），中央编译出版社2002年版，第185页。

③ ［美］斯塔夫里亚诺斯：《全球分裂——第三世界的历史进程》（中文版），商务印书馆1995年版，第316页。

④ ［美］亨利·基辛格：《论中国》（中文版），中信出版社2012年版，第9页。

⑤ 石仲泉：《伟大的中国梦》，载《光明日报》2013年1月10日“光明论坛”版。

识水平。"[①] 美国学者斯特恩斯在《全球文明史》一书中也赞誉"中国的技术发明气势磅礴，在人类历史上罕与伦比"[②]。以农业生产技术为例，中国13世纪时就已经具有了世界上最高超的农业生产技术以及形成了自给自足的农业生产体系——灌溉系统、运河网络、桥梁构造、工艺制作。据记载，中国的工业比欧洲要早很多。在纺织业方面，中国12世纪时就已经用水力驱动的机械纺麻纤维，比英国工业革命制造水力纺纱机早500年；在冶铁方面，中国11世纪末就已经达到年产125 000吨生铁的规模，比英国达到这个标准早700年。[③] 到了宋代，中国在航海、造船、医药、工艺、农业技术等都达到了登峰造极的程度，GDP占全球一半，是当时世界上当之无愧的超级大国。特别是印刷术和火药等发明从根本上改变了世界上所有其他人类文明的历程。郑和下西洋时，曾组织62艘大型船队装载28 000人到达了印度。接下来的几次航行到达了中东和非洲东海岸。中国船队最庞大时由2 700艘近海航船、400艘武装海军舰船。[④] 还有统计表明："从17世纪末开始，位于上海以南的松江，各手工工场常年雇佣的工人就超过20万，家庭加工不计在内。同样，1793年的景德镇就拥有瓷窑3 000……一齐点火开工。夜半望去，犹如火城。"[⑤] 所以，有学者认为16世纪"最强劲的经济全部在亚洲，其中最重要的就是中国"[⑥]。

再以城市发展为例。中国拥有农业时代世界上最为城市化的文明，有许多城市人口达到数万规模。据统计：在1500年之前，达到10万人规模的城市就有52个。全世界达到50万以上人口的大城市当时共有10个，中国就占6个。到宋朝末年，杭州的居住人口已经超过150万。[⑦] 按照来自另外一个河渠众多的美丽城市威尼斯的马可·波罗的说法，杭州是当时

① 转引自王渝生：《传统文化与中国科技发展》，载《光明日报》2012年5月14日"光明讲坛"版。

② ［美］皮特·N·斯特恩斯：《全球文明史》上册（中文版），中华书局2006年版，第395页。

③ ［美］戴维·S·兰德斯：《国富国穷》（中文版），新华出版社2001年版，第4章。

④ ［美］皮特·N·斯特恩斯：《全球文明史》上册（中文版），中华书局2006年版，第464页。

⑤ ［法］费尔南·布罗代尔：《15至18世纪物质闻名、经济和资本主义》第二卷（中文版），生活·读书·新知三联书店2002年版，第317页。

⑥ ［美］里亚·格林菲尔德：《资本主义精神——民族主义与经济增长》（中文版），上海世纪出版集团2004年版，第78页。

⑦ ［美］皮特·N·斯特恩斯：《全球文明史》上册（中文版），中华书局2006年版，第407页。

世界上“最高贵的和最好的城市”。他曾经这样描写当时杭州的情形：“来到杭州的旅行者可以在它的10个大型的市场中游历，每个市场都有来自当时知道的世界各地的产品出售。不喜欢消费的来访者可以在这个城市的许多公园和明丽可人的花园里得到乐趣，或者放舟美丽的西湖，湖上云集着富人游乐的特制的船只，上边可以赌博、宴会或者聆听著名的杭州歌女的表演。黄昏降临的时候，人们可以造访遍布这个城市的沐浴馆。在那里，可以享受一次按摩，品尝一杯茶或者米酒。晚上，可以在这个城市诸多很好的餐馆中选择一个来用餐，这些餐馆擅长于烧制中国各个地区风味不同而又极其可口的饭菜。饭后，有许许多多的游乐可供选择。可以到游乐场去，那里有杂技、戏法和向着行人做出的各种表演。另外的选择包括到装饰华丽的茶楼品茶、到湖边看戏、或者去观赏城里著名的书画院的艺术家们的山水画。”① 尤其是从唐代开始到18世纪，从市场化程度、海外贸易数量、平均面积产量及其手工业工具和技术的复杂程度方面看中国经济都是世界上最先进的，呈现一派繁荣景象。法国学者布罗代尔在描述欧洲集市的场景时曾这样写道：“它们定期出现在城市的习惯场所，总是那么杂乱拥挤，喧喧嚷嚷，冲鼻的香味与新鲜的食品比比皆是……几块木板，一块防雨布，每个摊位都按事先确定的数字登记编号，并根据要求交费；成群的顾客，众多收入甚微但忙忙碌碌的帮工；从搬嘴弄舌女人和从事搬运、清扫和赶车的小工，私下兜售的小贩，二道商贩以及从衣着便可一眼认出的农民，物色便宜货的市民，串通起来报假账揩油的女仆，在集市售货的面包师傅，在街头和广场乱摆肉摊的屠户，批发商，税吏等等。最后，到处堆放着各种商品：蔬菜，水果，野味。此外，还有柴草、木料、羊毛、大麻乃至土布从乡村运来出售。”他这样归纳性地认为：集市是社会生活的天然中心。集市的人们会面、商量、骂街甚至打架的场所；是私下串通制造事端的场所；是执法人员难以动手干预的场所；也是政治新闻和各种流言蜚语传播的场所。② 他认为18世纪的中国同欧洲是一样的。③

此外，从宋朝开始，中国还建立了囊括整个东亚地区的朝贡贸易体

---

① ［美］皮特·N·斯特恩斯：《全球文明史》上册（中文版），中华书局2006年版，第407页。

② ［法］费尔南·布罗代尔：《15至18世纪物质闻名、经济和资本主义》第二卷（中文版），生活·读书·新知三联书店2002年版，第4~7页。

③ 同上，第103页。

系。朝贡贸易体系的形成，使中国与周边国家的政治关系合法化，贸易关系合法化，也为东亚国际体系中的商业网络的形成奠定了基础。就是说，“中华文明不仅支配了亚洲大部分的历史，而且为全球文明生活的进步做出了突出的贡献”①。

综上所述，在漫长的历史演进过程中，中国传统社会逐渐形成了“皇权——族权——父权”的权力结构，“中央政府——地方政府——农村村落”的治理结构，“国家——宗族——家庭”的联系结构，加之以儒学为核心的世俗文化又贯穿其里，中国传统社会才具有了强烈的纵横交错的关联性、粘和性以及自我修复性。中国传统社会这种纵横交错的关联性、粘和性以及自我修复性，对于中国的存在和发展具有十分重要的意义：（1）保持了中国疆域的统一性、文化的统一性和政治的统一性。这种统一性，使中国拥有了自己的经济基础、自己的民族家园、自己的精神信仰、自己的国家基础，这些都凝聚性地成为中国历史传承的遗传基因——不容忍分裂带来的冲突和混乱。“在中国人的观念中，文明的关键因素是统一，分立政权的统治者们希望统一中国，分裂时代的残破和苦难会更加激励人们的这种理想。”②（2）维持了中国社会的稳定性。稳定意味着不确定性的减少。近代以前，当西方社会尚被毁灭性的战争冲突所折磨的时候，中国则形成了相对稳定的社会秩序。诺思曾经如此描述说：“西北欧在10世纪到16世纪之间经历了无休止的各种规模的战争，从地方的贵族冲突到百年战争之中的大规模战斗。这一时期也是人口数量急剧变化的时期，人口在14世纪早期开始下降，这一下降趋势持续了150年才得以扭转。”③ 而中国持续性的稳定则大大改进了中国控制环境的能力，成为中国文明发展的重要基础。其表现：一是人口规模的快速增长；二是利用自然的知识存量快速增长。（3）确保了中国历史的延续性。与其他原生文明相比，中国文明表现出一种非凡的历史连续性（其他原生文明都经历了严重的文化断裂或形态转型）。中国文明的特征已经培育起一种集体记忆，共同保证了中国文明发展的历史连续性。在这一点上，“中国是独一无二的，没有哪个国家

① ［美］皮特·N·斯特恩斯：《全球文明史》上册（中文版），中华书局2006年版，第109页。

② 同上，第395页。

③ ［美］道格拉斯·诺思：《理解经济变迁》（中文版），中国人民大学出版社2008年版，第117页。

享有如此悠久的连绵不断的文明"①。所谓连绵不断，即指从夏商周，到元明清，再到近现代，中国从来就只有一个民族、一种文明。这民族不断在壮大，甚至"混血"；这文明不断在发展，甚至"整容"。但，既没有代沟，更没有空白。家国一体，夏就是祖宗崇拜，商就有宗法制度，从西周延续到明清甚至民国；语言文字、生活习惯、人际关系、文化心理要么始终统一，要么万变不离其宗。不管是谁，只要属于这个文明，哪怕漂洋过海，背井离乡，改变国籍，也仍是 Chinese，到头来还得认祖归宗，心中也永远"澎湃着中华的声音"。② (4) 创造了具有巅峰意义的农业文明。中国不仅在人口和疆土上远远超过其他许多国家或地区，而且远比它们富饶。运河体系把江河与人口中心连接起来，使中国成为世界上生产效率最高的经济体和人口最密集的贸易地区。"中国的活力和繁华令近代初期接触过中国的西方观察家瞠目。"③ (5) 积淀了中国与时俱进的文化智慧。有学者这样评价说："中国文明的聪明才智的一部分肯定就在于他们具有把深刻的变动、古代传统和经历时间考验的社会互动关系以及政治组织模式结合到一起的能力。"④ 任何研究中国问题的中外学者企图运用现成的发展模式来研究中国问题，最后都发现中国不属于任何外国的模式，中国属于自己所有的独特多变的发展类型。中国也遭到过外来侵略的破坏，但由于在其发展过程中所形成的独特优势，总能够同化或者驱逐入侵者，总能够选择外来文化的某些积极因素，并使之适合于自己的社会发展。⑤

2.1.2 前现代时期中国的社会状况

一般情况下，历史学家在解释人类社会演进以及演进过程中断或失败的原因时，一定要深入观察社会、文化、政治结构，以及人类用来促进与保护社会进步所设计的价值观。自工业革命以来，西欧社会的各个方面所发生的变化是人类历史上前所未有的。然而，在西风东渐的过程中，曾经创造了灿烂农业文明的中国传统社会为何出现了停滞状态？其中，中国传

① ［美］亨利·基辛格：《论中国》（中文版），中信出版社 2012 年版，前言。

② 吴晓东：《破译中华文明的密码》，载《中国青年报》2013 年 5 月 14 日。

③ ［美］亨利·基辛格：《论中国》（中文版），中信出版社 2012 年版，第 8 页。

④ ［美］皮特·N·斯特恩斯：《全球文明史》上册（中文版），中华书局 2006 年版，第 415 页。

⑤ ［美］斯塔夫里阿诺斯：《全球通史——1500 年以后的世界》（中文版），上海社会科学院出版社 1993 年版，第 67 页。

统社会确有难以克服的内生性缺陷——在面临不确定性时难以为不断的试错创造条件，这或许是中国传统社会为维持稳定所带来的另一种社会成本——惩罚偏离行为、阻止社会变革，而这正是现代社会生存和发展的核心问题。

（1）皇权至上。中国属于高度集权的皇权体制，皇权垄断一切，天下悉归皇帝一人所有。皇帝的面目为“龙颜”，必须臣服；皇帝的命令为“圣旨”，必须遵守。任何涉及哪怕只是轻微偏离既定程序的活动，都必须得到皇帝的批准，谕令即是法律。任何针对国家的改变都会遭到抵制，稍有出格，规为逆或匪。因此，皇权体制下会时常出现“妄言法”、“焚书令”、“挟书令”、“诽谤法”等钳制思想自由的严刑酷法。比如明朝开国皇帝明太祖期间，为他效劳过的12名户部尚书，就有9人或者投入牢狱，或者遭到罢黜、流放乃至杀头。[①] 在这种专制体制下，统治者总是影响着社会，哪怕是微不足道的言行都会产生巨大的导向意义。比如在中国历史上三国时期发明的运输工具——独轮车，早于欧洲近1000年；13～14世纪时期发明的水力纺织机械，早于欧洲近400年。这些发明本应有灿烂的预期，但只因为这些发明仅局限于皇宫或者高级官员的衙门之内，故难以获得大规模的应用。由于高度的强制性所造成的信息输出和输入功能的匮乏，致使这样一种体制容易趋向僵化。在西方历史上被认为是标志着一个新社会诞生的事件，在中国的传统视野中，只不过是一种“改朝换代”而已。当英国“光荣革命”发表《权利法案》，法国大革命发表《人权宣言》，把“朕即国家”扔进废纸篓的时候，中国仍处于一个王朝的鼎盛时期。在战乱中流离失所的人民，重新匍匐在皇权体制的淫威之下，想办法成为新朝的顺民，知识分子进入了新一轮科举取士的生存通道中，人民则被更加强固地纳入皇权秩序中。

（2）重农抑商。中国传统社会虽然没有像西方那样的等级制度（尤其没有基于宗教基础上的等级制度），但中国传统社会也是建立在“士、农、工、商”这一既是道德概念也是政治概念基础之上的。在皇权体制

① ［美］黄仁宇：《现代中国的历程》（中文版），中华书局2011年版，第109页。在专制体制下，统治者总是影响着社会，并且没有谁曾经否认过来自高处的榜样的力量。哪怕是微不足道的影响都是有指导意义的。比如为什么法国人发喉音的“r's”代替了拉丁语中的卷舌音呢？因为在7世纪，法国有一个丹麦王后，她发不好拉丁语“r”的音。朝中大臣便都像她那样说话，不久，“r's”的音便成了确切的、简单无误的习惯。［美］安吉洛·M·科迪维拉：《国家的性格》（中文版），上海世纪出版集团2001年版。

下，中国是一个以官僚为本位的社会，历代统治者都千方百计地遏制商业活动：一是严格限制商业活动。政府严格限制商业活动的办法主要有：控制其行会，管制其贸易活动，对朝廷和政府所消费的大批商品的生产和分配实行国家垄断，这些商品包括武器、纺织品、陶器、皮革制品、服装和酒类等。政府甚至对盐和铁一类主要商品实行专卖。二是对商业实施歧视压抑政策。在前现代时期，中国拥有远比欧洲任何一个国家都多的商人和大贾，但他们既无社会地位，也无政治权力。各个时期的中国商人在服饰、携带武器、乘车和拥有土地等方面都受到许多限制。他们转贩商品的活动被看做非生产性的、寄生性的，他们处于社会阶梯的底层。在中国，由于商人所处的社会地位十分低下，所以商人不愿意自己的子女继承自己的衣钵，而是让他们参加科举考试，为官为宦，购买田地，进入士绅的行列。这样。虽然在中国也有发达的商业，但只是与意大利一样，终以做小生意而闻名于世；中国是世界上第一个发行全国性流通纸币的国家，最早使用信用券——“飞钱”的国家，但始终没有发展起具有现代意义的信用经济；[①] 虽然有郑和远洋探险，却终止于皇帝的一道纸命。由于长期对商业利益和商业动机的抑制，农业的盈利只能倾向于回归土地持有及农业剥削，商业利润总是倾向于购置土地和房产，或购买奢侈品，甚至购买官职，而不是投资工业。在这种环境中，商人只能成为统治阶级的附庸，而难以成为一种社会的进步力量。中国的商人根本不可能像伦敦商人那样当上市长，或者像德意志自由城市的商人那样成为参议员，或者像荷兰的商人那样当选为议会的议长，更不用说像17世纪的英国商人和18世纪的法国商人那样成为革命运动的坚决参与者。

（3）封闭保守。一般来说，如果其他因素是相同的，人类进步的关键就在于与外界交往的程度和相互影响的程度。那些最易与外界交往而且最有机会与其他人群发生相互影响的人们是最有可能站在时代发展潮头的。而那些与世隔绝以致未能接受外部刺激的，很可能就会原地踏步。正如美国学者斯塔夫里亚诺斯所指出的那样：“人类的历史证明，文化进步的程

---

① ［美］黄仁宇：《现代中国的历程》（中文版），中华书局2011年版，第15页。中国近代思想家马建忠也发现了中国商业的这一特点。他说：“外洋商务制胜之道在于公司，凡有大兴作、大贸易，必纠集散股，厚其资本，没有亏累，则立足持久，不为外商牵掣。中国则散商设栈。始则各就当地争先采办，乡民乘间抬价而成本已昂；继则以争先致拥挤，原本不得收转，则借庄款、贴拆息而囤本更高；终则洋商窥破此机，故延时日不即出价，而庄款期破息重，不得不自贬以求速售。于是又人人争先，而向价聚昂者一转盼而骤低矣。马建忠：《适可斋记言》，载《中国启蒙思想文库·3·采学西议》，辽宁人民出版社1994年版。

度取决于一个社会集团所能获得的向其邻居们的经验学习的机会的多寡。一个集团所发现的种种东西会传播给其他集团，所以彼此接触的方式越多样化，相互学习的机会也就越多。”[①] 1600 年，意大利传教士利玛窦送给明朝皇帝两件有可能将中国带进现代社会的东西：一是时钟，二是世界地图。对传统社会来说，时钟代表着全新的时间概念，世界地图代表着全新的空间概念。然而，这并没有改变明朝封闭保守的局面。甚至直到明末清初，仍然有人把这种世界地图的思想视为异端邪说。《圣朝破邪集》就这样认为：“近利玛窦以其邪说惑众……所著《舆地全图》，及洋渺，直欺人以其目之不能见，足之所不能至，无可按验耳。其所谓画工之画鬼魅也。”[②] 乾隆时期曾经出现过一次对传统文化进行全面总结的机会，他于 1773 年下旨开始编修《四库全书》，其中涉及了自明末以来中西文化互动中对西学的认识。但是，由于在编修中采取了“节取其技能，禁传其学术”的方针——否定西学的学理，采纳西方的科技，并认为西学本源自中国，因此，在对西方的认识上仍然显得十分迂腐。[③] 在皇权至上和官僚本位的社会中，评价创新的是非功过是以它们对社会等级制度造成的后果为标准的。对每一级的官员来说，采取明哲保身、但求无过的态度是最明智的博弈选择。结果，中国逐渐蜕变成为一个不图进取、怠于学习的墨守成规的国家，拒绝来自任何对正统观念提出挑战的新思想和新事物。

（4）腐败糜烂。皇权体制还有一个难以克服的内生性缺陷，就是统治阶级多半一代不如一代，任何世袭统治者都无法保证他的继承人能够像他那样有能力有热忱地去治理国家。就是说，皇权体制带有强烈的堕落倾向。与此同时，皇权与外戚的矛盾，皇权与族权的矛盾以及皇权与行政的矛盾也是难以克服的。一般情况下，每个新朝代都以有效地统治国家开始，接着进入一段相对和平繁荣的时期。这一时期激励了知识和文化生活的发展，并通过派遣远征军与游牧民族作战，扩大帝国疆界来保护国家。但是，王朝渐渐由于统治者自身的堕落和皇亲贵族派系之间的斗争而日趋

---

① 转引自［美］斯塔夫里亚诺斯：《全球分裂——第三世界的历史进程》（中文版），商务印书馆 1995 年版，第 38 页。

② 转引自姚中秋：《华夏治理秩序史·天下（1）》，海南出版社 2012 年版，第 50 页。

③ 陈晓华：《四库馆臣论西学——文明碰撞与冲突下的抉择》，载《光明日报》2012 年 3 月 22 日世界史版。

衰落。[1] 这种衰败状况破坏了中央权威，也助长了官僚体系的腐败以及政务松弛。由于对农业至关重要的灌溉系统和其他公共工程日遭忽视，日益贫困的农民不得不担负日趋苛重的赋税，如再遇上不可避免的饥荒年景，无异于点燃了导火索，反抗活动纷纷爆发。这些地方性的星星之火逐渐燃成燎原之焰，而农民起义接着又引起游牧民族入侵。内忧外患，交相煎迫，通常预示一个新循环的开始——旧朝代接近结束，新朝代即将来临。人们往往爱用“奉天承运”一词来说明改朝换代是合理的，人们认为每个朝代在一段事先安排好的时期内都“受命于天”，因此，便把改朝换代看做一次天意授命的结束和另一次天意授命的开始。到了清朝晚期，皇权体制的堕落倾向再度复发。由于官定思想的僵化，导致了政治集团成员，包括科举取士的官员们不能应付任何变化。满族亲贵养尊处优，纨绔多而贤能少，甚至于一般的八旗满人也是过着悠游岁月，成为国家的负担而不是政权的资源。

（5）发展落后。组织的激烈竞争会引发迅速的制度变迁。当没有竞争时，组织没有动力对新知识进行投资，从而也就不会引起迅速的制度变迁，稳定的制度结构就会出现。[2] 由于中国没有参与到世界竞争中去，丧失了许多经济发展的机会。明朝是中国历史上一个非常重要的转折点。在明朝之前，中国的历朝历代基本上都以开疆辟土和对外开放作为基本政策，因此，整个的市场拓展基本上没有停止过。而在明清两代，中国则采取了闭关锁国的政策，市场范围的拓展随之终止，经济增长只能依赖自身的资本积累。由于统治阶级运用政府的和礼教的力量阻止任何改革，所以中国人的想象力和灵性，也逐渐地被这个单一而保守的思想僵住，社会由此形成了这样一种怪现象：一是有发明无市场。在皇权体制下，一切均为统治者所喜好，阻断了技术发明服务于社会大众和市场需求的路径。中国有许多技术发明，却没有成功地将这些发明转变为“革新”——熊彼特用

① 一个朝代的盛衰，归纳为一句话，就是公权力的核心是否是开放的。这个核心如果以为自我凝聚是为了保护自己，不断地保障自己团体成员的利益，以至于关闭门户，以这种方式自求永续，反而是自寻灭亡。这种自我封闭的过程，最多能维持五六十年，超过两代、三代，痼疾已成，核心内的领导者就不可能再有开放的意图了。于是，下面三代、五代上下脱节，政府逐渐失去效率。政府中的官员找不到政府存在的理想，只是借公权力以自肥，贪渎现象越来越严重，就越来越失去民心，社会力量无法匡正政治力量，除了决堤以外，别无选择。在混乱之中，新的朝代出现，又有一些人结合为新的政治群体。于是朝代周而复始，由治而乱，由乱而亡。兴，百姓苦；亡，百姓苦。许倬云：《大国霸业的兴废》，上海文化出版社 2012 年版，第 10 页。

② ［美］道格拉斯·诺思：《理解经济变迁过程》（中文版），中国人民大学出版社 2008 年版，第 56 页。

该词指代某项发明的广泛应用。二是有积累无效用。中国是官僚本位国家，不是商业国家。重视财富的积累，而不是创造效用。只注重保存，不注重流通。财富只是富人的摆设和炫耀，甚至将大量的财富埋入地下成为陪葬品。于是，在中国形成了少数人富有、大多数人贫穷的现象。[①] 三是有松散无组织。在中国传统社会，一些重大的经济活动只是由政府组织，主要是出于政治目的，而非商业目的；只是朝廷观赏，而不是市场行为。由于缺乏巨大的商业和工业发展的机会，所以生产是分散的，供应和销售都是不稳定的和偶然的。这种体制难以积累民间财富和创造社会的普遍繁荣。正如有学者指出的那样："中国的情况最令人惊奇，那里的官僚体制阻止经济活动以任何形式从低级向高级发展。唯有城镇的店铺和集市作为基本齿轮有效地转动。"[②] 四是有秩序无创新。中国传统社会主要强调个人对集体的义务，同时也就抑制了个人所应有的对于自然权利的诉求。传统社会也不乏改革，如汉朝的桑弘羊、唐朝的宇文融、宋朝的王安石、明朝的张居正、清朝的康有为等。但是，"所谓改革，也无非少数热心肠的人士，终必与大多数官僚成员发生冲突……其结果则大同小异"[③]。就是说，在习常中逐渐确立起来的某些特权，压抑了更多人努力的机会，其结果造成了中国经济发展的停滞。亚当·斯密曾经这样写道："中国一向是世界上最富的国家，就是说，土地最肥沃，耕作最精细，人民最多而且最勤勉的国家，然而，许久以来，它似乎就停滞于静止状态了。今日旅行家关于中国耕作、勤劳及人口稠密状况的报告，与五百年前视察该国的马可波罗的记述比较，几乎没有什么区别。"[④]

当中国还在漫无目标地徘徊之际，欧洲却开启了一场工业革命，世界开始进入一个新的时代。面对西方文明，中国文明出现了一个重新组合的难得机遇。中国面临着一个选择，要么掌握这种最好的技术，要么向它屈服。由于清政府未能带头采取必要的行动，由下面发起的学习西方技术的活动也没有获得政府的支持，结果学习运动没有发展起来。中国仍然停留在农业社会，农民生活几乎没有任何变化。美国学者麦迪逊（Madison）指出：

---

① ［法］费尔南·布罗代尔：《15 至 18 世纪物质闻名、经济和资本主义》第二卷（中文版），生活·读书·新知三联书店 2002 年版，第 196～197 页。

② 同上，第 127 页。

③ ［美］黄仁宇：《现代中国的历程》（中文版），中华书局 2011 年版，第 171 页。

④ ［英］亚当·斯密：《国民财富的性质和原因的研究》上卷，（中文版），商务印书馆 1972 年版，第 65 页。

中国从14世纪开始，就处于长期停滞的状态。到19世纪，超过1/4的GDP仍然来自传统的手工业、运输、贸易、建筑和房地产服务，其中大部分是在农村地区发生的，这些产业在1500年时的相对重要性与在1820年时完全一样。其中的原因，是技术进步的缓慢和经济体制的缺乏改进。[①] 由于工业发展动力极其薄弱，“到了清朝统治末期，在中国据说有20 000家工厂，其中，只有363家使用机械力，而其余的只使用人力或畜力”[②]。有人曾经这样描述当时中国铁匠的工作状态：“不论去何处工作，总是随身带着工具和炉子。他把炉子设在雇他干活的人的家门口，用碎泥砌一小墙，墙前安放炉床，墙后则是由学徒操作的一对皮风箱，交替紧压便能鼓风；一块石头充当铁砧，铁匠的全部工具是一把钳子，大小锤各一个，外加一把锉刀。”[③] 中国所谓的织工也是乡村的。“他们清晨起来在大门口的树下搭起织机，到太阳下山时再拆掉。织机的结构十分简单，只是用插在地里的四块木片架起两根滚筒。贯穿经线的滚筒分别用绳子固定其两端，其中一根滚筒系在树上，另一根系在工人脚下，以便他撑开经线，穿引纬线。”[④]

总而言之，近代以前的中国历史一直受王朝治乱循环逻辑的支配。每一个朝代，最后都形成一个僵化的封闭结构，只有强制性的力量才能打破这个结构。宋代以前，打破这种封闭结构的力量一般是内外结合的。宋代以后，外部力量在打破封闭结构方面起着越来越重要的作用。当面对西方文明冲击的时候，中国甚至连重建封闭结构的机会也丧失了。对此，基辛格博士这样评价说：“中国挟其独特的传统和千年养成的优越感步入近代。这个独特的帝国声称它的文化和体制适用于四海，却不屑去改变异族的宗教信仰；它是世界上最富饶的国家，却对与外国通商和技术革新漠不关心；它文化发达，却受制于一个对西方探险时代的来临一无所知的政治统治集团；它在辽阔的疆土建立了一套政治体系，却对即将威胁其生存的技术文化大潮茫然无知。”[⑤]

---

① ［英］安格斯·麦迪逊：《世界经济千年史》（中文版），北京大学出版社2003年版，第239页。

② ［美］巴林顿·摩尔：《民主和专制的社会起源》（中文版），华夏出版社1987年版，第140页。

③ ［法］布罗代尔：《15至18世纪的物质文明、经济和资本主义》第2卷，（中文版），生活·读书·新知三联书店2002年版，第317页。

④ 同上，第318页。

⑤ ［美］亨利·基辛格：《论中国》（中文版），中信出版社2012年版，第26页。

2.1.3 中国早期现代化的认识

中国是一个具有数千年传统的文明国家，为什么在一个新兴国家面前不堪一击？表面上看，英国的胜利在于其拥有当时世界上最庞大的海军和洋枪洋炮，但仅从军事武器来看问题，就会过于肤浅。倘若再深入地追问，人们可以觉察到当时中国与西方国家已经分属不同的国家形式。西方已经建立了现代意义上的民族国家，而皇权体制仍然属于“家天下”。皇权体制虽然具有发达的组织体系，但只是为皇权服务。这样的体制缺乏制度建设，难以形成应对西方国家的动员能力。在有着两千多年皇权至上和官僚系统的国家，统治者一向提倡对权力的绝对服从。尤其到了明朝，儒学也成了束缚人们思想的工具，一些探索的思想被扼杀，这种僵化的制度在清朝又苟延残喘了300年，最后终于被西方的坚船利炮所打破。

诺思认为：“理解经济变迁过程的关键在于促进制度发生变迁的参与者的意向性以及他们对问题的理解。”① 由于经验不同以及已经持有的信念不同，人们对社会变化的感知就会不同。美国学者格尔申克隆曾经指出了现代化启动迟滞国家的特性。他认为：“推迟的工业化是一种落后的症状，它表明用于有效动员经济资源的机制和思想意识缺位或不尽完善。”② 由于西方文明远远超出了源于自我认知的历史经验，加之西方的侵略性所造成的错综复杂的变数，误导了中国早期对现代化的认知。在当时的士大夫集团里，只有极少数人认识到中国在世界体系中已不再处于至尊地位，中国必须去了解一个由相互竞争的列强集团主导的体系。如冯桂芬在写于1861年的《校邠庐抗议》中提出“以中国之伦常名教为原本，辅以诸国富强之术”，这被认为是“中体西用”之始。但他的中体西用不仅要学习制造“洋器”，而且也认为当时中国“人不弃才不如夷，地无遗利不如夷，君民不隔不如夷，名实必符不如夷。”③ 尽管如此，在今天看来，当时对西方现代文明的认知仍然是落后的、肤浅的，尚未真正领悟西方现代

① ［美］道格拉斯·诺思：《理解经济变迁过程》（中文版），中国人民大学出版社2008年版，第3页。

② 转引自［美］里亚·格林菲尔德：《资本主义精神》（中文版），上海世纪出版集团2004年版，第114页。

③ 转引自世界现代化进程研究丛书：《罗荣渠与现代化研究》，北京大学出版社1997年版，第28页。

文明的实质，未理解西方现代国家统合的机理，因而也就谈不上形成现代民族国家的理念以及提出建立现代民族国家的理论。[①] 这除了封闭保守的因素外，还有如下原因影响了中国对西方工业文明的认知：

（1）西方早期工业文明的不成熟性。事实上，中国与西方国家很早就有了各种形式的文化交流活动。但是，由于西方早期工业化的特点是工厂规模小、劳动组织简单，社会制度也不像今天这样完善，凸显许多初期发展中的问题——经济、政治以及教育等方面存在着严重的不平等现象。就是说，西方早期的工业产品还有许多不完善的地方。基辛格就这样认为："中国与外国人通商，偶尔也会采纳国外的思想和技术。但中国人一般认为，无论奇珍异宝还是知识学问，中国都应有尽有。由于各国渴望与中国通商，中国的精英阶层不把通商看做普通的经济交换，而称之为'朝贡'，以示他国承认中国的至尊地位。这种观点并非尽是妄语。"[②] 与此同时，西方早期的工业社会也处在一个不稳定的社会状态。比如 1848 年，巴黎就爆发了二月革命，摧毁了法国"七月王朝"，国王路易·菲利普弃位逃亡。革命者重申了 1789 年的共和原则，组建了新政府，通过了新宪法。发端于法国的革命，很快从一个国家传导到另一个国家。接着维也纳发生骚乱，梅特涅（Metternich）被罢黜；接下来，意大利米兰也发生了起义。对于这场革命，有人这样评价说：这场革命是由政治统治阶级与被统治群众之间、政府与臣民之间严重的分裂和对立引发的，尽管这场革命在不同的国家有着不同的诉求，但"这些事件的主角却都是人民：人民走上街头，人民筑起街垒，人民参与集会，人民表达自己的意愿。全欧洲的报纸都赞扬人民的勇气、人民的智慧和人民的无私。人民被称为政治变革的英雄"[③]。马克思和恩格斯也看到了当时欧洲社会发展中所存在的矛盾，倾听到了无产阶级要求社会公正的呼喊，对早期工业化时期的西方社会进行了无情的批判。他们在《共产党宣言》中这样指出："资产阶级在它已经取得了统治的地方把一切封建的、宗法的和田园诗般的关系都破坏了。它无情地斩断了把人们束缚于天然尊长的形形色色的封建羁绊，它使人和人之间除了赤裸裸的利害关系，除了冷酷无情的'现金交易'，就再也没有

---

① 虽也有少数启蒙思想家如郭嵩焘、严复等人也初步认识到西方现代文明的实质，但终因封建势力强大而言不见重，甚至在郭嵩焘的《使西纪程》出版后，引起满朝士大夫的公愤，直到奉旨毁版。

② ［美］亨利·基辛格：《论中国》（中文版），中信出版社 2012 年版，第 9 页。

③ 转引自张剑荆：《通向大国之路的中国策》，新华出版社 2005 年版，第 33 页。

任何别的联系了……它把人的尊严变成了交换价值，用一种没有良心的贸易自由代替了无数特许的和自力挣得的自由。总而言之，它用公开的、无耻的、直接的露骨的剥削代替了由宗教幻想和政治幻想掩盖着的剥削。”[①]这表明，早期工业文明仍然处于一个“向新时代过渡的时期”。[②] 甚至到了20世纪，西方社会还发生了两次重大发展危机，由此引发了两次世界大战。西方社会的许多有识之士也就西方国家所存在的问题进行了检讨和批判。这就影响了中国对工业文明未来发展趋势的判断，人们还不清楚工业社会意味着什么，也不清楚工业社会未来将是一个什么样的社会。

（2）西方早期工业化扩散的野蛮性。工业革命以后出现的西方列强国家，都将自己视为世界的轴心——唯我独尊。平等是人的最基本的权利，也是处理人与人之间关系的最基本准则。近代以来平等更成为西方资产阶级反对封建专制制度的最有动员力的价值理念。然而，在国际舞台上，在处理国家与国家之间关系的问题上，西方列强却违背了他们自己所倡导的价值理念。在对外关系方面，列强国家采取的是工业主义和殖民主义，他们把在技术上的优势看做举世无双的救世主，通过殖民主义方式对落后国家的资源进行疯狂的掠夺。他们将被征服民族视为“野蛮民族”，任意剥夺他们在政治上和经济上的权利。[③] 由于西方列强的侵略行径，造成了许多后发展国家的巨大破坏，人们的心灵遭受巨大的创伤。所谓的西方工业文明正是以这样一种侵略的形式被中国认知的。长期以来，中国也是人类文明的重要探索者，并通过实际成就证明了自己的卓越，在政治上和精神上形成了一种令西方欣羡的力量。[④] 但是，西方国家的侵略行径，令中国所持有的正义感受遭受了巨大伤害——中国从不试图改变他国的信仰，也不对海外推行本国的现行体制。[⑤] 一向坚不可摧的中国经历了三次备受屈辱的失败：第一次是在1839～1842年被英国打败，第二次是在1856～

① 《马克思恩格斯文集》第2卷，人民出版社2009年版，第33～34页。《共产党宣言》是1848年2月在伦敦公开印刷的。此时，1848年革命正席卷欧洲各国，欧洲的君主们惶惶不可终日。这时，有人将一纸诉状投到了比利时司法部，说马克思将所得父亲遗产的1/3用来资助比利时革命。于是，未经严格的司法调查，比利时国王便发布命令，将马克思驱逐出境。马克思是在1845年被法国驱逐出境，流亡到比利时布鲁塞尔的。

② ［美］巴林顿·摩尔：《民主和专制的社会起源》（中文版），华夏出版社1987年版，第22页。

③ ［英］阿诺德·汤因比：《历史研究》（中文版），上海世纪出版集团2005年版，第383页。

④ ［德］卡尔·雅斯贝斯：《历史的起源与目标》（中文版），华夏出版社1989年版，第80页。

⑤ ［美］亨利·基辛格：《论中国》（中文版），中信出版社2012年版，序。

1858 年被英法联军打败，第三次是在 1895 年被日本打败。这一连串入侵所造成的影响一直延续到今天。就是说，自鸦片战争以后，中国开启了一部带有痛苦记忆的历史。所谓的西方工业文明的到来，不仅没有把中国引向健康的现代化发展道路，反而给中国的发展带来了灾难性的后果，中国被迫开始了一个痛苦的自我评估和自我探索的过程。①

（3）早期西方列强国家对中国改革的阻碍。早期西方列强国家为了自己的利益，打破了中国原有的平衡，张牙舞爪般地闯到了对之毫无戒备心理的中国，将中国的发展推出了原有发展的轨道——中国社会开始从统一走向分裂。可以说，近代中国一直处于被西方欺辱的地位和被西方利用的角色：一是西方列强不断逼迫中国签订不平等条约，二是西方列强将中国视为可以利用的手中玩物。比如许多西方人最初是赞成太平天国运动的，他们以为洪秀全的基督教方针将引导他与基督教国家建立密切的关系。1853 年，在中国上海停留的美国海军准将佩里（Perry）就赞扬太平军是"一支有组织的革命军队，为争取更自由，更开明的宗教和政治地位而勇猛战斗"。但是，这种赞成的态度慢慢地改变了。其中的重要原因，就是欧洲商人断定维护清朝更符合他们的利益。事实上，太平天国运动开始有了一点社会改革的内容，比如太平军提出的推翻清朝、禁止鸦片、禁止烟酒，反对设祖宗牌位，提倡男女平等。但是，太平天国运动却遭到了西方国家的反对，如果对旧秩序进行实质性的改造，他们的既得利益必然会受到影响。因此，西方国家转而支持腐败的清朝政府对太平天国运动进行大肆镇压。②

（4）中国传统文化的强大势能所形成的价值判断。中国是人类文明发展的重要探索者，形成了不同于西方的独特的文化特点以及人们普遍认同的社会价值标准、价值取向和伦理规范。在西方文明东渐过程中，由于制度的差异性以及中国制度的僵化性，弱化了中国传统文化的合理性和人类共享性。但是，在传统文化长期熏陶下的中国知识分子难以在瞬间放弃业

---

① 明后期出了个大思想家李贽，提倡解欲，结果在狱中死去；明末清初涌现了顾炎武、王夫之、黄宗羲等思想家，堪称中国的文艺复兴。事实上明末资本主义就已在中国呈萌芽之势了。可惜，在皇权专制的社会中这种探索的思想被扼杀了。19 世纪时，西方崭新的现代文明东来，中国遂成为世界上被戏弄、被宰割、被作为笑料的丑角。在西方人眼中，19 世纪时的中华人，就是"辫子"、"苦力"、"吸食鸦片"、"自私贪污"、"马虎敷衍"、"得过且过"，而女人又都是缠足的残废。这是一个令人汗颜的图画。柏杨：《中国人史纲》，同心出版社 2005 年版，第 45 页。

② ［美］斯塔夫里亚诺斯：《全球分裂——第三世界的历史进程》（中文版），商务印书馆 1995 年版，第 326 ~ 327 页。

已形成的价值标准，他们仍然执拗地用固有的价值标准来衡量异质文明的优劣，对其进行观察、比较、思考。面对西学的传播和冲击，中国传统文化表现出强大的势能，这种强大的势能使得西方文化进入中国、改造传统变得异常艰难。当然，如果从另一个角度讲，我们也要感谢这种传统势能的强大。这种势能来源于传统文化的合理性因素，而这种合理性因素只是被落后僵化的制度所遮掩。我们赞同这样一种观点：一是因为冲突才有了论争，一次次关于中西文化的论争，让更多的中国人增强了文化甄别和选择的能力；二是曾经孕育了灿烂文明的中国文化，早已经成为人类社会共有的精神财富，虽然至近代已经成为弱势文化，但其中不乏合理性和生命力。按照文化传播学弱势文化必然被强势文化所取代的说法，假如没有抗争，那必将使中国抛弃传统文化的优秀部分，陷入“全盘西化”的泥潭。① 正是中国传统文化的这种强大势能，使中国文化中合理的成分因为西方文化的输入而被不断地放大，没有在各种因素错综复杂地混合在一起的情况下盲从于西方或简单地模仿西方，而是在比较和深思熟虑中选择了马克思主义，开始了坚持中国风格和气派的不懈探索，通过文化的有机整合，创造性地实现了中国的发展。

2.1.4 中国早期现代化的道路探索

1840 年是意味深长的一年，它以中国现代化转型的标界性特征载入中国的史册。当西方工业文明来袭之际，时人可感知的现实是什么？这便是中国与西方现代化国家之间巨大的时代差距，是中华民族所面临的重大双重危机——民族生存危机和国家重建危机。此后，在中国所发生的极为复杂的变革都是围绕着这个中心主题进行的——民族生存和国家重建。有了这个中心主题，我们就不难探索近百年中国社会演变的脉络和把握中国现代化的复杂线索。换句话说，自鸦片战争以来中国社会所发生的巨大变化，就是中国从传统社会走向现代的历史性转变。正如晚清有识之士惊呼，此乃中国“数千年来未有之大变局”。梁启超称为“过渡时代”。这一历史性转变是由众多内外因素交织而成的极其复杂的过程，主要分为两个时期：一是体制内探索，二是体制外探索。

---

① 尹德树：《西学东渐与中国文化自觉》，载《光明日报》2012 年 12 月 12 日“理论实践”版。

2.1.4.1 体制内探索

从自强运动经过维新运动到立宪运动，是中国向现代化转变的体制内探索过程，也可以说是中国现代化运动的初始阶段——在皇权体制下探索现代化发展取向的自上而下的改革时期。

（1）自强运动。自强运动是中国对西方工业文明的最初反应，也是中国现代化运动的开端。鸦片战争以后，中华民族被迫开始了饱受屈辱的历史。历经多次挫败，一些人以为可以用买来的坚船利炮整军经武，重建中国力量。“自强”一词来自儒家经典，19 世纪 60 年代，用它来表示通过移植保护性的西方技术来保存中国文明，其代表人物有曾国藩、李鸿章、张之洞。用当时一位改革者的话说：“中国应该取得西方在武器和机器方面的优势，但仍保持中国在儒家美德方面的优势。”由于自强运动对现代化的认知只停留在器物层面，而对现代化并无真切的认识——自强运动所依据的基本假设是谬误的，即在原有体制内实现向现代化的转变是不可能的，因此，自强运动以失败告终。

（2）戊戌维新。戊戌维新是中国现代化运动的一次制度模仿。经过甲午战争，中国多年经营的北洋海军一败涂地。在中国人的心目中，日本只不过是蕞尔小国，而他们通过明治维新，居然一举击败天朝大国，这对中国是极大的刺激。正如身经其事的梁启超所说：“唤起吾国四千年之大梦，实自甲午一役始也。”于是，中国社会各界开始希望通过改革以求自强。当时的清王朝虽然已经是危机四伏，但是对皇权体制转变的问题还没有严肃地提出过，有些具有先进思想的人提出的只不过是如何复兴而已。正如有学者指出的那样：当时的中国依然是“国家的各种机关是皇家的机关，立于皇家最高位的人，又成了没有活动能力、没有灵敏感觉、没有振作精神与纯正德性的偶像，立于这个偶像之下供他役使的人员，无异于衰败之家的奴仆，各图各的利益与快乐，懒惰、偷盗、斗争无所不为”。[①] 甲午战争失败则成为一个明显的信号——皇权体制是无法抗衡民族国家的。甲午战争的惨败，唤醒了古老的中国。正是在甲午战败的刺激下，康有为、梁启超、谭嗣同、孙中山、章太炎等知识分子改变了人生态度和思想观念，开始由旧式人士转变为新派人物，成为传统体制的抗议者与传统意识形态的解构者。维新派的一个关键词是“变”。“变法”是维新派的政治

---

① 转引自张剑荆：《通向大国之路的中国策》，新华出版社 2005 年版，第 34 页。

理想，体现了他们对西方现代化的理性思考。因此，梁启超呼吁：“大地既通，万国蒸蒸，日趋于上，大势相迫，非可阏制，变亦变，不变亦变。”维新派的所谓“变”，其核心是除旧布新，学习西方。他们不仅从文化上论述了政治变革的必要性，而且注重思想启蒙和文化改造，大量吸收了西方的自然科学和社会政治学说，尤其是以进化论、民主平等、君主立宪等为核心的思想文化。[①] 维新派首先肯定的就是具有革命性的概念——民主主义和民族主义。一位维新派领袖这样指出：“民族主义意味着什么？这就是说所有种族相同、语言相同、宗教相同、习俗相同的人民彼此以兄弟相待，共同为独立和自治而奋斗，组成一个更完善的为公众谋福利的政府，反对其他种族侵犯……如果我们希望在中国促进民族主义，除了通过人民的革新，别无他途。”[②] 1898 年，被维新派说服的光绪皇帝摆脱慈禧太后的影响，正式颁布“明定国是”诏书，维新变法正式开始。制度变革必然触犯既得利益集团，因此新旧两派的斗争越来越激烈。以慈禧太后为首的守旧势力卷土重来，幽禁了皇帝，废除了改革法令。戊戌维新的失败证明，中国社会的改革步履维艰，试图从上层改革中国是徒劳无益的。

（3）立宪运动。戊戌维新失败，新党人物或死或逃。八国联军侵华，中国再次溃败。与此同时，在日俄战争中，已经实行君主立宪政体的日本又战胜了依旧实行专制独裁政体的沙皇俄国。于是，清朝政府开始尝试做出改革的努力。在教育方面，1905 年科举制度废除，切断了传统士大夫跻身官僚体制的道路，被迫与传统体制实现了“分离”。在政治方面，1906 年宣布拥护立宪。1908 年，慈禧太后宣布逐步实行立宪。第一步是选举各省谘议局，但地方士绅很快就在这些谘议局中行使立法职能，并以集体辞职相威胁，迫使各省总督接受并实施他们的建议。因此，宪政改革并未赢得士绅对清王朝的支持，反而以省为中心造就了与朝廷相抗衡的士绅的力量，并发生了有关铁路权之争的“护路”运动。

2.1.4.2 体制外探索

由于受到来自西方列强国家的侵略和蹂躏，强烈的变革要求又受到来自旧体制的阻碍，这一切都激发了中国人民对建设强大国家的炽热意念，

---

① 参见张昭军：《近代中国文化自觉的历程》，载《光明日报》2012 年 11 月 22 日“理论史学”版。

② 转引自［美］斯塔夫里亚诺斯：《全球分裂——第三世界的历史进程》（中文版），商务印书馆 1995 年版，第 338 页。

对现代化的追求成为中国人民的梦想。然而，修修补补的制度变革努力不再奏效，严峻的形势迫使中国放弃了体制内探索的选择，推翻陈旧制度和获得民族独立开始成为众多政治运动的目标。于是，中国开启了一场逼出来的革命——革命成为当时的一种信仰。

（1）旧民主主义革命。八国联军侵华事件，进一步激起了中华民族的觉醒，更多的有识之士自觉承担起时代的使命。成千上万的学子负笈海外求学；同时，大量的西学书籍被译介到国内。据统计，清末十年，被译介到国内的国外著作达到1 599种，超过此前90年间中国译书的总和。中国对西方文化的理解越深入，对自身文化的认识就越清醒，文化自觉的程度也就越高，而文化自觉的主题也就越集中于如何学习西方。严复就明确指出："中国之政，所以日形其拙，不足争存者，亦坐不本科学，而与通理公例违行故耳。"[①]

辛亥革命是中国现代化道路的重大转换，即从皇权体制自上而下的局部改革，转变为新共和体制下的全方位变革——探索从皇权国家向民族国家的转变。辛亥革命以激进的斗争形式——用暴力对抗和推翻政权的形式终结了"王朝循环"。[②] 1911年，辛亥革命爆发，武昌起义成功。1912年，孙中山在南京成立了中华民国，他自己当选为临时政府大总统。新生的国家政权，通过法制化的形式将现代民族国家意识固定下来。南京参议院制定的《临时约法》郑重宣告："中华民国之主权，属于国民全体。""中华民国人民，一律平等，无种族阶级宗教之区别。"主权在民及人民一律平等这种现代民族国家观念第一次出现在法律条文之中。现代性的民族国家观念是近现代社会发展的历史产物，正是通过辛亥革命开始把中国各民族人民从传统的王朝观念中解放出来。[③] 当然，由于孙中山所组织的政党既没有同群众发生联系，也没有得到任何军事力量支持，未确切地认识到下一步应该做什么。于是，许多人把精力消耗在个人争权及派系斗争之中。相反，控制着各省的士绅和军人却一心一意维护他们的控制权。至于对谁登上统治宝座漠不关心，因为在这种新设计的政府形式之下，这同他

① 转引自张昭军：《近代中国文化自觉的历程》，载《光明日报》2012年11月22日"理论史学"版。

② 1911年辛亥革命，被称为当时世界历史上的三大革命之一。这三大革命是指1789年法国大革命、1917年俄国革命和1911年中国辛亥革命。［美］皮特·N·斯特恩斯：《全球文明史》上册（中文版），中华书局2006年版。

③ 袁永红、王俏蕊：《现代性的发育与辛亥革命》，载《光明日报》2013年4月27日理论版。

们的地方事务并不相干。出于这种偏爱，地方士绅自然而然地反对共和体制。这样，在西方列强以及军阀的支持下，袁世凯采取贿赂、暗杀、恫吓等卑劣手段排挤国民党，国会名存实亡。1916 年，袁世凯宣布复辟皇帝称号，共和制探索归于失败。不过，袁世凯复辟遭到了异常而普遍的反对，其中包括云南的武装反抗。袁世凯被迫放弃为时三个月的帝制，他本人也在羞恨交集中病死。袁世凯死后，中国又陷入一片混乱，兵连祸结，生灵涂炭，中华民国只剩下一个名字而已。正如美国学者斯塔夫里阿诺斯指出的那样："1911 年在中国建立起美国共和政体的仿制品，真是荒唐可笑……那一种共和政体是一个大失败，因为它在中国的历史、传统、政治经历、制度、信仰、观念或习惯中毫无根基。它是外国的、空洞的，是附加在中国之上的。它随着时间的推移很快就被除去。它不代表政治思想，只是政治思想的一幅漫画，一幅粗糙的、幼稚的、小学生的漫画……这种共和政体悲惨地结束了，即悲惨地失败了。"①

孙中山逝世后，蒋介石挟其武装力量，夺取了国民党的领导权。孙中山的理想是在中国建立一个民主政权，可是蒋介石终其一生没有放弃独裁统治，他以黄埔军校校长身份，要求军人向他个人效忠。虽然国民党在 1926 年完成了表面上的统一，但事情并没有如预期的理想那样发展。此时的国民党具有三个特点：一是没有解决中国问题的社会和经济纲领，其所谓的"训政"和民主制的准备只是一种修辞手法，而实际政策则是尽量不去涉及现存的社会关系。正如美国学者巴林顿·摩尔（Barrington Moore）指出的那样："国民党所谓的改革，只不过是装饰门面的摆设而已，因为他们从未改变各地方精英分子控制地方生活的局面。在有的地区，连改革的架势都没有摆开过，所以根本就不存在维持士绅士权力的问题。甚至像亲国民党的人士也认为：'许多地方机构允许富裕的保守分子逃避征税、窃取政府黄金、镇压真正的农民组织。'在中国的扩大地区，帝制的结束并没有使地主阶级政治、经济地位发生根本性的变化。他们在国民党大员并不严格的统一控制下，继续扮演着军阀时代甚至是清朝时代充当过的相同角色。"② 二是以荒唐可笑的努力妄图复活传统理想，借此掩盖其反动的政治本质。国民党是以大资产阶级和大地主阶级作为统治基础的，因

---

① ［美］斯塔夫里阿诺斯：《全球通史——1500 年以后的世界》（中文版），上海社会科学院出版社 1993 年版，第 480 页。

② ［美］巴林顿·摩尔：《民主和专制的社会起源》（中文版），华夏出版社 1987 年版，第 153 页。

此，国民政府变得日益反动和腐败，广大农民阶级受到肆无忌惮的勒索和压迫。美军驻华司令史迪威（Josph W. Stilwell）将军在他的私人日记中这样描述了国民党的统治："腐败，玩忽职守，混乱，经济恶化，苛捐杂税，流言蜚语和恶劣行为，囤积居奇，黑市。"史迪威的继任者魏德迈（Albert Wedemeyer）将军在送交蒋介石的关于中国军队征兵状况的备忘录中，阐明了这些词语的含义："征兵对于中国农民来说就像灾荒或洪水来临一般，只是来得更正规，每年两次，而且受害者更多罢了……征兵的军官与地方官员相互勾结并通过他们的拉夫队来赚钱。他们从征兵中勒索大量金钱，这些钱由地方官员移交给他们，并用抓来的人充替应征者。在征兵中私下的人贩子已经形成一种生意。他们从挨饿的人家购买壮丁，这些家庭需要稻米比需要儿子更为迫切……在行军途中他们变得瘦骨嶙峋；染上了脚气病，双腿肿胀……如果有人死掉，他的尸体就被扔下。但在花名册上却仍保留他的名字。只要不报告此人已经死亡，他就永远是军官们的一个大财源，因为事实上死者已经途中花费，于是军官们的收入就格外增多。他的军粮和薪饷就变成军官口袋中的长久的纪念品。"① 三是企图通过军事力量解决困难。国民党的局部胜利，使原来由民族主义纲领暂时团结在一起的互不相干的利益集团开始破裂。在这样的环境下，牢牢控制军队中重要部门的蒋介石，通过一系列阴谋和军事政变摆脱与革命的联系，大肆推行反共政策。1927 年，他连同法国、英国和日本的军警，对工人、知识分子和其他被指控为同情共产党的人士进行大屠杀。蒋介石及其军事机器并不只是这种联盟的被动工具，他同时向资产阶级分子开刀，以监狱和死刑相威胁。最后，他与国民党政权，终于成为人民批评和厌弃的对象。在抗日战争时期，蒋介石排除异己，封锁舆论，引起知识分子的愤怒，一般老百姓当然也是怨声载道。可以说，国民党的失败命运成为共产党取得胜利的直接原因。

（2）新民主主义革命。辛亥革命推翻了皇权体制，但辛亥革命后的中国又面临内忧外患同时加深的局面。尤其是日本频繁制造事端的挑衅行为，使中国随时都有亡国的危险。在这种危险的境况下，人们在追问、思考中国怎么走到了这个地步？中国该走向何处？人们纷纷从不同角度提出自己对文化、经济、政治各方面的想法。可以说，这个时候是救亡和启蒙

① 转引自［美］斯塔夫里阿诺斯：《全球通史——1500 年以后的世界》（中文版），上海社会科学院出版社 1993 年版，第 642 页。

两个任务同时进行。

五四运动。五四运动是中国知识分子以世界的视野，深入探讨中国出路的一次伟大实践。中国先进的知识分子以《新青年》为阵地，高举“民主”与“科学”的旗帜，主动承担起唤起觉悟中国人民觉醒的使命。通过中西比较和各种学术思潮的论争，陈独秀、李大钊、胡适等深刻地指出，中国与西方国家民族思想的根本差异，不能视为民族性的不同，而实质上是新旧观念的分野，或者说是现代生活与传统伦理精神的不同；评价文明的标准，不应看其国不国、古不古，而应视其粹不粹、是不是。他们断定，中国的出路，只能是以民主取代专制，以科学取代愚昧。在巴黎和会过程中，面对列强的欺压，爱国的知识分子又高举反对帝国主义和反对封建主义的旗帜，五四运动便迅速演变成一场声势浩大的爱国主义运动——“救亡”成为中华民族的呼声。可以说，从五四运动开始，中国一代又一代革命家走上了寻找革命的道路。

共产党诞生。第一次世界大战的爆发，在国际事务中戳穿了“公理战胜强权”的神话，也使中国人民对西方国家产生了严重怀疑。而1917年俄国十月革命的爆发以及世界上第一个社会主义国家的建立，则给中国人民提供了道路选择的新的参照。与西方列强不同，新生的苏维埃政权主动提出废除对中国的不平等条约。其间的鲜明对比，不能不令中国人有所省悟，中国的先进人士从中看到了中国的希望，开始自觉介绍马克思主义，共产主义开始在中国传播。中国共产党自1921年成立之日起，就在中华大地掀起了一场前所未有的彻底反帝反封建的民主革命。可以说，共产党领导的中国革命是几千年的挤压、冤仇、压迫的潜能积蓄的结果。中国革命是能量的释放，是摧枯拉朽，是对未来的争取，是对光明的拥抱。① 孙中山先生希望用西方自由主义拯救中国，实行民主、宪政和多党政治，但最终以失败告终。直到孙中山转向马克思列宁主义，他所领导的国民革命才出现了希望。但是，由于蒋介石背叛革命，国民革命的希望归于泡影。共产党领导的革命较之国民革命更为彻底，这和毛泽东同志把马克思列宁主义中国化分不开的。正如毛

---

① 十月革命的一声炮响，改变了中国的命运。1917年11月7日，北洋政府驻俄公使刘镜人给国内发回一封电报，最早向国内传递了十月革命即将发生的消息。刘镜人只是例行公事，向北洋政府外交部进行情况汇报，他并不知道震撼整个20世纪的重大历史事件一触即发。次日，刘镜人再发一报，向国内传递十月革命已经发生的消息。11月10日，上海《国民日报》出现大号标题：《美克齐美占据都城》。这是中国最早报道十月革命的报纸。（以上文字插人注释）金一南：《苦难辉煌》，华艺出版社2008年版。

泽东同志指出的那样："帝国主义的侵略打破了中国人学习西方的迷梦。很奇怪，为什么先生老是侵略学生呢？中国人向西方学得很不少，但是行不通，理想总是不能实现。多次奋斗，包括辛亥革命那样全国规模的运动，都失败了。国家的情况一天一天坏，环境迫使人们活不下去。"[①] 十月革命一声炮响，为中国送来了马克思列宁主义。康有为和梁启超曾是早年毛泽东心目中的偶像。梁启超写的很多东西他都能够背诵，而且赞成君主立宪制。后来他又开始崇拜孙中山，改信共和制。是十月革命改变了毛泽东的思想轨迹。[②] 当然，毛泽东同志没有拘泥于马克思列宁主义理论的某些论断，而是结合中国实际创造性地实现了马克思列宁主义的中国化。这一过程是毛泽东结合中国革命实践，花了数十年的努力才完成的。这里借用诺思的一句话："马克思和恩格斯提供的信念体系解释了世界的运行方式和未来的道路，成为了中国革命灵感的重要源泉。"[③] 由此，共产党开始领导中国人民从一个胜利走向另一个胜利。

井冈山道路。1927 年，中国共产党在和蒋介石的合作破裂后，仍然力图通过城市起义夺取政权，这却招致了流血和灾难。于是，中国共产党开始接受毛泽东依靠农民的战略。毛泽东以他对客观现实特有的敏感，为中国革命找到了最重要的依靠力量——广大农民阶级。这不仅因为他出身于农民家庭，也因为他和农民生活在一起并几乎毕生为之奋斗。这种深知民间疾苦的长期平民生活体验，使他终于敏锐地认识到有必要使马克思主义中国化，使之适合于中国向来被忽视的千百万民众的状况和需要。他说："没有抽象的马克思主义，只有具体的马克思主义。我们所说的具体的马克思主义是指符合某国形式的马克思主义，即在中国的具体国情中将马克思主义应用于具体的斗争……如果一个中国共产党人，他是伟大的中国人民中的一分子并将他的血肉之躯与人民联系在一起，却抛开中国的特殊性去侈谈马克思主义，那么这种马克思主义只能是空洞的抽象概念。马克思主义的中国化……已成为一个必须毫不迟延地被全党理解和解决的问题了。"[④] 毛泽东同志在《湖南农民运动考察报告》中就指出："很短的时间

---

① 《毛泽东选集》第 4 卷，人民出版社 1991 年版，第 1470 页。

② 金一南：《苦难辉煌》，华艺出版社 2008 年版，第 5 页。

③ ［美］道格拉斯·诺思：《理解经济变迁过程》（中文版），中国人民大学出版社 2008 年版，第 3 页。

④ 转引自［美］斯塔夫里亚诺斯：《全球分裂——第三世界的历史进程》（中文版），商务印书馆 1995 年版，第 644 页。

内，将有几万万农民从中国中部、南部和北部各省起来，其势如暴风骤雨、迅猛异常，无论什么大的力量都将压抑不住。他们将冲决一切束缚的罗网，朝着解放的路上迅跑。”① 他说，真正的革命者必须亲自站到农民的前头并领导农民进行革命，而不是落在农民后头或者妨碍之。一句话，中国革命就意味着土地革命。在传统社会，中国的农民起义就此起彼伏，绵延不绝。中国为什么这么易于发生农民起义呢？其原因是：在皇权体制下，中国保留着一个备受戕害而难以变化的农业社会。统治阶级赤裸裸地从农民身上榨取剩余劳动，由于农民赖以安身立命的基础——财产、家庭，都遭到严重威胁，从而形成了此起彼伏、绵延不绝的农民起义。作为一种特殊的生存形态，农民在中国的历史变化中没有成为被动的承受者，而成为历史变革的动力。广大的贫困农民就如同被装进了威力强大的火药桶中，一旦时机适宜，就会被点燃起来。在国民党统治时期，中国农民更是陷入了水深火热之中。这些表明，中国革命有着雄厚的群众基础——农民阶级。中国共产党公开的革命目标是推翻封建社会制度，消灭国民党势力，建立工农苏维埃政权；军事斗争的战略思想是走建立农村革命根据地，走以农村包围城市的道路。可以说，中国共产党成功的秘诀在于它对广大农民的深厚信任和呼吸与共。由于有了广大农民的支持，共产党形成了顽强的生命力，蒋介石的五次军事围剿也没有打垮共产党。那么，中国的广大农民阶级为什么相信共产党领导的武装革命呢？具体原因如下：一是中国的农村缺乏一种内聚力，受到统治阶级的压迫，同时受到各种势力的侵扰。二是共产党土地改革政策赢得了农民的欢迎。三是日本侵略者的灭绝性进攻，国民党和地主阶级的反应是逃离乡村迁进城镇，把农民抛下任命运摆布。而共产党则把农民团结成为一个坚强的整体。

延安道路。1937 年，抗日战争全面爆发。日本的野蛮侵略进一步唤起了中国人民的民族主义激情——建立抗日民族统一战线。共产党成为这场民族主义运动的领导者，延安则成为中国人民抵抗日本侵略者的心脏。延安道路的突出特点是强调群众参与，它依靠中国人民特别是农民的创造性，确信他们能够而且必将摆脱年深日久的愚昧、贫穷和受剥削的制度。在延安，中国共产党采取了一系列深受人民群众拥护的政策：一是减少和限制党和政府以及军队中的官僚主义，鼓励干部和群众参与政治活动；二是选派干部到农村与农民一起劳动，既当先生又当学生，从而缩小城乡差

① 《毛泽东选集》第 1 卷，人民出版社 1991 年版，第 13 页。

别和脑力劳动与体力劳动的差别。三是组织合作社，使农民从关心其家庭扩大到关心互助组，在此基础上改组农村经济形式，并促进其持续发展。四是开办学校，普及识字、传授保健和卫生基本知识，宣传“为人民服务”的思想。人民群众对共产党的支持，与其说是由于共产党的干部和红军官兵的抗日活动，不如说更多地由于他们的行为和关心人民的疾苦。正如有学者评价的那样：“为什么共产党人赢得了农民大众的支持呢？因为他们不仅是真正的爱国者，而且是地道的革命者，他们了解人民的疾苦，知道必须进行什么样的变革，并着手其实现这些变革。”① 可以说，“延安道路不仅是一种战斗方式，也是一种生活方式，一种人与社会的想象景观，一种以群众参与和平等的价值观为基础的发展道路的探索”②。当时延安地区的村长、乡长都是农民自己选举的。由于当时很多农民都是文盲，就由候选人坐在那里，背后放一个碗，选民们每人拿一粒豆子，选谁就将豆粒投入到自己中意的那个候选人的饭碗里。当时延安流行的一个词是“提意见”。这个词说明了什么呢？说明的是民主，是言论自由，是真正的人民当家做主，是老百姓对政事的七嘴八舌。③ 在抗日战争中，日本人用刀光和死亡为中国人民铸造了强烈的民族意识。正是这种危机感，全体中国人民才前赴后继地投入了这场空前的反侵略战争中。在抗日战争期间，共产党作为爱国者赢得了人民群众的支持，共产党作为革命者赢得了人民群众的信任。

解放战争。抗日战争胜利后，中国人民的爱国热情空前高涨，人们期望中国早日改变积贫积弱、一盘散沙、贪污腐败、愚昧落后的状态。然而，国民党政府没有满足中国人民这样的期待，而共产党则寄托了中国人民的期望。可以说，1946～1949 年的解放战争是中国两条道路的大决战。美国为了建立一个由其支配的具有全球意义的“宏大区域”战略，其政策的基本目标是在中国恢复战前状态，把中国变成美国一个有利可图的场

---

① 转引自［美］斯塔夫里亚诺斯：《全球分裂——第三世界的历史进程》（中文版），商务印书馆 1995 年版，第 645 页。中国共产党老一辈革命家耿飚曾经讲述这样一个故事。20 世纪 40 年代，他任副旅长的 129 师 385 旅驻扎在陇东某县。一次，一个战士严重损害了当地群众的利益，旅部依据规定决定枪毙他。当地老百姓闻后纷纷来为他求情，说共产党都是好人，跪求饶了这个战士。这样的事例实际上举不胜举。参见王东仓：《“耿飚之问”要用为民实干来回答》，载《光明日报》2013 年 1 月 2 日“党建”版。

② 转引自［美］斯塔夫里亚诺斯：《全球分裂——第三世界的历史进程》（中文版），商务印书馆 1995 年版。

③ 王蒙：《中国天机》，安徽文艺出版社 2012 年版，第 98 页。

所。因此，杜鲁门总统的驻华经济事务代表小埃德温·洛克（Edwin Locke）声称："我们要有一个在经济、政治和心理各方面……都与美国有紧密联系的中国。"他预见说：适当的美国投资会在中国"开创一个超过50年以上的倾销美国商品的持久而不断增长的大市场……"① 于是，美国积极支持蒋介石打内战。在解放战争中，中国共产党实行有理、有利、有节的策略，终于打败了国民党军队，获得了解放全中国人民的伟大胜利。一位法国学者这样评价说：国民党在内战中吃了败仗，因为战争将检验交战双方，并使过时的政体现出原形。有人将旧中国形容为如同地狱。到处是病病歪歪，到处是肮脏丑陋，到处是粗暴卑贱，是对国民党后期的真实写照。"到处是饥荒，是贫民，是乞丐，是流浪无助的残病人，是贫富的悬殊。"旧中国就是一个空心的存在，是一个等候灭亡的大脓包，是一个等候历史处决的枪响的死刑犯。② 美国学者斯塔夫里亚诺斯也对毛泽东给予了客观评价，他说："毛泽东同马克思和列宁并列为现代伟大的革命领袖。马克思的基本贡献是他对资本主义社会的运转方式所做的分析。列宁有所发展并实施了推翻资本主义的战略，但是他没能一直活到应付后来创立一个社会主义新社会中出现的问题。他的后继者们的确创建了一个强大的苏维埃国家，但这并不就是达到了社会主义，社会主义的意义不仅是生产资料和分配的集体所有制或国家所有制形式，而且意味着工作场所和政治及文化生活中的自我管理。毛泽东用发展社会主义制度与实践来维持其杰出的前辈们的事业，他通过创造性地使马克思主义中国化并向迄今神圣不可侵犯的苏联模式挑战来实现上述任务。"③

2.2 中国现代化的初步发展与受挫（1949～1978年）

2.2.1 社会主义制度的建立

从中国早期现代化道路的探索可以看出，中国的现代化道路是在西方

① 转引自［美］斯塔夫里亚诺斯：《全球分裂——第三世界的历史进程》（中文版），商务印书馆1995年版，第653页。

② 王蒙：《中国天机》，安徽文艺出版社2012年版，第10页。

③ ［美］斯塔夫里亚诺斯：《全球分裂——第三世界的历史进程》（中文版），商务印书馆1995年版，第639～640页。

列强侵略的背景下展开的，在西方列强一次次的侵略下，中国一直面临着亡国的危险。爱国和救亡，无疑成为当时中国最急迫的任务。在这样的时代背景下，毛泽东领导全党和全国人民创造性地找到了新民主主义革命的正确道路，完成了反帝反封建的历史任务，历经百年的探索，在中国共产党的领导下，中国人民终于赢得了民族解放和民族独立。与此同时，在旧制度毁灭之际，中国共产党又创造性地选择了社会主义现代化的发展道路，建立了社会主义制度——没有压迫和剥削的社会制度，[①] 中国社会主义制度的政治属性突出地表现了“人民性”——中华人民共和国，意思就是人民当家做主的国家。早在新中国成立前夕，中国人民政治协商会议第一次全体会议在制定具有临时宪法性质的《共同纲领》中就指出：中华人民共和国“为中国的独立、民主、和平、统一、富强而奋斗”。从毛泽东1949年在天安门城楼宣布“中国人民从此站起来了”起，中国就开始寻求建设社会主义现代化国家的道路——从民族分裂走向民族统一，从皇权专制体制走向社会主义制度，从落后的农业社会走向现代的工业社会。可以说，以毛泽东为首的第一代党的领导集体，对中国一定要走上现代化发展道路始终抱有强烈的愿望。毛泽东同志就曾经说过，我们不但善于破坏一个旧世界，我们还将善于建设一个新世界。新的社会制度是在入侵和反入侵的连锁反应中建立起来的，它是中国共产党的愿望与人民群众的愿望达成了一种如诺思所说的集体“合意”，形成了一种“共享信念”，[②] 也可以称为中国人民共同的“红色信仰”。

人民解放，中华更始。可以说，新中国的诞生，是中华民族走向复兴的重要标志，也是中国现代化的新的历史起点。对此，基辛格（Kissinger）博士评价说：“中华人民共和国宣告成立，中国再次走向统一，共产党执掌下的中国进入了一个崭新的世界。论其结构，它是一个新政体；论其实质，它代表了中国有史以来一种新的意识形态。”[③] 我们可以将第一代党的领导集体对中华民族的伟大贡献概括为如下几个方面：（1）为马克思列宁主义中国化奠定了实践基础——在经济发展相对落后的国家实现了

① 历史的变革常常是围绕土地所有权的争夺而展开的。对于中国农民来说，拥有属于自己的土地是伴随其一生的朴实梦想。回顾20世纪中国历史的无产阶级革命，并非没有谋求土地私有的传统。1931年中共苏区中央局首次提出给予农民“土地所有权”，1954年中华人民共和国的第一部宪法确认了“土地农民私有”。

② ［美］道格拉斯·诺思：《理解经济变迁过程》（中文版），中国人民大学出版社2008年版，第72页。

③ ［美］亨利·基辛格：《论中国》（中文版），中信出版社2012年版，第83页。

社会主义；[①]（2）完成了民族解放和民族独立伟大事业——废除了百余年来外国侵略者强迫中国签订的一系列不平等条约和他们在中国攫取种种特权，结束了旧中国长期受外国列强欺凌的历史；（3）建立了崭新的社会主义基本制度——人民代表大会制度、中国人民政治协商制度、民族区域自治制度，实现了生产资料公有制和按劳分配；（4）开启了社会主义现代化建设的征程——不失时机地提出过渡时期总路线，创造性地开辟了一条适合中国特点的社会主义改造道路，使中国这个占世界人口1/4的东方大国进入社会主义，实现了中国历史上最深刻、最伟大的社会变革，将中国从一个封闭落后的国家塑造成为全球政治秩序中的一支重要力量。第一代党的领导集体的这些伟大贡献，为中国共产党继续领导中国人民探索社会主义建设道路奠定了重要的政治前提和制度基础。可以说，社会主义基本制度的建立，是中国共产党积极吸纳人类社会发展经验的结果，是深刻认识中国自鸦片战争以来历史教训的结果，是认真总结共产党领导中国革命实践经验的结果，是正确选择符合中国社会状况发展道路的结果。

第一，来自中国共产党对中国社会实际的深刻体察。中国的现代化道路具有复杂性、艰巨性与长期性的特点。有许多人建议中国与自己的过去决裂，甚至要照搬西方模式。然而，历史却证明了这些建议十分荒谬。历史经验告诉我们，非西方国家的现代化永远不可能仅凭单纯的模仿便可以实现的。中国革命最重要的一个方面是，它的目标不仅是寻找到一条工业化的捷径，而且还要以更大的合理性来取得这些成就。当然，这要求有更大的勇气和智慧，学会克服如此之多的不利条件。实际上，对于中国人来说，放弃他们自己的优点而采取一直以来与他们格格不入的生活方式是不明智的。[②]

第二，来自中国共产党对中国革命实践的深刻认识。自1840年鸦片战争以来，中国历史充满了危机与苦难、前进与倒退、断裂与曲折。马克思在《政治经济学批判序言》中对社会形态变革的论述至今仍是完全正确的。那就是："无论哪一个社会形态，在它所能容纳的全部生产力发挥出来以前，是决不会灭亡的；而新的更高的生产关系，在它的物质存在条件在旧社会的胎胞里成熟以前，是决不会出现的。"[③] 所以人类始终只提出

① 陈雪薇：《毛泽东对马克思主义中国化的历史性贡献》，载《光明日报》2012年6月13日"党史"版。

② ［美］黄仁宇：《现代中国的历程》（中文版），中华书局2011年版，第26页。

③ 《马克思恩格斯选集》第2卷，人民出版社1995年版，第33页。

自己能够解决的任务，因为只要仔细考察就可以发现，任务本身，只有在解决它的物质条件已经存在或者至少是在生成过程中的时候，才会产生。[①]自辛亥革命以后，中国一直处于内战状态，加上日本侵略，处处残破不堪。“人民期望新的开始，希望有更美好的未来，毛泽东的中华人民共和国能够满足这种期望。”[②]

第三，来自中国共产党对马克思主义理论的科学认知。自鸦片战争以来，各种社会思潮就在中国不断涌动，既有中国的，也有来自西方的。尤其在五四运动期间，马克思主义在中国广泛传播，特别是中国共产党的成立，马克思的科学社会主义战胜其他形形色色的社会主义成为中国先进分子的理想追求。就是说，科学社会主义思想在没有任何政治的、行政的、法律的和经济的支持，并且经常被视为异端的情况下，在中国逐渐取得了主导地位的意识形态。其中的重要原因有：(1) 资本主义的发展危机，让人们普遍感到“资本主义随着恐慌的狂潮”将走向没落。(2) 在资本主义国家陷入经济危机的同时，作为当时世界上唯一的社会主义国家的苏联却正在顺利地开展轰轰烈烈的社会主义经济建设，彰显了社会主义的诱人魅力。(3) 民族危机的全面加剧，激发了中国人民的爱国热情。人们急切盼望找到一条摆脱困境、复兴民族的出路，希望走社会主义道路来挽救民族危机。[③] 这表明科学社会主义思想更符合中国的社会现实，一方面能够解释中国的现实，另一方面也能够解决中国所存在的问题。正因为如此，在中国，社会主义不仅是一种理论哲学，而且也是一种实践哲学。[④] 正如毛泽东同志曾经指出的那样：对于建设社会主义规律的认识，必须有一个过程。必须从实际出发，从没有经验到有经验，再到有比较多的经验，从建设社会主义这个未被认识的必然王国，到逐步地克服盲目性、认识客观规律、从而获得自由，在认识上出现一个飞跃，到达自由王国。

2.2.2 中国经济的初步发展

新民主主义革命胜利后，经过生产资料所有制的社会主义改造，中国

---

① 罗荣渠：《现代化新论——世界与中国的现代化进程》，北京大学出版社 1993 年版，第 63 页。

② [英] 彼德·杰伊：《财富的历程》（中文版），国际文化出版公司 2005 年版，第 291 页。

③ 郑大华：《20 世纪 30 年代知识界社会主义思潮略论》，载《光明日报》2012 年 12 月 20 日“史学”版。

④ 郑永年：《未竟的变革》，浙江出版联合集团 2011 年版，第 152 页。

进入了社会主义社会。在借鉴苏联经验的过程中，毛泽东提出了中国要坚持独立自主发展的思想，并形成了一定的路线、方针和政策。例如，中国采取了自上而下地推进工业化进程的方法，形成了“以公有制为基础，以计划为导向”的发展模式。这一模式的形成，使新中国在短短20多年的时间里，就建立起了独立的比较完整的工业体系和国民经济体系。有西方学者这样评论说：“中国政府十分认真，净化和扫荡一切，不只是清扫水沟和街道，也扫除乞丐、娼妓和犯罪，并把他们集中起来再教育。眼前是大家可以引以为荣的中国，能够控制通货膨胀、废除外国特权、禁绝鸦片，引导人民参与众多社会活动，修复公共工程，提高识字率，控制疾病，友爱低层人民，并且学习‘新民主’和毛泽东思想。这一切活动都为有理想、有雄心的青年，开启了新境界。”① 但是，由于中国刚刚进入社会主义社会，中国共产党对社会主义在中国的实践规律和在中国领导建设社会主义的执政规律都还处于最初的认识阶段，因此，尽管对于中国道路有了一些自觉认识，也还是缺乏客观条件、历史经验和思想准备。党的第八次代表大会以后，对形势的判断出现了失误，党的工作指导思想偏离了“八大”的正确路线，出现了种种问题，包括突进现象——1958年的“大跃进”和1966年的“文化大革命”——中国道路的探索经历了严重挫折。

东方国家和西方国家的现代化，尤其是中国和西方国家的现代化，在物质和精神上都有比较大的差异。从中国的内部环境来看，西方有着从15世纪就开始的海外殖民资本掠夺，又从18世纪开始在英国发起工业革命，3个世纪的资本主义发展积累了大量的财富；而中国在19世纪末期才有了自己的民族工业，规模小，竞争力差；封建制度结束后，只有一部分地区经历过资本主义时期，进行过短暂的资本积累；然而由于日本的侵略和掠夺，加之国民党挑起的内战，这些资本也早已消耗殆尽。可以说，新中国是建立在一穷二白的基础上的。以这样的基础赶超西方国家几乎是纸上谈兵。从中国的外部环境来看，以美国为首的主要西方国家对中国实行经济封锁，频繁进行武力威胁：1950年爆发了朝鲜战争，1965年发生了越南战争。此外，1954～1958年出现了台海危机，1962年发生了中印边境冲突，1969～1971年发生了中苏冲突。就是说，自新中国建立以后，中国的周边环境就没有安静过。中国不仅国内的发展需要重要的经济基础，周边的安全环境也需要中国具备自我保护的能力。因此，在社会主义现代化发

---

① ［英］彼德·杰伊：《财富的历程》（中文版），国际文化出版公司2005年版，第291页。

展的道路上，中国选择了强制型的工业化模式——以权力高度集中的国家作为推动社会经济改造与发展的强大杠杆，以政治运动的方式来加速自己的社会变革与经济发展。就是说，中国建立起来的是典型的“举国体制”，国家通过政治手段把社会的每一个经济细胞都组织起来，希望在短期内来达成国家设定的目标。选择这条发展道路有其历史必然性。我国学者罗荣渠认为：“一般来说，凡是经历的革命或革命战争时间持久、而幅员又辽阔的国家，对政权的集中程度的需求都更高；而革命前经济愈落后的国家，在工业化进程中就愈需要强有力的政治权威与政府推动。”[①] 这一体制的重要特征是经济突进，主要为两个发展阶段：（1）1949～1957 年，照搬斯大林模式——实行赶超型发展战略，形成了“重——轻——农”发展模式；（2）1958～1976 年，从赶超转向超前发展战略，忽视客观经济规律，强调要自成体系地超前发展。[②] 从中国经济的这一突进性特点来看，赶超型是中国这一阶段经济发展中经久不变的形态轮廓。

中国的工业化虽然从 19 世纪中期就已经有了零星的努力，但是作为一项全国性的政策，则是从 20 世纪 50 年代开始的。可以把第一个五年计划视为工业化转型的起点。中国依靠强有力的国家权力，推行了工业化和城市化政策。在短暂的时间里，中国共产党领导全国人民以顽强的意志在残破的国土上推进了工业化和城市化的发展。然而，由于毛泽东同志还没有从整体上深刻认知和准确把握现代化发展的规律——把资本主义等同于市场经济，忽视中国的现实基础，超越社会主义发展阶段，加之错综复杂的国内国际局势，忽视了现代国家建设的问题，以运动的方式替代了经济发展的规律，以个人崇拜的方式替代了现代国家建设，中国的发展开始走上了另一条发展道路——1958 年的“大跃进”和 1966 年的“文化大革命”。比如在“大跃进”时期，“人民公社”将财力、物力和人力全部集中起来，原先残存的私有财产和个人激励措施基本上荡然无存。农民被编入半军事化的生产队，投身于浩大的公共工程建设，而其中的许多工程都是临时计划出来的。“大跃进”的生产指标脱离了实际，而若有异议或达不到指标就会产生严重后果，因此，弄虚作假现象十分严重。自然规律和经济规律是不容否定的——“大跃进”使中国的现代化发展付出了惨重的代价，“文化大革命”更是把中国推入了思想狂热、派系斗争、近乎内战

① 罗荣渠：《现代化新论续篇——东亚与中国的现代化进程》，北京大学出版社 1997 年版，第 122 页。

② 同上，第 126 页。

的十年。政府全权代替了社会，个人崇拜达到了极致，完全扭曲了国家与人民群众的关系，扭曲了经济发展的规律。前者表现为政治权力成为社会赖以生存的唯一基础和纽带，公权力垄断了一切事务。虽然说是建立了社会主义国家，但确是无市场、无社会、无活力、无发展。当权力走向绝对化的时候，人们就将所有的精力用于追逐权力。在追逐权力的过程中人性发生了扭曲，而一旦这样的人掌握了权力，就容易形成腐败或暴力倾向。后者表现为政府将工业部门和城市变成汲取各种资源的强大核心，尽一切可能压低农民的生产和生活需要，让农民几乎无条件地为国家工业化担负巨额成本，结果是农业部门的落后和农村的贫困。这种失衡的工业化政策所造成的分化，最终又导致了工业化道路的狭隘。与此同时，资源的配置是以行政权力为中心进行的，政府对经济的调控，主要是通过政府计划和国有企业来进行，挤压了其他经济形式的发展空间，使社会发展失去了应有的活力。

2.2.3 中国现代化的受挫

美国学者诺思曾经指出："国家的存在是经济增长的关键，然而也是人为经济衰退的根源。"① 为此，美国经济学家刘易斯（Lewis）在充分肯定政府作用的同时，也慨叹"政府可能会由于做得太少或做得太多而遭到失败"。② 在特定的国际和国内条件下，中国形成了政治代替一切的国家制度。在这样的国家制度下，国家包办了经济与社会的所有职能，中国逐渐变成了一个"全能型国家"，政府无所不为，一切皆在政府的规划之中。大如产业结构、资源分配，小如个人娱乐、家庭生活，全部都由国家进行指挥布置。于是，出现了这样的结果：在农村，土地充公化；在城市，企业国有化。计划经济排斥了自由竞争的原则，垄断企业挤掉了自由竞争的空间。计划经济无异于"用管理图表进行管理"。管理者不能"在同一时间内出现在一切地方"；"不能在同一时间内知道一切事情"。③ 这样设计的组织就像一个有生命的东西，假如它一概变成书面章程，那它就不是有生命的东西，而只是一个公式；但这又是一种不会出现的极端的情形。甚

---

① ［美］道格拉斯·C·诺思：《经济史上的结构和变迁》（中文版），上海三联书店 1994 年版，第 21 页。

② ［英］阿瑟·刘易斯：《经济增长理论》（中文版），商务印书馆 1996 年版，第 411 页。

③ ［英］约翰·希克斯：《经济史理论》（中文版），商务印书馆 1999 年版，第 12 页。

至书面章程也需要加以解释并只适用于一些特殊场合。[①] 在这个时期，随之而来的便是1959~1961年的“三年困难时期”和1966~1976年的“文化大革命”，贫困与混乱使中国政治、经济与社会几乎走到了崩溃的边缘，当时的中国就如同一个“受困的巨人”被重重矛盾所缠绕。

2.3 中国现代化的转型及其初始条件

20世纪70年代以后，世界经济形势和中国经济形势都发生了巨大的变化：(1) 世界经济形势发生了重大变化。20世纪70年代以来，世界发生了一系列的重大事件。战后西方世界的基本体制——布雷顿森林体系的解体，中国的改革开放，两德的统一，苏联的解体，冷战秩序的终结等。冷战秩序终结以后，什么是世界的主旋律，什么是支配这个世界的主导力量？这个时期的各种斗争归根结底是围绕经济发展这个中轴展开的，并且最终归结为生产力的性质和经济发展水平。现代经济增长已经成为时代发展的中心主题，而且世界各国开始在同一个舞台上开展竞争。(2) 中国经济发展面临着严峻形势。在改革开放前，中国经济几乎处于崩溃的边缘。集体化组织的农业生产无法满足中国巨大的人口需求，人均粮食消费量与解放初期基本相同。中国还远没有达到温饱的程度。可以说，邓小平的“改革开放”不仅是经济上，而且是精神上的壮举。先是稳定经济濒临崩溃的社会，然后采取果断的措施激励国家寻求前进的内在力量——建立经济特区、引进外国资本、实行土地承包责任制、企业所有权和经营权分离。基辛格博士曾经这样评价邓小平：邓小平属于虽经磨难依然关系国民疾苦的中国人。他以前所未有的勇气和坚忍不拔的意志领导中国人民实现具有中国特色的社会主义现代化。“邓小平拒绝一切条条框框。他曾经对基辛格博士说：必须让老百姓关注自己的生产；消费品应该优先于重工业；中国农民的才智必须得到解放；共产党需要少管一些，政府必须将权力下放。”[②]

1978年，中国共产党第十一届三中全会结束了“两个凡是”，开始把工作重点转移到社会主义现代化建设上来。1984年，中国共产党第十二届

---

① ［英］约翰·希克斯：《经济史理论》（中文版），商务印书馆1999年版，第13页。

② ［美］亨利·基辛格：《论中国》（中文版），中信出版社2012年版，第317、326页。

三中全会提出了“有计划的商品经济”或“社会主义的商品经济”。1987年，中国共产党第十三次代表大会把商品经济的运行机制界定为“国家调节市场，市场引导企业”，改革的市场经济目标大体确立。1992年，中国共产党第十四次代表大会正式宣布中国经济体制改革的目标是建立社会主义市场经济体制，明确提出：“社会主义市场经济体制就是要使市场在社会主义国家宏观调控下对资源配置起基础性作用。”1997年，中国共产党第十五次代表大会进一步明确了“公有制为主体、多种所有制经济共同发展”的基本经济制度。2002年，中国共产党第十六次代表大会报告指出，社会主义市场经济体制初步建立，这标志中国已经基本实现了由计划经济向市场经济的过渡，市场经济框架体系初步形成。中国共产党第十八次全国代表大会报告进一步提出了构建社会主义开放经济体系的思想。

伴随着经济与社会的发展，中国渐渐走出传统的生产生活方式。对此，经济学家茅于轼无不感慨：相对改革开放以前的穿衣服没有自由，找工作没有自由，想挣钱没有自由，想旅行没有自由，想思考没有自由等，现在中国的自由明显增加。① 可以说，中国改革开放的过程，就是中国道路的探索过程和中国道路的完善过程。世界银行在描述中国改革开放的时候，曾经使用了“两种转型”的概念，即“从指令性经济向市场经济的转变和从农业社会向工业社会的转变”。他们认为：“这两种转型的相互作用和相互配合激发了中国的快速增长。”② 可以说，邓小平领导的改革开放是中国社会主义现代化道路的又一次探索从计划经济走向市场经济。这次模式转换是在世界发展大潮的推动下，通过制度创新，步入了实现现代经济增长的新阶段。这里所说的现代经济增长，实际上是指引进现代生产方式后中国发生的深刻社会革命。③ 直到今天，我们才感到了中国真正的发展和翻天覆地的变化。

2.3.1 路径选择

自1840年鸦片战争以来，中国社会发生了三次重要的转型：（1）皇

---

① 熊培云：《重新发现社会》，新星出版社2012年版，第35页。

② 世界银行：《2020年的中国》，中国财政经济出版社1997年版，第1页。

③ 罗荣渠：《现代化新论续篇——东亚与中国的现代化进程》，北京大学出版社1997年版，第106页。

权体制解体——中国在皇权体制解体后陷入军阀混战；（2）社会主义制度建立——建立了真正现代意义上的民族统一国家；（3）社会主义市场经济体制的探索——改革开放。就是说，中国经过一个世纪的革命和运动，建立了真正现代意义上的民族统一国家，所选择的道路是社会主义现代化道路。而中国的改革开放则表明，中国再次准备通过市场化转型的伟大探索来贴近现代化的发展规律以及契合世界经济发展的主流，探索具有中国特色的社会主义现代化道路。这与毛泽东时代的社会主义既有继承，又有创新。说是继承，是指坚持了社会主义的基本政治制度；说是创新，是指目标模式创新——前者是传统社会主义，后者是中国特色社会主义；发展路径创新——前者是以计划经济体制为主要特征，后者是以社会主义市场经济为基本手段。①

这场市场化改革是从对中国社会主义阶段论的理性认识开始的。改革开放伊始，邓小平就敏锐地意识到“各国的发展阶段不同，消灭资本主义，建立共产主义，这是一个很长的过程”。1981 年，中国共产党第十一届六中全会通过的《关于建国以来党的若干历史问题的决议》认为：“尽管我们的社会主义制度还是处于初级阶段，但是毫无疑问，我国已经确立了社会主义制度，进入了社会主义社会，任何否认这个基本事实的观点都是错误的。”1982 年，在中国共产党第十二次全国代表大会开幕词中，邓小平同志提出：“走自己的道路，建设有中国特色的社会主义。”与此同时，中国共产党第十二次全国代表大会报告又重申了“初级阶段论”，并明确指出物质文明不发达是初级阶段社会主义的根本特征。1987 年，中国共产党第十三次全国代表大会报告则全面深刻地阐述了我国社会主义初级阶段理论。“正确认识我国社会现在所处的历史阶段，是建设有中国特色的社会主义的首要问题，是我们制定和执行正确的路线和政策的根本依据。”“我国社会主义初级阶段包括两层含义：第一，我国社会已经是社会主义社会，我们必须坚持而不能脱离社会主义。第二，我国的社会主义还处在初级阶段。我们必须从这个实际出发，而不能超越这个阶段。”这个时期的历史任务就是逐步摆脱贫穷和落后，使中国从农业人口占多数的农业国家逐步转变成为非农业人口占多数的现代化的工业国家；由自然经济半自然经济为基础的国家逐步转变成为商品经济高度发达的国家。而实现

---

① 唐洲雁：《全面认识中国特色社会主义的探索实践》，载《光明日报》2013 年 1 月 11 日“光明论坛”版。

这一转变的改变途径就是改革开放，废除一切束缚社会生产力发展的条条框框。由此，形成了“以经济建设为中心，坚持两个基本点”的基本路线。中国共产党第十八次全国代表大会报告进一步深刻阐述了中国特色社会主义在理论上和实践上的基本要求——人民主体地位、解放和发展社会生产力、改革开放、社会公平正义、共同富裕、社会和谐、和平发展、党的领导，是中国特色社会主义内在的质的规定性，是中国特色社会主义的根本保证和检验标准，是建构中国特色社会主义的基本要素。为了实现这一目标，就必须做到解放思想、实事求是、与时俱进、求真务实——这也是科学发展观最鲜明的精神实质。可以说，社会主义初级阶段论的形成，不仅体现了中国共产党的高度成熟和空前理性，同时也为中国的改革开放以及社会转型奠定了重要的认识基础，为中国的市场化民主化发展提供了巨大的探索空间。

当然，从计划经济到市场经济的转型是一个市场体系从无到有的生长过程，因此，市场的缺失和不完善必然会要求不同于成熟市场经济国家的制度安排来组织资源。这种不同的制度安排尤其体现在政府的作用、产权形式及企业组织形式等方面。尤其是，不同转型路径下政府与经济主体的不同互动形式会内生地决定不同于标准版本的产权形式和其他制度安排。从这个视角来看，中国的市场化改革具有三个鲜明的特点：（1）实行以公有制经济为主体，多种所有制经济共同发展的社会主义市场经济；（2）实行市场经济与政府宏观调控相结合的方法；（3）实行以政府为主导的渐进式的改革方式——先农村后城市，先增量后存量，先体制内后体制外；（4）在保证国家经济安全的前提下，逐渐扩大对外开放的领域。中国市场化转型的上述特点，在转型的早期阶段比较好地弥补了市场缺失，促进了经济发展。当然，中国的市场化转型还没有结束，随着市场范围的扩大和经济的发展，中国还需要继续深化市场经济体制改革。

2.3.2 体制转型

从计划经济到市场经济，是中国经济体制的一次重要转型。中国的经济体制转型具有两个明显的特点：一是经济体制转型的市场化，二是经济体制转型的开放性。可以说，中国以前所未有的自信使自身的经济发展实现了充分世界化，充分全球化——与世界接轨，已经成为推动中国发展的重要动力。

就经济体制转型的市场化来看，在农业改革方面，中国在计划经济时代实行的合作化运动，尤其是人民公社化运动造成了农业生产缺乏激励，严重抑制了农业生产力的发展。从20世纪80年代起，中国开始全面推行家庭联产承包责任制，农民重新拥有了土地使用权。此外，中国政府还取消了强制性农业生产计划，以购买合同的方式取代了强制性的征购任务，允许农民自由从事生产。在企业改革方面，中国共产党第十二届三中全会通过了《中共中央关于经济体制改革的决定》，提出增强企业活力是经济体制改革的中心环节。政府开始逐步减少国有企业经营中指令性计划的相对份额，并颁布一系列扩大企业自主权的行政性法规。为了理顺政府与企业的关系，政府还实行了“利改税”的改革，形成了国家财政收入与税收挂钩、企业收入与利润挂钩机制。此后，以承包经营责任制为主要内容的企业经营机制改革迅速在全国大中型企业展开。伴随着企业自主权的扩大，一些国有企业开始按照计划外市场“议价”方式自行销售超计划生产的商品，市场机制开始成为连接产品与市场的重要渠道。1993年，中国共产党第十四届三中全会明确提出国有企业改革的方向是“建立适应市场经济要求、产权清晰、权责明确、政企分开、管理科学的现代企业制度”。与之相呼应，第八届全国人民代表大会常务委员会于同年通过了《中华人民共和国公司法》。该项法律为各种所有制运行提供了一个统一的法律框架，也为国有企业进行适应市场经济的公司化改革提供了法律框架。与此同时，中国在保持国有经济主体地位的前提下，逐步取消了对个体经济和私人企业的限制。1987年，中国共产党在第十二次全国代表大会报告中指出：私营经济是公有制经济“必要的和有益的补充”，继续鼓励个体经济与私营经济的发展。私人企业的兴起，与农村乡镇企业共同促进了民营经济的发展。

就经济体制转型的开放性来看，虽然中国采用了政府干预的方式，但却完全剔除了海外扩张的痕迹，以和平的方式实现了现代经济增长。从前是西方国家与美国充当自由贸易的代言人，这些强权国家提倡自由贸易，强迫各国开放门户，一旦遇到阻力，甚至不惜动用武力，打开他国国门。但到了今天，这些国家贸易保护主义抬头，中国则成自由贸易的提倡者，这个转换过程对中国来说意义深远。在计划经济时代，中国是不相信有自由贸易的，什么资本主义，什么自由贸易，统统给予批判。但从20世纪70年代初期，中国开始改变闭关自守的做法，与许多西方国家建立了贸易关系。1978年，中国首先在广东省的深圳、珠海、汕头与福建省的厦门设立经济特区，放开了对外贸外资的限制，用进口原料免税、行政管理宽松等优惠政策吸引外资，并在外贸经营权、利润留成以及税收优惠等方面拥有自主权。1984 年，中央政府进一步开放沿海 14 个港口城市；1985 年和 1988 年，又先后在长江三角洲、珠江三角洲、闽东南地区、山东半岛和辽东半岛建立沿海经济开放区。之后，对外开放政策在中国陆地边境、沿海城市及内陆广大地区全面实行。尤其是邓小平 1992 年南方谈话之后，中国对自由贸易的信念越来越坚定，并形成了中国的出口导向型经济。中国共产党第十八次全国代表大会又提出建立社会主义开放型经济体制的新目标。

2.3.3 社会转换

现代化发展表现为两个方面的内在统一：一是形成能够容纳持续变迁问题与要求的政治结构；二是形成持续变化和发展的开放的社会结构。这样，才能形成转型过程中的内在动力——社会的活力与民众的参与。中国作为后发展国家，国家权威扮演着重要角色。国家权力能够在多大程度上形成权威，这在很大程度上与国家权力对经济、政治与社会发展的驾驭和把握相关联。改革开放前，新中国面临着复杂的国际国内环境，形成了高度集权的政治结构和以国家控制为基础的社会结构。伴随着改革开放的不断推进，在现代经济增长的推动下，中国同时进行了一系列的制度创新，中国社会也真正开始了从农业社会向工业社会的脱胎换骨的变化——主权在民的日益制度化、社会保障的日益制度化、公开选举的日益制度化、地方自治的日益制度化、高等教育的日益大众化。

（1）政治体制改革。中国的发展表明，中国政治制度的发展也是开放的，而且正在发展出符合自身文化、社会和经济发展水平的政治体制。实际上，中国政治体制的改革集中体现在中国共产党自身的转变上。正如有学者指出的那样："研究中国模式，核心就是要研究中国共产党。"概括地讲，自改革开放以来，中国共产党已经发生了如下的变化：一是从依靠革命的方式向依靠行政的方式的转变；二是从依靠运动的方式向依靠法律的手段的转变；三是从依靠个人决定的方式向依靠集体决策的方式的转变。邓小平早就提出了政治体制改革的问题。他提出：党和政府的分工问题，专业管理与党的领导要区别开来。党要坚持对国家经济和政治结构的总的指导作用，但要逐渐减少先前对社会生活各个方面巨细无遗的控制。[①] 江泽民同志沿着邓小平的改革开放道路继续向前，在2002年中国共产党第十六次全国代表大会上提出了“三个代表”重要思想。从中可以看出，他更强调鼓励个人的首创精神，认为只有加快改革，才能赋予中国的政治结构以新的活力。可以说，在复杂的国际国内形势下，江泽民同志成功地把中国带进了21世纪。胡锦涛同志则在中国共产党第十七次全国代表大会上提出了“科学发展观”的重要思想。现在，无论是中国共产党还是中国政府都非常重视增强决策过程的透明度，并建立各种机制使得官员对人民负责。比如在法律层面上，2004年第十届全国人民代表大会二次会议通过了宪法修正案，将“国家尊重和保障人权”写入宪法；2007年物权法表决通过，明确对国家、集体和私人的物权实行平等保护；2010年再次修改选举法，明确规定实行城乡按相同人口比例选举人大代表；2012年刑事诉讼法将“国家尊重和保障人权”写入总则。行政许可法、侵权责任法、社会保障法等一系列支架性的法律也陆续完成。截至2011年12月，除了通过现行宪法外，还制定了现行有效的法律239件，行政法规714件，地方性法规、自治条例、单行条例8 921件。[②] 在制度层面上，中国共产党领导下的多党合作和政治协商制度不断完善，中国共产党的党代表大会代表任期制工作正在逐步实现有序参与常态化、代表作用发挥经常化、代表联络服务规范化，党内民主正在走向科学化。比如中国共产党的历次党代表大会都要审议大会主题报告。主题报告定题起草、征求意见、修改完善、讨论通过的过程都是广泛听取人民诉求、集中民意的过程。中国共产党第十八次全国代表大会报告在起草过程中，就曾组织46家单位就15个重点课题进行调研，形成57份调研报告；报告起草组分赴12个省区市进行专题调研；报告稿形成后，征求意见人数超过4 500人；胡锦涛总书记亲自主持召开7次座谈会，专门听取各民主党派、无党派等多层面意见；报告稿最终由2 000多名党代表审议通过。[③] 这是中国共产党发扬党内民主、集中全党全民智慧的生动写照，是中国共产党汇集民意的集中体现。中国的政治体制尤其在危机期间表现出高效率。无论是处理四川地震还是应对金融危机，中国体制的优越性得到了显现。正如澳大利亚悉尼大学中国研究

---

① ［美］亨利·基辛格：《论中国》（中文版），中信出版社2012年版，第400页。

② 殷泓、王逸吟：《奠基法治中国》，载《光明日报》2012年9月17日第13版。

③ 河南省中国特色社会主义理论体系研究中心：《从党的全国代表大会看党的执政能力》，载《光明日报》2012年12月15日“理论实践”版。

中心乔纳森·哈西德（Hasidim）博士指出的那样：没有谁可以否认中国共产党带领中国所取得的巨大成就。西方国家曾有人认为多党竞争和普选是合法性的唯一来源。曾有人问我："中国共产党不经过选举执政，其合法性从何而来?"我的答案是："舍我其谁的执政能力。"中国共产党已经执政60多年，其政策调整的幅度超过了有史以来任何国家。事实证明，中国共产党具有超强的与时俱进和自我纠错能力。根据美国尤皮研究中心在中国的民意调查，高达85%的中国民众对国家未来发展方向表示满意。如果这不是合法性，那我就不知道到底什么是合法性了。[①] 在过去30年里，中国经济的发展在人类历史上创造了惊人业绩，并使数以千万计的人从贫穷中解放出来。美国著名未来学家约翰·奈斯比特（John Naisbitt）认为：中国正在创造一个崭新的社会、经济和政治体制。中国那种自上而下的管理和自下而上式的民主充满了活力，最终能够使政府信任人民，人民也信任政府。中国没有使自己陷入政党斗争局面，而是以一党体制实现现代化，发展出一种独特的纵向民主。[②] 美国哈佛大学汉学家傅高义教授也认为，不能以西方的标准来否定中国共产党执政的合法性，如果中国共产党能够做到：不断提高人民的生活水准，有条不紊地进行社会改革，不断完善现代社会的民主法制，能够代表整个民族利益与尊严，得到广大人民群众的拥护，它的政权就具有合法性。[③]

（2）社会体制改革。中国的市场化和民主化改革，激活了长期以来被国家控制所压抑的社会活力，地方政府、部门、企业乃至个人占有和支配社会资源的自主权不断扩大，社会各个领域开始呈现出多元化发展的趋势：一是地方自主权不断扩大。为了调动方方面面的积极性以及适应社会的发展，国家主动地和有步骤地逐渐缩小控制范围与幅度，因此，社会的自由空间获得了进一步的扩展。比如为了推动改革顺利进行，中央政府调整了与地方政府之间的关系，采取了"行政性分权"的做法，即中央政府将一部分资源配置权力下放给地方政府。传统计划经济体制下经济与社会决策权力高度集中于中央政府，地方政府难以形成发展激励。从20世纪80年代起，中央政府向地方政府下放财政权力，实行中央与地方两级财

---

① 李世默：《中国崛起与西方"元叙事"的终结》，载《参考消息》2013年6月21日参考论坛版。

② 参见钟连：《中国走出了一条符合国情的道路——国际社会积极评价中国共产党与中国道路》，载《参考消息》2012年6月25日"特别报道"版。

③ 王蒙：《中国天机》，安徽文艺出版社2012年版，第288页。

政体制，地方政府成为具有独立经济利益的经济主体。此外，诸如计委、工商、税务、银行等经济职能部门也划归同级政府管理。“行政性分权”的做法极大地激发了地方政府发展经济和推动改革的积极性。由于市场机制能够高效率地促进经济发展，地方政府具有了主动探索市场化和保护市场发展的内在动力。不仅在推动经济发展方面，而且在推动社会改革方面表现出前所未有的积极性。二是社会独立性日趋增强。改革开放以来，中国非公有经济获得了快速发展。个体工商业者、私经企业以及其他形式的非公有制企业大幅度涌现。市场化一方面使企业自主权不断扩大，在相当程度上独立于政府；另一方面由于需要企业独立承担经营风险，使其对政府的依附性也大大削弱。相对独立的社会力量趋于形成，民间组织化程度日益加强。与此同时，国家也逐步放松对社会的控制，一方面将一部分国家功能让渡给非政府组织，另一方面社会自身在市场化过程中也产生了越来越强烈的自我服务和自我管理的需要，从而催生了越来越多的民间组织。到2007年，我国正式登记的社会团体已经达到19.5万个，民办非企业组织16.4万个，各种基金会1 245个，总计35万个。三是加快社会改革进程。自中国共产党第十六次全国代表大会以来，中国已经进入了一个以社会改革为主体的改革阶段。社会改革的重点包括社会保障、医疗卫生、教育等方面。社会改革一方面消化了由经济改革带来的负面效应，另一方面也为深化经济改革营造了更好的社会基础。

中国经济与社会体制的转型是深刻的、全方位的。30多年来，中国的巨大变化和成就都源于经济与社会体制的巨大转变。市场体系不断完善，民营经济、外资经济蓬勃发展，国有经济的活力不断增强。社会的组织形式、就业方式、分配方式日益多样，人们的工作、社会和利益实现方式有了更多的选择，社会日益活跃，计划经济体制下形成的城乡二元体制逐步打破，亿万农民走出农村，城乡一体化步伐明显加快。改革开放以来，中国经济、政治与社会的巨大变化还可以从一些经济、政治和社会生活用语的变化窥见一斑。例如，不提以阶级斗争为纲了，不提忠于哪个个人了，对这些词年轻人已经很陌生了。而新的用语，比如效益、资源、小康、市场、承包、现代化、改革、开放、稳定、和谐、创新、民主、以人为本……开始流行起来。这些变化表明，由于社会的变化，人们的关注点已经发生了很大变化。[①] 总之，经济与社会体制的转型焕发了中国人民空

① 王蒙：《中国天机》，安徽文艺出版社2012年版，第291页。

前的积极性、主动性和创造性，中国成为30年以来世界上经济增长最快的国家。尤其是在国际金融危机冲击下，世界经济出现大幅度下滑的情况下，中国经济增长率仍然保持在8%以上。现代经济增长为中国创造了巨大的经济成就。就如同整个大地被北极寒冬冰封后，突然全面百花齐放一样。邓小平用务实主义取代意识形态，恢复中国社会的稳定，强化中央与地方政府实施法律与秩序的力量，同时减少政府对经济生活的影响，从而使政府扮演适当角色、支持经济进步的能力倍增。美国资深的中国历史专家哈佛大学费正清中心研究员格德门（Gdman）这样评价道：中国在毛泽东去世后，从孤立、贫穷和政治动荡的国家，转型为相当开放、稳定、都市化和现代化的国家。在20世纪的最后20年内，中国经济增长率每年达到9%左右，成为世界上增长最快的经济体。具体来说：第一，现代经济增长引起了中国经济结构的急剧变迁。有统计表明，2002年三次产业产值比重分别为13.7%、44.8%和41.5%，2011年则为10%、46.6%和43.3%。第二产业比重持续扩大，第三产业比重稳步上升，表明我国经济已经进入工业化加速发展的中后期。[①] 钢铁、水泥、汽车等220多种工业品产量跃居世界第一位。2010年我国制造业产出占世界的比重达到近20%，超过美国成为全球制造业第一大国。能源、新材料、新医药等新兴产业蓬勃发展。服务业发展加快，其增加值占国内生产总值比重上升到43%。第二，现代经济增长使中国开始以大众规模摆脱了贫穷。改革开放前，由于经济的落后，大约有3/5人口生活在国际贫穷标准以下。伴随中国的经济发展，若按照每天12.5美元生活费贫困线标准，中国自1981年以来贫困人口减少6.6亿，这在人类经济和社会发展上是史无前例的。[②] 以电视、洗衣机、冰箱和以彩电、私人汽车、空调为代表的耐用消费品开始进入寻常百姓家庭。根据环球舆情调查中心2012年3月的舆情调查显示：回顾中国改革开放30多年的历程，肯定改革使自己和家人受益的受访者人数占比达到78.3%。[③] 第三，现代经济增长使中国实现了经济竞争局面。由于高速经济增长形成了巨大商机，不仅小企业加入市场，大企业也获得了成长的机会。由于高速经济增长，中国发展经济的愿望十分强

① 刘伟：《中国经济实现历史性跨越》，载《光明日报》2012年10月29日第13版。

② ［美］斯蒂芬·罗奇：《中国延续奇迹需做三项改革》，载《环球时报》2012年11月2日“访谈实录”版。

③ 《中国民众更接受渐进式改革，不认同照搬西方》，载《环球时报》2012年3月13日“新闻背景”版。

烈，企业和企业家的社会地位上升，人才也向经济领域集中。这与将经济（商人的地位）视为最低等级的中国传统价值体系相比，是一场巨大的价值变革。第四，现代经济增长使中国在国际社会中的地位有了显著的提高。中国在封闭时期与国际社会隔离，加入世界贸易组织后，中国逐渐回到国际社会。特别是在高速经济增长的背景下，中国经济开始进入无边界的经济时代。目前，中国已经成为世界第一大出口国家，也是世界最大的海外工程承包国家。

中国市场化转型的初步发展与基本成效

20 世纪 70 年代末，中国开始了市场化转型进程，从而翻开了现代化转型的新篇章。中国市场化转型至今已走过 30 余年历程。与后发展国家的现代化进程相适应，中国市场化转型具有政府主导、渐进性与注重利益共容的战略特点。由于市场化转型战略安排适应了自身现代化历史条件，中国市场化转型与经济社会发展都取得了巨大成就。市场经济体制已基本确立并不断得到巩固，经济持续高速增长，社会不断进步，对外开放成绩斐然，从而创造了“中国奇迹”。中国市场化转型的初步发展与成功，为下一阶段的市场化民主化转型奠定了重要基础。

3.1 中国市场化转型的启动与发展

1978 年，中国农村改革的启动揭开了市场化转型的序幕，迄今经历了市场化启动及目标模式探索、市场化推进与制度框架构建、市场化深化与全面转型 3 个阶段。中国已基本实现由高度集中的计划经济体制向充满活力的社会主义市场经济体制的历史转变，探索出一条社会主义基本制度同市场经济有机结合的现代化道路。

3.1.1 中国市场化启动及目标模式探索（1978～1992 年）

中国的市场化转型进程首先从农村开始。中国在 20 世纪 50 年代实行的合作化运动，尤其是人民公社制度造成了农业生产缺乏激励，效率低下，严重抑制了农村生产力的发展。1978 年安徽农民自发推行“包产到户”与“包干到户”，使粮食产量迅速提高。此举最终得到中央领导的认可与支持，中共中央分别于1980年、1982年和1983年连续颁发文件，全面推行家庭联产承包责任制，农民重新拥有土地使用权，到1983年年底，已有90%以上的农户采用这一制度[①]。与此同时，政府开始取消强制性农业生产计划，以购买合同形式取代原来的国家与农民间的强制性征购任务，允许农民从事副业生产，恢复集市贸易，农民被给予更多的市场自由从事生产。随着更多的农产品进入农村市场，农村企业有了从事加工制作的可能，乡镇企业迅速发展起来，并逐渐成为中国经济最有活力的一个部分[②]。

在进行农业改革的同时，中央政府在城市中开始了国有工业企业改革的尝试。在改革之前，政府对国有工业企业的生产经营及收益分配实行统管，造成企业丧失活力，效率低下。1978年，四川省率先在6个企业开展“放权让利”试点工作，扩大企业自主权，给予企业对新增收益的部分所有权。到1981年年底，大约80%的国有工业企业参加了改革试验[③]。1984年，中共十二届三中全会通过《中共中央关于经济体制改革的决定》，指出增强企业活力是经济体制改革的中心环节。政府开始逐步减少国有企业经营中指令性计划的相对份额，并颁布一系列扩大企业自主权的行政性法规。为理顺政府与企业关系，政府还实行了“利改税”改革，以界定政府收入与企业可支配收入，形成国家财政收入与税收挂钩、企业收入与利润挂钩机制。1987年，以承包经营责任制为主要内容的企业经营机制改革迅速在全国大中型企业推开，截至1987年第二季度，实行承包经营的预算内工业企业占企业总数的90%[④]。工业企业获得了一定的经营自主权。

自主权的扩大，使得部分国有工业企业开始按照计划外市场“议价”方式自行销售超计划生产的商品，于是，市场机制成为产品与物资价格形

---

① 转引自林毅夫：《制度、技术与中国农业发展》，上海三联书店、上海人民出版社1994年版，第82页。

② 乡镇企业数从1978年的152.4万个增加到1994年的2 494.5万个；1993年全国集体工业（含城镇集体工业企业）总产值是1978年的17.78倍，年均增速为21%，大大超过全国工业增长速度；1978~1993年，乡镇企业吸收近1亿农村劳动力；外贸出口创汇占全国的30%以上。转引自樊纲：《渐进改革的政治经济学分析》，上海远东出版社1996年版，第207~208页。

③ 转引自［美］邹至庄：《中国经济转型》（中文版），中国人民大学出版社2005年版，第46页。

④ 转引自林毅夫、蔡昉、李周：《中国的奇迹：发展战略与经济改革》，上海三联书店、上海人民出版社1994年版，第154页。

成的另一条重要渠道。1985年，国务院决定取消计划外生产资料的价格控制，价格“双轨制”正式实施，即以不同形式、不同程度逐步放开产品和物资价格，形成同一种产品和物资计划内实行政府定价、计划外部分实行市场定价。“双轨制”使企业可以按照市场价格购买增加的投入和销售超额的产出，使其具备了市场化活动的必需条件。随着计划外产出的快速扩张，市场价格所占份额不断加大，到1992年，价格完全由市场决定的产品已占社会商品零售总额的93%[①]。

中国在保持国有经济主体地位的前提下，逐步放开了对城市个体经济的限制。1983年，中国在事实上取消了对私人企业雇工人数的限制，1987年，中共十三大报告指出，私营经济是公有制经济“必要的和有益的补充”，要继续鼓励个体经济与私营经济的发展。私人企业的兴起，与农村乡镇企业共同促进了民营经济的发展。

为推动改革顺利进行，中央政府实施了另一重要举措，即调整与地方政府之间的关系，采取“行政性分权”的做法，即中央政府将一部分资源配置权力下放给地方政府。传统计划经济体制下经济决策权力高度集中于中央政府，地方政府难以产生改革激励。从1980年起，中央政府向地方政府下放财政权力，实行中央与省、自治区两级财政体制，即“分灶吃饭”的财政包干体制，地方政府成为具有独立经济利益的经济主体。此外，诸如计委、工商、税务、银行等经济职能部门也划归同级地方政府管理。“行政性分权”体制极大地激发了地方政府发展经济和推动改革的积极性，“如果各地可以自主选择政策，它们就可以比较结果（看谁干得更好），包括那些没有率先改革的地方”[②]。由于市场机制能够高效率地促进经济发展，地方政府具有主动探索市场化和保护市场发展的内在动力。“中国的市场经济，首先是由地区间的竞争推动的。”[③]

对外开放是中国市场化转型启动的重要途径。早在20世纪70年代初期，中国已开始改变闭关自守的做法，建立了与美、日、欧等西方国家的贸易关系。1978年后，中国实行对外开放国策，扩大对外贸易，积极引进

---

① 转引自林毅夫、蔡昉、李周：《中国的奇迹：发展战略与经济改革》，上海三联书店、上海人民出版社1994年版，第168页。

② Montinola, Qian, and Weingast. Federalism, Chinese Style: the Political Basis for Economic Success in China. World Politics, October, 1995, pp. 79 – 80.

③ 郑永年：《中国模式：经验与困局》，浙江出版联合集团、浙江人民出版社2010年版，第143页。

外资，学习国外的先进技术与管理经验。中央政府首先在广东省的深圳、珠海、汕头与福建省的厦门设立四个经济特区，将其定位于中国改革开放与现代化建设的“窗口”与“试验场”。经济特区放开了对外贸外资的限制，用进口原料免税、行政管理宽松等优惠政策吸引外资，并在外贸经营权、利润留成以及税收优惠等方面拥有自主权。经济特区试验取得巨大成功，充分发挥了对其他地区的示范与辐射作用。1984 年，中央政府进一步开放沿海 14 个港口城市，并于 1985 年和 1988 年先后在长江三角洲、珠江三角洲、闽东南地区、山东半岛和辽东半岛建立沿海经济开放区。之后，对外开放政策在中国陆地边境、沿江城市及内陆广大地区全面实行。

通过实施上述举措，中国经济在 20 世纪 80 年代初获得了迅速恢复。不过，中国的市场化改革并不是按照事先设计好的方案起步的，在启动之初，中国并未为自身设定明晰的改革目标模式。“不管是什么办法，只要能够恢复和发展经济，都拿来救急。”[①] 改革主要是针对经济运行中的主要问题和社会承受力来确定具体政策措施和强度，即体现为“摸着石头过河”的特点。就某种程度而言，经济改革表现为一种“变通性的制度安排”[②]。这一注重经验实效的方式成功地化解了理论与意识形态层面的争论与困扰，有利于改革的顺利启动和迅速推进。但是，随着改革的逐渐深入，全面改革理论准备不足的问题逐渐显露。改革政策的非配套性、行政命令与市场双重体制的摩擦与矛盾等深层次问题对社会经济的稳定与健康发展日益构成制约。在这一时期，出现了严重的通货膨胀、行政腐败等经济社会问题。在此背景下，经济改革的目标模式日益成为亟待解决的重大理论问题。早在 20 世纪 70 年代末 80 年代初，国内经济学家孙冶方、薛暮桥等人已就此进行过理论探讨。这一时期，东欧经济学家布鲁斯（Brus）、锡克（Sik）等人对社会主义经济体制模式进行的理论探索也对中国经济改革产生了重大影响。经过不断探索，市场化改革方向最终在中国决策层面得以确立。1984 年，中共十二届三中全会明确指出经济体制改革的目标是发展有计划的商品经济。1985 年中共全国党代表会议《关于制定第七个五年计划（1986～1990）的建议》指出，有计划商品经济体系由独立经营自负盈亏的企业、市场体系和以间接调控为主的宏观调控体系共同组成，要从基本上奠定有中国特色的、充满生机和活力的社会主义经

---

① 吴敬琏：《建设现代中国：30 年改革开放的历程和未来的前景》，载《比较》第 36 辑，中信会计出版社 2008 年版，第 1 页。

② 同上，第 2 页。

济体制的基础。1987年中共“十三大”将商品经济运行机制界定为“国家调节市场，市场引导企业”，此时改革的市场经济目标模式已大体确立。1992年春，邓小平在南方谈话中明确指出计划与市场都为经济手段，不是社会主义与资本主义的本质区别，从而在极大程度上使中国的市场化改革摆脱了思想束缚。1992年10月，中共“十四大”正式宣布中国经济体制改革的目标是建立社会主义市场经济体制，明确指出，“社会主义市场经济体制就是要使市场在社会主义国家宏观调控下对资源配置起基础性作用”①。从此，市场化改革方向在中国得以确立。

3.1.2 中国市场化推进与制度框架构建（1993～2002年）

1993年11月，中共十四届三中全会通过《关于建立社会主义市场经济体制若干问题的决定》，明确提出“整体推进、重点突破”的新的改革战略，并制定出推进改革的具体措施，要求在20世纪末初步建立社会主义市场经济制度。此后，中国政府先后在财税、金融、国有企业管理、涉外经济体制等方面采取了一系列重大措施来推进改革，从而基本上奠定了中国市场经济体制框架基础。

在财税体制方面，20世纪80年代改革初期实行的“财政包干”体制虽然对增强改革激励起到了积极作用，但在很大程度上弱化了中央政府的职能，尤其是宏观经济调控能力。中央财政收入占全国财政收入比重从1979年的46.8%下降为1993年的31.6%，国家财政收入占GDP比重由1979年的28.4%下降到1993年的12.6%②。在此背景下，中央政府从1994年开始，实行以分税制为基础的分级财政体制。分税制在“统一税法、公平税负、简化税制、合理分权”的原则下，按税种重新划分中央与地方的收入③，从而在根本上改变了中央政府与地方政府协商分享税收的方式。新的财税体制通过确定增值税在地方与中央分配比例，同时辅以税收返还与转移支付等方式，在保留地方的既得利益同时，加强了中央政府的税收能力。中央财政收入占总收入的比例实行分税制改革后的1993～

① 《中国共产党第十四次全国代表大会文件汇编》，人民出版社1992年版，第22页。

② 转引自文宗瑜：《中国改革三十年（1978～2008）》，山东人民出版社2009年版，第181页。

③ 即将维护国家权益、实施宏观调控所必需的税种划分为中央税；将同经济发展直接相关的主要税种划分为中央与地方共享税；将适合地方征管的税种划分为地方税，并充实地方税税种，增加地方税收收入。

2002年的9年间，全国财政收入年均增长17.5%，2002年财政收入占GDP的比重提高到18.5%，中央财政收入占全国财政收入的比重提高到55%。[①] 分税制改革大大提高了中央政府的可支配财力，使其主导改革的能力得以增强。它不仅理顺了中央政府与地方政府之间的分配关系，而且由于采取精简税收结构、减少扭曲因素、增加透明度等税务现代化措施，进一步理顺了政府与企业之间的关系，从而为市场化的顺利进行创造了有利条件。

在金融体制方面，中国20世纪80年代中期推行的“拨改贷”政策[②]启动了银行体系市场化进程，至20世纪90年代初期已基本形成商业银行金融体系。然而，四大国有商业银行在经营权与人事权方面很大程度上都受到地方政府的影响，并且其经营模式呈粗放化，这些因素造成了商业银行盲目扩张，金融秩序混乱，不良贷款问题严重。因此，实现中央银行对商业银行的主导，强化其监管职能成为一个重大而迫切的问题。1993年11月，中共十四届三中全会决定加快金融体制改革，给予作为中央银行的中国人民银行更多的独立性，并把专业银行改为商业银行。1995年，全国人民代表大会通过《中国人民银行法》与《商业银行法》，清晰界定了中央银行与商业银行的职能，强化了中央银行对商业银行的领导与监管。1997年亚洲金融危机后，中央政府对金融系统实施了更为严格的管理与控制，“利用党内的纪律手段，中央政府清除了地方利益在信贷决策中过多的话语权”[③]，从而为消除商业银行不良资产，维持其稳定健康发展创造了必要的条件。

在国有企业改革方面，中国在1992年之前采取的思路主要是在国有企业框架内提高国有企业活力，即便是促进非国有部门经济发展，也是在保持国有部门增长前提下进行的，即所谓“增量改革”。而从1993年开始，中国才真正触及国有企业本身的产权问题，进入“存量改革”阶段。1993年11月，中共十四届三中全会明确提出国有企业改革的方向是“建立适应市场经济要求，产权清晰、权责明确、政企分开、管理科学的现代企业制度”。与之相适应，1993年12月，八届全国人大常委会通过《中华人民共和国公司法》(简称《公司法》)。《公司法》为各种所有制运行

---

① 转引自文宗瑜：《中国改革三十年（1978～2008）》，山东人民出版社2009年版，第188页。

② 即国家预算安排的基本建设资金全部由财政拨款改为银行贷款。

③ Heliman, Sebastian. “Regulatory Innovation by Leninist Means: Communist Party Supervision in China's Financial Industry”. The China Quarterly, 2005 (181), pp. 1–21.

提供了一个统一的法律框架，也为国有企业进行适应市场经济的公司化改革提供了法律框架。1997 年，中共十五大报告则明确指出，公有制不仅包括国有经济和集体经济，还包括混合所有制中的国有成分和集体成分；公有制的实现形式可以多样化。“要努力寻找能够极大地促进生产力发展的公有制实现形式”，“一切反映社会化生产规律的经营方式和组织形式都可以大胆利用”。十五大报告明确了对国有企业普遍进行股份化公司制改造的要求，并且将国企改革的着眼点由过去搞活单个国有企业转变为从整体上搞活国有经济，提出“加快国有经济布局和结构的战略性调整”的重大战略任务，对国有企业实行“抓大放小”、“有进有退”的战略性重组改造。根据中共“十五大”指导思想，1998 年《中华人民共和国宪法》修正案明确规定：“国家在社会主义初级阶段，坚持公有制为主体、多种所有制经济共同发展的基本经济制度。”1999 年中共十五届四中全会《关于国企改革和发展若干重大问题的决定》再次强调，除极少数必须由国家垄断经营的企业外，其他企业都要实行股权多元化。国民经济所有制结构的调整和完善工作迅速展开，这项工作包括三部分主要内容：第一，缩小国有经济的范围，将国有资本从与国民经济命脉关系不大的领域中退出；第二，努力寻找能够促进生产力发展的多种公有制实现形式；第三，鼓励个体私营等非公有经济的发展，使之成为社会主义市场经济的重要组成部分。经过改革，国民经济的所有制结构明显优化，从国有经济一家独大的结构转变为多种所有制企业共同发展。1998 年，中国工业企业所有制构成（规模以上产业）中，国有企业和国家控制的企业所占比重为 49.6%，到 2004 年已下降至 38%，合资企业所占比重则由 1998 年的 6.4% 上升至 42.1%。[①] 而且，国有企业开始由国有独资的产权结构向以股份多元化的公司制企业转变，实现了国有企业治理制度的转型，硬化了国有企业的预算约束。国有企业改革牵动了养老、医疗、教育、住房等公共服务问题，使这些领域的市场化改革也有了实质性推进。

在涉外经济体制方面，中国的外汇管理体制与外贸体制改革取得了重大进展。在外汇管理体制方面，中国在改革开放后逐步放松了对外汇的严格管制，实行外汇留成制度，建立外汇调剂市场，在 1985～1993 年间实行官方固定汇率体系与外汇调剂市场汇率并存的汇率双轨制。1994 年，中

---

① ［美］巴里·诺顿：《中国经济：转型与增长》（中文版），上海人民出版社 2010 年版，第 270 页。

国将双轨汇率并轨到本币币值相对较低的市场汇率，实行以市场供求为基础的、单一的、有管理的浮动汇率制。1996 年，进一步实现了人民币经常项目下的可兑换，从而为贸易自由化的推进创造了有利条件。在外贸体制方面，中国自 1978 年以来实行以市场化为导向的外贸管理体制改革，减少国家对外贸的直接控制，下放外贸经营权，减少外贸领域中的计划经济成分，同时初步建立起以关税和非关税商业政策为主的贸易保护体系。在 1992 年之前，中国仍维持较高的关税水平，简单平均关税率达到 43%[①]，仅次于印度和巴基斯坦。此后，中国的外贸改革重点转向进口制度方面，推行了一系列更加自由化的政策改革。自 1994 年起，中国进行了三次大幅度的关税削减，同时降低、规范非关税壁垒。到 2001 年，关税水平已降至 15% 左右，受政府调控的进口份额由 1992 年的 18% 降至 2001 年的 8.45% 左右。[②] 2001 年 12 月，中国加入世界贸易组织，全方位地融入世界经济体系之中，开始以贸易大国身份影响国际分工和贸易体系，成为全球贸易自由化的重要推动力量。

总体而言，20 世纪 90 年代以来，中国市场化改革经历了关键的体制转轨时期，在各方面都得到了全力、快速的推进。改革已触及国有企业产权改革等深层次问题，以市场化为导向的宏观经济体系建立与所有制调整等方面均取得了重大进展，开放力度不断扩大。市场化的深入发展大大推动了中国经济的发展，1993 ~ 2002 年年均经济增长率达到 9.85%，远远高于同期世界年均经济增长率（2.87%）。[③] 人民生活水平有了显著提高，这确保了社会对国家市场化改革大方向的认同。2002 年，中共十六大报告指出，社会主义市场经济体制初步建立，这标志着中国已基本实现由计划经济向市场经济的过渡，市场经济框架体系开始初步形成。

3.1.3 中国市场化深化与全面转型（2003 年以后）

从 1978 年至 2002 年，经过 20 多年深刻的经济改革，中国已向市场化既定目标迈进了一大步。但是，改革过程中新旧体制转轨的任务异常艰

---

① Rumbaugh, Thomas and Blancher, Nicolas. "International Trade and the Challenges of WTO Accession". In Eswar Prasad, eds. "China's Growth and Integration into the World Economy, Prospects and Challenges". 2004, International Monetary Fund.

② Lardy, N.. Integrating China into the Global Economy. 2002, Brookings Institution.

③ 根据联合国统计数据计算，http://unstats.un.org/unsd/snaama/。

巨，经济转型过程中所带来的利益分化也使社会各种矛盾日益凸显。改革正处于“过大关”[①] 的关键阶段：一方面改革必须要继续推进，克服影响发展的深层次体制机制障碍，即通过“攻坚”保证已取得的市场化改革成果；另一方面，必须正视并有效化解经济发展与改革过程中出现的各种矛盾，以保证改革的继续推进。2003 年 10 月，中共十六届三中全会通过了《关于完善社会主义市场经济体制若干问题的决定》，会议提出深化经济体制改革，完善社会主义市场经济体制的目标和任务，并提出“五个统筹”，即统筹城乡发展、统筹区域发展、统筹经济社会发展、统筹人与自然和谐发展、统筹国内发展和对外开放，首次强调了经济、社会的协调发展。以此为标志，中国市场化改革进入到深化与全面转型的新阶段。

在国企改革与所有制结构完善方面，2003 年中共十六届三中全会决定提出“使股份制成为公有制的主要实现形式”，在所有制和社会主义经济体制认识上实现了又一次重大突破；并且要建立“归属清晰、权责明确、保护严格、流转顺畅”的现代产权制度，保障所有市场主体的平等法律地位和发展权利。2003 年国家成立国有资产监督管理委员会，实施作为国有资产所有者的职能，并与政府的公共管理职能分开，从而初步理顺了国有资产管理体制。截至 2008 年上半年，已有半数以上的国有重点企业进行了股份制改革，一批国有企业改制后在境内外上市，国有中小企业改制面超过 90%，中央企业下属企业大部分实施了公司制股份制改革。[②] 根据中央要求，中国大型国有商业银行也开始了股份制改造，引进战略投资者，在海外和国内股票市场上市，为中国金融市场提供了必要的微观基础。2005 年国务院还制定了《关于鼓励支持和引导个体私营等非公有制经济发展的若干意见》，明确提出推进非公有制经济发展的 36 条重要政策措施，在市场准入方面取得了根本性突破。2006 年非国有企业工业产值由 1979 年的 19.3% 升至 90.3%，所占 GDP 比重达到 60%；同年，非国有企业职工占城镇就业人口比重由 1979 年的 21.7% 升至 77.3%。[③] 到 2008 年，国有企业改革的基本制度性问题已得到初步解决。

在农村改革方面，20 世纪 80 年代初，农村家庭联产承包责任制的实施虽然为农村经济发展提供了巨大动力，但并未从根本上突破长期以来形成的城乡二元结构。农民税费负担沉重，土地流转制度不健全，工农业产

---

① 吴敬琏：《改革：我们正在过大关》，生活·读书·新知三联书店 2004 年版。

② 转引自文宗瑜：《中国改革三十年（1978～2008）》，山东人民出版社 2009 年版，第 296 页。

③ 张维迎：《市场的逻辑》，世纪出版社、上海人民出版社 2010 年版，第 206～207 页。

品剪刀差现象严重，农村教育、医疗等公共服务滞后。中央政府高度重视“三农”问题，“让农民共享改革成果”成为中央推动改革全面转型的重要任务之一。2004 年中央宣布逐步降低农业税，并于 2006 年全面取消了农业税。从 2004 年起，政府改变了以往“国家——地方基层——农民”的间接补贴方式，而采取了“国家——农民”的直接补贴方式，这对稳定粮食生产、提高农民收入起到了积极作用。同时，在教育、医疗等方面，政府也开始逐步推出农村地区的优惠政策。

在生产要素市场体系培育方面，随着产品领域市场化的深入，中国生产要素的市场化建设也取得了很大进展。在资本市场化方面，20 世纪 90 年代以来，中国资本市场得到快速发展。2001 年，中国深沪两市上市公司数量、股票市价总值及其占 GDP 比重分别比 1991 年增长了 82.5 倍、488.3 倍和 100 倍。[①] 2002 年以来，QFII（境外合格机构投资者）制度、股权分置改革以及 QDII（境内合格机构投资者）制度先后实行，产权交易市场、中小企业板块等也相继建立，这标志着中国资本市场不断发展与完善。在劳动力市场化方面，总体而言，行政配置劳动力资源的范围不断缩小，市场配置劳动力资源领域不断扩大。1994 ~ 1995 年，劳动部颁发规定，允许上市的国有企业在工资增长超过利润增长但不超过劳动生产率增长条件下设定自己的工资标准。1995 年《劳动法》生效，为劳动关系和保障工人权利建立了统一的法律框架。该法还允许企业“根据变化的经济状况对工人进行无过失解雇”[②]，促进了劳动力市场化进程。到 2005 年，中国已经逐渐形成了一个运作完善的劳动力市场，允许劳动力具有越来越大的流动性，并允许企业在雇佣和工资方面可根据市场状况拥有更大的自主权力。不过，随着劳动力市场的深化，这一时期，中国劳动争议案件和因劳动纠纷引发的群体性事件也呈不断上升趋势[③]，影响到劳动者权益与企业发展，也影响到社会的稳定。因此，政府对劳动力市场的干预有所加强。2008 年，《劳动合同法》生效，对维护劳动力市场公平交易、消除劳

① 彭森、张小冲、金春田等：《中国经济体制改革的国际比较与借鉴》，中国人民大学出版社 2008 年版，第 218 页。

② 蔡昉、阿尔伯特·帕克（Albert Park）、赵耀辉：《改革中的中国劳动力市场》，［美］劳伦·勃兰特、托马斯·罗斯基：《伟大的中国经济转型》（中文版），格致出版社、上海人民出版社 2009 年版，第 146 页。

③ 1995 ~ 2006 年，劳动争议案件从 3.3 万件增加到 31.7 万件，增加了 9.6 倍，转引自《实施劳动合同法的思考》，见中共中央宣传部理论局：《理论热点面对面 2008》，学习出版社、人民出版社 2008 年版。

动力市场分割起到了积极作用[①]。

国有企业改革剥离出大量剩余劳动力，使其被动地走入市场。20 世纪 90 年代中期以后，我国城镇就业形势十分严峻。1997 年至少有 1 000 万工人下岗，1998 ~ 2004 年，有 2 700 万工人下岗，主要是国有部门的工人。[②] 这促使以城镇企业职工基本养老保险制度和基本医疗保险制度为重点的社会保障体系迅速建立起来。2006 年，国家财政用于社会保障的支出由 1978 年的 18. 91 亿元上升至 4 361. 78 亿元；全社会参加基本养老保险人数由 1989 年的 0. 58 亿元上升至 1. 88 亿元，其中职工为 1. 4 亿人。参加失业保险和工伤保险的人数由 1994 年的 7 968 万人和 1 822. 1 万人，分别上升到 2006 年的 11 186. 6 万人和 10 268. 5 万人[③]

中国市场化改革虽然在不断深化，但各种深层次矛盾和问题也日益突出，例如：长期形成的结构性矛盾和粗放型增长方式尚未根本改变；经济增长的资源环境代价过大；城乡和区域、经济社会发展仍然不平衡；农业稳定发展的困难仍然较多等。2007 年 10 月，中共十七大召开，十七大报告明确指出“实现未来经济发展目标，关键要在加快转变经济发展方式、完善社会主义市场经济体制方面取得重大进展”，“要深化对社会主义市场经济规律的认识，从制度上更好地发挥市场在资源配置中的基础性作用”，从而鲜明地表明了中国党政领导坚定不移继续推进市场化改革的信心和决心。在转变经济发展方式方面，中共十七大报告提出“提高自主创新能力，建设创新型国家”、“推动产业结构优化升级”等要求。2008 年国际金融危机爆发后，中国经济发展方式转变问题变得尤为突出。2010 年中共十七届五中全会在《关于制定国民经济和社会发展第十二个五年规划的建议》中更加明确地提出要“以加快转变经济发展方式为主线”。在化解资源环境问题方面，中国早在 21 世纪初就已开始高度重视此项工作。党和政府陆续提出“可持续发展”、“走新型工业化道路”、“科学发展观”、“建设资源节约型和环境友好型社会”、“建设生态文明”等指导思想，并通过目标承诺方式体现其治理生态环境的决心。如在“十一五规划”中明确承诺至 2010 年年底，单位 GDP 能源消耗比 2005 年降低 20% 左右，主要

---

① 张建武、高松茂：《〈劳动力合同法〉对劳动力市场的影响分析》，载《中国人口科学》2009 年第 2 期。

② 蔡昉、阿尔伯特·帕克、赵耀辉：《改革中的中国劳动力市场》，［美］劳伦·勃兰特、托马斯·罗斯基：《伟大的中国经济转型》，格致出版社、上海人民出版社 2009 年版，第 148 页。

③ 陆铭等：《中国的大国经济发展道路》，中国大百科全书出版社 2008 年版，第 216 页。

污染物排放总量减少10%的目标。2009年又进一步承诺，2020年中国单位GDP二氧化碳排放比2005年下降40%～45%的约束性目标。在统筹城乡发展方面，近年来中国加快了农民向城市转移的户籍改革。中央政府支持将人口流动作为增加农民收入的主要工具，并要求消除针对外来务工人员子女在城市学校的一切非正常费用。社会保障的覆盖面也开始扩大到农村居民。2007年，中共十七大报告确定了“城乡经济社会发展一体化”的方针。2008年，中共十七届三中全会报告提出“赋予农民更加充分而有保障的土地承包经营权，现有土地承包关系要保持稳定并长久不变”，使农民有了长期土地承包权，促进了农业生产的稳定。同时，农村土地流转制度也逐步放开并不断完善，在不改变土地集体所有制性质、不改变土地用途、不损害农民土地承包权益的前提下，允许农民以多种形式流转土地承包经营权，这对促进农业规模经营，优化农业资源配置起到了重要作用。2012年11月，中共十八大召开。十八大报告明确提出全面落实经济建设、政治建设、文化建设、社会建设、生态文明建设五位一体总体布局，促进现代化建设各方面相协调，促进生产关系与生产力、上层建筑与经济基础相协调，从而将中国市场化改革引领到新阶段。

3.2 中国市场化转型战略特点

中国市场化转型从总体上看，是一个国家在适应后发现代化历史条件下的战略安排的过程，具有政府主导、渐进性和注重利益共容的特点。通过这种战略性安排，中国成功地启动了市场化改革，并保证了市场化转型的顺利、平稳推进，从而为下一阶段转型的深化创造了良好条件。

3.2.1 政府主导的市场化转型

中国的市场化转型是在追求现代化的过程中进行的。这一过程与欧美等现代化先发国家有很大不同：其一，中国的现代化是作为后发展国家为摆脱落后状态、加速发展所做的自觉的努力，即为后发现代化。而后发现代化对经济快速发展的基本诉求往往要求政府作为国家中最重要的组织去直接介入现代化进程，政府因此成为后发现代化的最主要的推动者。其二，中国的市场化是由计划经济向市场经济转型的过程，在转型之初，中国面临严重的市场不发育或市场残缺，因此，很难像先发国家那样在自然演化中形成市场经济，必须依靠政府去培育市场力量。上述因素决定了中国政府在市场化进程中扮演着核心角色，从而在市场化转型中发挥着主导作用。这主要表现在：

第一，中国政府主导市场化转型方向、方式与速度。在中国 1978 年以来的整个市场化转型进程中，政府都起着决定性的推动作用。中央政府通过颁布法律、行政命令及利益刺激等方式，“在一个金字塔形的行政系统内自上而下地规划、组织和实施制度创新”①。正如杨瑞龙所说，“我国的经济体制改革是在我们党领导下有秩序有步骤地进行的。具体地讲，要不要改、改什么、如何改是由一个权力中心（党中央、国务院）最后定夺的”。② 即便最早开始的中国农村改革是由局部地区少数农民自发组织进行的，但也是在政府放松约束下才得以实现的，“其他利益主体只有得到权力中心的授权才能进行制度创新”③。中央政府会根据市场化转型的不同阶段及现实情况，适时提出新的改革目标和政策措施，对市场化转型方向、方式与速度不断进行调整。例如，在市场化转型的最初阶段，如何发动改革并保证改革在稳定的前提下顺利进行而不被逆转，是中央政府进行市场化改革所关注的中心目标，因此，中央政府主要采取局部改革、单项突破的方式来启动改革。而在改革观念已深入人心，市场化转型已成大势所趋的情况下，中央政府开始启动全面改革、协调推进，确保改革的深入发展。在这一过程中，中央政府对发展与稳定的基本诉求以及中央政府的学习能力，都对中国渐进式转型过程产生了极为关键的影响。

地方政府对于中国市场化转型也发挥着不可替代的作用。杨瑞龙认为，在一个由权力中心的制度供给意愿和能力主导制度变迁方向的框架内，为完成向市场经济的过渡，将因难以解开“诺思悖论”④ 而面临一系列很难逾越的障碍。在自上而下的渐进改革的条件下，解开“诺思悖论”突破口可能介于个体的自愿牟利行为和完全由权力中心控制之间的集体行

---

①③ 杨瑞龙：《我国制度变迁方式转换的三阶段论——兼论地方政府的制度创新行为》，载《经济研究》1998 年第 1 期。

② 杨瑞龙：《论制度供给》，载《经济研究》1993 年第 8 期。

④ “诺思悖论”指权力中心在组织和实施制度创新时，不仅具有通过降低交易费用实现社会总产出最大化的动机，而且总是力图获取最大化的垄断租金。因此，在最大化统治者及其集团垄断租金的所有权结构与降低交易费用、促进经济增长的有效率体制之间，就存在着持久的冲突。

动。中国地方政府由于利益日渐独立化而成为沟通权力中心与微观主体的中介环节，使权力中心的垄断租金最大化与保护有效率的产权结构之间达成一致，从而实现对“诺思悖论”的化解。这种制度变迁方式有别于供给主导与需求诱致型制度变迁而称为中间扩散型制度变迁。地方政府就成为中间扩散型制度变迁方式中的“第一行动集团”。[①] 事实上，在市场化转型过程中，许多地方政府往往走在中央政府的前面，而“用地方政府去和一些保守的中央政府官员抗衡是当时国务院总理所采取的改革策略”[②]。钱颖一等人将中国地方政府在市场化改革中拥有较大自主权的原因归结为中国特有的“M 型”经济结构，即传统体制的以区域原则为基础，多层次、多地区的“块块”结构，这种结构能够弱化行政控制，强化市场活动[③]。因此，总体而言，中国中央政府与地方政府共同成为市场化转型中的最有力的推动者。

第二，中国政府在市场化转型中保持自主性。即政府能否在市场化转型中使其目标偏好与社会长远发展利益保持一致，以保证市场化转型的持续进行。以政府为主体实施大规模制度变迁的重要前提在于政府能否整合社会不同利益集团的偏好，形成具体化与国家发展战略相对统一的国家目标偏好，唯此国家才能协调和动员稀缺的社会经济资源，统筹各方利益诉求，完成推动整体性的制度变迁与创新。而在这一过程中，社会利益集团的寻租活动往往使政府行为目标严重偏离社会长期福利最大化的既定目标，屈服于某些特殊利益集团的压力而为之俘获。经济资源的大量耗费、经济发展战略的严重扭曲、政府治理能力的大幅下降都对市场化转型绩效产生不可低估的负面影响，进而影响市场化转型的深入进行，甚至存在被逆转的风险。例如，俄罗斯叶利钦政府为谋求总统大选连任，采取“股权换贷款”私有化政策，在得到寡头政治的同时，也成为金融寡头的“人质”，给国家政局与社会经济动荡埋下了祸根。因此，政府决策能否独立于社会利益集团，在与社会持续沟通交流的同时保持相对的独立性是政府主导市场化转型的重要体现。姚洋认为，中国政府所具有的独特的“中性政府”性质决定了中国市场化转型的初步成功。“中性政府”的含义主要

---

① 杨瑞龙：《论我国制度变迁方式与制度选择目标的冲突及其协调》，载《经济研究》1994年第5期。

② 张维迎：《市场的逻辑》，世纪出版社、上海人民出版社2010年版，第119页。

③ 钱颖一、许成钢、董彦彬：《中国的经济改革为什么与众不同——M 型的层级制和非国有部门的进入与扩张》，载《经济社会体制比较》1993年第1期。

包括三方面：第一，政府具有较强的自主性，不代表任何特定的社会集团，也不被任何社会集团所左右；第二，政府更关注整体利益而不是局部利益；第三，政府更关注长期利益而不是短期利益。[①] 总体而言，改革开放的30多年来，中国政府大体上保持了独立于利益集团的中性位置，并能够做到把社会整体的长远利益放在改革和政策制定的首要位置。例如，中国共产党将工作中心由阶级斗争转移到经济建设，使经济建设成为政府和社会追求的核心目标，确立了整个国家层面的“增长共识”。再如，中国政府对和谐发展的强调，当发展中出现严重的贫富、城乡、区域差距时，明确提出科学发展观，强调这些领域的统筹发展。2002年，中共十六大提出“三个代表”思想，即代表“先进生产力的发展要求、先进文化的前进方向以及中国最广大人民的根本利益”。正是由于中国政府“中性政府”的性质，才能够在市场化转型中保持自主性，并得以采纳符合社会长远利益的经济政策与符合本国国情的转型路径。

第三，中国政府在市场化转型中保持对经济社会的控制能力。市场化转型往往对原有的经济社会秩序造成冲击。在市场化转型初期，旧的经济运行体系不断被破除，而新的运行体系尚未完善，很容易导致宏观经济秩序失衡。例如，几乎所有的转轨国家在市场化转型初期都发生过严重的通货膨胀，其中原因之一在于，价格放开后，计划经济时期的隐性通货膨胀突然显性化，而改革对相对价格的调整又促使价格上升，从而形成通货膨胀。此外，转轨后企业经营权放开，容易形成投资扩张冲动，而政府与企业存在的千丝万缕联系常常导致政府通过财政赤字政策来满足企业的投资扩张，当政府采用增发通货方式来弥补赤字政策时，也极容易形成通货膨胀。而当政府采用通货紧缩政策控制通货膨胀时，又常常造成经济衰退。随着市场化转型的不断深入，传统的利益分配格局也发生改变，收入分配差距加大，极易爆发社会冲突，从而引发社会动荡。在此情况下，如果政府缺乏治理能力，失去对经济社会的控制，也将因此导致市场化转型失控。俄罗斯转轨的最初10年是在国家权力极其衰弱的情况下推进的，经济各项指标全面恶化，通货膨胀高达1 100%，财政赤字达到GDP的21%，GDP减少13%。[②] 与此同时，国家处于社会秩序混乱，面临分裂的无序状态。普京政府上台后，才将可控的市场经济作为国

---

① 姚洋：《中国道路的世界意义》，北京大学出版社2011年版，第11页。

② 殷红：《俄罗斯转轨经济政策中政府诉求约束研究》，经济科学出版社2009年版，第90页。

家目标选择。与此相对照，中国政府在市场化转型过程中保持了对经济社会的有效控制。在经济层面，针对不同阶段的经济运行问题，及时有力地进行宏观调控，调控手段日趋成熟，保持了宏观经济稳定，并实现了经济持续高速增长。在社会层面，针对转型深化利益分化导致各种社会矛盾日趋突出的情况，中国政府提出及时建设和谐社会目标，加强社会建设，总体上保持了社会稳定。在政治层面，始终坚持中国共产党领导与社会主义原则，实现了政治稳定。

3.2.2 渐进式市场化转型

中国的市场化转型从总体上被认为是一个渐进式过程。这种渐进式过程是指在暂时不破坏旧体制前提下，从对传统计划经济体制的调整开始，通过培植新体制因素来逐渐实现体制的转变，从而最终实现市场对资源配置的基础性作用。[①] 热若尔·罗兰（Gerard Roland）认为，转型作为一种大规模的制度变迁过程，由于包含了经济代理人的许多合作，转型结果通常是一种“多重均衡”，即转型存在“总和不确定性”。[②] 对转型“总和不确定性”的强调决定了转型所采取的渐进主义策略。中国在20世纪70年代末转型之初，如张维迎所说，没有时间等待规划好改革蓝图；没有人知道路在何方，不论是国家领导人还是一般的群众都不清楚改革应该朝哪个方向走；也没有人知道怎样去改革，国家领导人和经济学家都不清楚市场这个机器是怎样运作的；甚至没有人有权力和权威，或是冒风险去贯彻设计好的改革进程。[③] 这种不确定性决定了中国市场化转型是一个“干中学”的过程，中国在此背景下，选择“走一步看一步”、“摸着石头过河”的改革策略就成为必然。具体而言，中国渐进式市场化转型特征主要体现在以下几个方面：

（1）中国在市场化转型进程中保持了历史的连续性。这首先表现在国家的根本制度方面。科尔奈（Kornai）[④]，萨克斯（Sachs）、胡永泰、杨小

---

① 景维民、孙景宇等：《转型经济学》，经济管理出版社2008年版，第83页。

② ［比］热若尔·罗兰：《转型与经济学》（中文版），北京大学出版社2002年版，第44页。

③ 张维迎：《市场的逻辑》，世纪出版社、上海人民出版社2010年版，第123～127页。

④ Kornai. Highway and Byways. MIT Press，1995.

凯[①]，张宇[②]等人都强调以宪法制度为核心内容的国家根本制度的差异对于改革路径的分化起着决定性作用。宪法制度决定了制度安排的内容，宪法制度的变化方式决定了制度变迁的方式。中国的市场化转型是在坚持中国共产党领导，坚持社会主义宪法制度基础上进行的，这与原苏联东欧国家对原有宪法制度采取推倒重建的方式有根本的区别。由于中国市场化转型保持了政治体制和意识形态的连续性，“这就保证了改革目标和改革手段的非激进性”[③]。其次，这种历史连续性还表现在中国市场化转型是建立在本国国情基础上的制度安排，即改革具有鲜明的本土性特征，转型模式被称为“中国模式”。这也与俄罗斯在转型最初10年的市场化制度安排体现更多的“移植性”具有显著的区别。最后，新旧经济体制之间不是断裂和截然对立的，而是具有明显的连续性和继承性。例如，从20世纪70年代到20世纪90年代期间，中国关于计划与市场关系的政策演变，大致经历了六个阶段：允许商品经济关系存在和发展阶段（1978～1979年）；坚持计划经济前提下的市场调节阶段（1979～1984年）；有计划商品经济阶段（1984～1987年）；国家调节市场、市场引导企业阶段（1987～1989年）；计划经济与市场调节相结合阶段（1989～1991年）；建立社会主义市场经济体制阶段（1992年以后）。[④] 其他领域的改革也大致经历了类似的演变过程。

（2）采取由增量改革到存量改革方式。也就是，新的资源配置方式和经济激励机制不是在所有经济领域同时发挥作用，而是在率先改革部门的经济增量中和改革中发展起来的部门中先行发挥作用。随着增量部分的比重逐渐增加，计划经济的存量比重减少，再从增量调整过渡到存量调整，最终实现体制转换。中国国有企业改革经历了明显的由增量到存量改革的过程。国有企业改革在最初阶段，主要采取放权让利方式，如扩大企业自主权、实行承包制、租赁制等办法。企业按合同上缴利润包干任务后，有权根据一定比例分配利润留成，这部分增量不按计划而按市场机制进行生产和交换。而且，在维持传统国有经济存量运转同时，乡镇企业等非国有

---

① 萨克斯、胡永泰、杨小凯：《经济改革和宪政转轨》，载《经济学季刊》2003年第2卷第4期。

② 张宇：《转型政治经济学》，中国人民大学出版社2008年版，第140～144页。

③ 林毅夫、蔡昉、李周：《中国的奇迹：发展战略与经济改革》，上海三联书店、上海人民出版社1994年版，第271页。

④ 陈共炎、乔刚：《产品市场的形成与价格改革》，载樊纲、李扬和周振华主编：《走向市场（1978～1993）》，上海人民出版社。

经济也迅速发展，更成为原体制的“增量”。当市场机制日益成为资源配置的重要方式后，中国国有企业开始进行产权改革，对存量加以调整，从而最终实现了市场机制在资源配置方面的主体地位。与中国不同，俄罗斯以私有化为核心内容的“休克疗法”是典型的存量改革。1992 年 6 月自俄罗斯颁布新的私有化方案后，马上进入国有企业的大规模私有化阶段，仅 1992 年一年，俄罗斯固定资产中国有经济的比重就由 91% 降至 69%，到 1994 年年底降至 49%。①

（3）通过实行“双轨制”来实现新旧体制的转换。中国市场化转型过程中，新旧体制的转换往往需要经过许多中间环节，“双轨制”就是中国转型进程中最富特色的中间性制度安排。“双轨制”既包括价格“双轨制”，也包括体制“双轨制”。在价格“双轨制”安排下，传统的计划合约仍然保留并继续在国有部门加以履行，受计划控制的“计划内”产出依然按比较低的计划价格进行交易，而超出计划配额之上的剩余产出被允许以市场价格进行交易。② 价格“双轨制”非但没有破坏传统的计划分配体系，相反，它是在传统的计划体系基础上运作的。通过将市场价格机制从边际上引入，再一步步蚕食计划价格。与此相对照，苏联在 1985 ~ 1991 年实行的局部市场化改革，在很大程度上已将抛弃传统的计划分配作为经济改革的直接目标之一。价格“双轨制”使中国国有企业能够在计划外边界上通过对价格信号作出反应去捕捉获利机会，这“要比突然被私有化的国有部门去对经济扭曲和作出反应更迅速”。③ 中国价格“双轨制”除在重要投入品领域实施外，还应用在外汇价格体系中。1980 年中国建立外汇调剂市场后，外汇交易的额度只被允许按官方规定的汇率（按内部结算价 1 美元兑换 2.8 元人民币，上浮 10%）交易，到 1985 年，外汇额度逐步按交易者自由叫价机制进行交易。中国的双轨过渡模式避免了俄罗斯在价格完全自由化之后所出现的因企业过度争夺外汇而导致汇价飞扬的结果。体制双轨制是计划体制与市场体制的双轨制，其实质是形成一种混合经济。体制双轨制被广泛应用在所有制改革、外贸体制改革、劳动力市场改革、房改以及社会保险体制改革等各个

① 殷红：《俄罗斯转轨经济政策中政府诉求约束研究》，经济科学出版社 2009 年版，第 118 页。

② 张军：《“双轨制”经济学：中国的经济改革（1978 ~ 1992）》，上海三联书店、上海人民出版社 2006 年版，第 111 页。

③ 同上，第 282 页。

领域，最终的结果使整个中国经济成了一个双轨制经济。[①] 例如，影响最重大、最深远的所有制结构中的双轨制，既允许国有制、集体所有制等国有经济成分存在，也允许和鼓励乡镇企业、个体私人经济以及外资与合资企业等非国有经济成分存在，从而实现社会所有制结构的多种并存和共同发展。

（4）采用试验推广方式。中国的市场化转型往往首先从较小范围试验（以某地区或城市、部门甚至企业为单位）开始，取得成功后再加以推广，不断总结和推广，进而扩大其实行范围。这使得中国的市场化转型表现为一个典型的实验过程。例如，中国的外贸改革大体上可以理解为由点到线、由线到面的渐进过程。中央政府首先在选择广东与福建两省设立四个经济特区（深圳、珠海、汕头、厦门），然后再开放广东与福建两省贸易。在这两省贸易改革取得突破后，再沿海、沿边、沿江递次向内地全面开放。这种试验不仅仅在某一个领域进行，也用在全面改革中。例如，2005～2007 年，中央政府先后在上海浦东新区、天津滨海新区、成渝地区、武汉城市圈与长株潭城市群设立综合配套改革试验区，以探索中国全面转型之路。

3.2.3 注重利益共容的中国市场化转型

中国政府在推进市场化转型过程中，一直高度关注转型给社会各阶层带来的利益调整问题。因为市场化转型即使从总体上讲符合“卡尔多—希克斯标准”（Karldor－Hieks Priciple），即转型给全体社会成员带来的总收益，在补偿转型给全体社会成员带来的总成本后，还有净收益，但是也只是一个“集体效率的目标”[②]，即仅考虑了社会整体利益，而缺乏对净收益在不同个体成员之间分配问题的考虑。市场化转型改变了人们之间利益关系的行为规则，实际上是一种利益结构调整与重新分配过程。戴维斯与诺斯（Davis and North，1970）对个体社会成员是否支持改革提供了一个标准，即只有支持改革给社会成员的预期收益超过其为支持改革可能付出的预期成本，此成员才会支持改革。不过，由于制度整体性变迁过程存在

---

① 刁新申：《中国双轨制经济分析》，载《中国：改革与发展》1989 年第 2 期。

② Baumol，W. J.. Welfare Economics and The Theory of the State. Harvard University Press，1952.

较大的不确定性，社会中各阶层成员对于制度的“预期净收益”中“预期”的时间期限也不相同。[①] 在此情形下，社会不同成员之间就存在着利益冲突，即改革措施在增进一部分人福利的同时，却可能使另一部分人的福利受损，市场化转型结果表现为“非帕累托改进”。因此，如何处理好各社会成员间的利益冲突，减少改革阻力，是市场化转型顺利推进的关键因素。

中国的市场化转型是在原有计划体制基础上进行的，传统利益格局下既得利益集团对改革的态度对于市场化转型能否最终成功至关重要。如何动员、激励与整合社会利益以最大限度地调动社会各阶层的积极性支持改革，又如何在推进市场化转型过程中成功地处理利益冲突，在改革过程中实现各社会阶层的利益共容？这是中国政府在主导市场化转型中一直给予高度关注的问题。总体而言，正是由于中国政府较成功地处理了上述问题，从而有效推动了中国的市场化转型。

首先，中国始终坚持将市场化转型与经济社会发展相结合。中国作为尚未实现现代化目标的后发国家，发展是第一要义。从某种角度讲，中国实施市场化改革的最初动因就是为了更快地推动发展。而改革之初中国提出以经济建设为中心，即以发展为中心目标，在很大程度上也起到了凝聚人心，推进改革的作用。发展扩大了经济总量，起到了“做大蛋糕”的效应。“而着眼于做大蛋糕的改革可以在改革的过程中不断加大资源总量，从而扩大可供在各个利益集团间进行分配的份额”[②]，这使社会所有成员都意识到自身利益与改革的顺利推进是密切相关的，从而由“发展共识”形成了改革的共容利益。因此，中国的市场化转型是在发展中实现转型，在转型中推进发展，这与东欧、俄罗斯等国家单纯地推进市场化转型方式有显著的区别。

其次，在改革路径方面，中国政府采取了先易后难的方式。中国的市场化转型是从计划经济体制最容易被突破的农村开始的。广大农民最少从

① Davis, L. and D. North. Institutional Change and American Economic Growth, A first step Towards a Theory of Institutional Innovation. the Journal of Economic History, vol. 30, 1970, pp. 131 - 149.

② 林毅夫、蔡昉、李周：《中国的奇迹：发展战略与经济改革》，上海三联书店、上海人民出版社 1994 年版，第 266 页。

旧体制中获益[①]，从而最具有改革的需要与动机[②]。中央政府在改革前面临国民经济发展极为滞后的局面，经济问题已成为决定国家政权能否巩固的政治问题[③]，因此迫切需要发展经济尤其是农村经济。地方政府尤其是落后地区，人民的生计问题更是其面临的头等大事，在利益和情感上与基层农民具有一致性。因此，中央政府、地方政府和基层农民都致力于改革原有农地产权结构，形成三方合力推动农村改革。事实证明，几乎所有的社会阶层都从农村改革中得到了好处，不仅仅是农民，城镇居民也享受到了“做大蛋糕”的好处，如农副产品大大丰富。这是一种理想的“帕累托改进”，即人们从改革中受益而无人在此过程中受损。农村改革“空前地激发了全国上下每个阶层对改革收益的良好预期，这种良好预期又在相当时期内使人们忽视或能够忍受改革进一步扩展到其他领域后、由于分配性冲突导致的‘利益不一致’问题”。[④] 改革在农村取得成功后，中国才开始进行更为复杂和困难的城市改革。城市改革同样采取了“先易后难”战略。例如，价格改革并未采取一步到位放开的策略，而是根据不同行业不同产品的特点，从部分商品和领域率先突破，采取先调后放、调放结合，逐步建立起与市场经济相适应的整体配套的价格体系[⑤]。

最后，对涉及重大利益格局调整的改革方案采取各种过渡性安排，其

---

① 林毅夫分析了1978年改革前中国农业制度形成的原因：由于中国在20世纪50年代初选择了重工业优先发展战略，低利率、低汇率、低工资率和低原材料与低生活必需品价格构成了该战略下的基本的宏观政策环境。为了确保粮食和其他农产品廉价，以适应城市的低价配给制度，政府于1953年在农村地区实行强制性的收购政策，强制农民按政府指定的价格，将一定数量的产品，包括粮食、棉花和食用油出售给国家。政府还采用了旨在不让农业与工业扩张竞争资源的农业集体化制度。1953～1985年，尽管3/4以上的中国人口以农业为主，但农业得到的国家投资份额不足10%。参见林毅夫：《中国的经济改革与经济学的发展》，北京大学中国经济研究中心编：《经济学与中国经济改革》，上海人民出版社1995年版，第17～55页。从1950年到1978年的28年间，国家通过价格“剪刀差”从农民手中获得的收入达5 239亿元之多，是1978年国有独立核算工业部门固定资产原值的1.4倍。参见杨继绳：《邓小平时代：中国改革开放纪实》，中央编译出版社1998年版。

② 事实上，农民要求分户经营的愿望一直强烈存在。1956年合作社制度刚在农村普及，四川省江津县和浙江省永嘉县已经开始实验包产到户。1957年，温州地区已有一千多个农业社实行包产到户。以后全国各地包产到户几起几落，每一次都是政府运用强制力量，才将农民要求压制下去。参见关海庭、吴群芳主编：《渐进式的超越——中俄两国转型模式的调整与深化》，北京大学出版社2006年版，第64页。

③ 邓小平就曾指出：“社会主义如果老是穷的，它就站不住。”《邓小平文选》第二卷，人民出版社1994年版，第191页。

④ 卢周来：《中国改革的新政治经济学》，载《开放导报》2009年第2期。

⑤ 参见朱华友：《中国改革为何成功》，中国经济出版社2006年版，第47～52页。

实质是尊重旧体系形成的各利益集团现状，降低改革摩擦成本。改革摩擦成本指因社会某些利益集团对改革的抵触和反对所引起的经济损失①。一项改革方案损害的人越多，损害的程度越大，摩擦成本就越高。通过采取过渡性制度安排，能够尽可能缩小每一阶段的“打击面”，减小改革阻力从而逐步改变利益关系。例如，中国双轨制制度安排，一方面由于引进了市场机制，改进了资源的配置效率，增加了社会财富；另一方面由于保留了部分计划指标，从而保护了在旧体制下获得低价商品的既得利益者。实际上，双轨制使得政府官僚的境遇变得更好而不是更坏，因为现在他们有更好的机会和更有效的方式去获取经济上的利益（寻租）②。

但是，随着中国市场化转型的深入，转型初期的“帕累托改进”效应逐渐弱化，效率优先思想指导下产生的收入分配不均等及权力寻租产生的特殊利益集团，导致社会利益冲突呈不断上升态势。中国政府对此给予高度重视。2007 年党的十七大报告指出，实现社会公平正义是中国共产党人的一贯主张，是发展中国特色社会主义的重大任务。要加快推进以改善民生为重点的社会建设。强调在收入分配方面，初次分配和再分配都要处理好效率和公平的关系，再分配更加注重公平。提高劳动报酬在初次分配中的比重。着力提高低收入者收入，逐步提高扶贫标准和最低工资标准。同时，加强以教育、社会保障、医疗卫生、就业等方面的社会建设工作，实现发展成果由人民共享。2012 年党的十八大报告进一步强调：公平正义是中国特色社会主义的内在要求，要在全体人民共同奋斗、经济社会发展的基础上，加紧建设对保障社会公平正义具有重大作用的制度，逐步建立以权利公平、机会公平、规则公平为主要内容的社会公平保障体系；共同富裕是中国特色社会主义的根本原则，要坚持社会主义基本经济制度和分配制度，调整国民收入分配格局，加大再分配调节力度，着力解决收入分配差距较大问题。

在一份针对 1998 ~2003 年生活水平变化的全国规模入户问卷调查中，高达 83. 6% 的市民和 88. 7% 的农民均认为生活“好了一点”和“好了许多”，而认为生活变差了的分别仅占 5. 8% 和 2. 7% 。而这 6 年期间恰是中国市场化转型急剧推进的 6 年，绝大多数中国居民对国家给予了认同，说明了中国注重利益共容的市场化转型战略总体上取得了成功。

---

① 樊纲：《两种改革成本与两种改革方式》，见盛洪主编：《中国的过渡经济学》，上海三联书店、上海人民出版社 1996 年版，第 142 页。

② 张维迎：《市场的逻辑》，世纪出版社、上海人民出版社 2010 年版，第 118 页。

3.3 中国市场化转型与中国奇迹

中国市场化转型战略总体上适应了中国现实基本国情，从而保证了市场化转型进程的健康、平稳发展。30多年来，中国市场化程度稳步提升，经济社会取得了巨大进步，对外开放成果显著，从而创造了令世人瞩目的"中国奇迹"。

3.3.1 中国市场化转型的总体评价

中国体制转轨30多年来，市场化程度获得了稳步提升。尤其是1992年中国正式确立"社会主义市场经济体制"目标以来，市场化进程大大加快。根据李晓西（2010）主持的对中国市场经济发展程度的测定，中国市场化指数从1978年的15.08%提高到2008年的76.40%，年均提升5.6%，具体情况如图3－1所示。

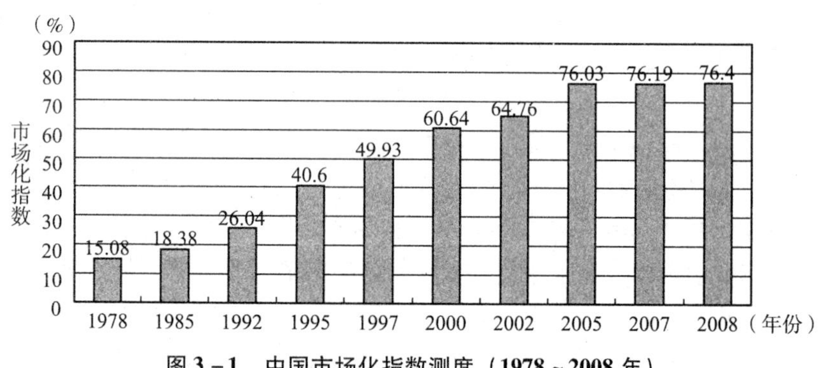

图3－1 中国市场化指数测度（1978～2008年）

资料来源：北京师范大学经济与资源管理研究院：《2010中国市场经济发展报告》，北京师范大学出版社2010年版，第230页。

在《2010中国市场经济发展报告》中，中国市场化程度评价被分为5个基本因素，即"政府行为规范化"、"经济主体自由化"、"生产要素市场化"、"贸易环境公平化"和"金融参数合理化"，这些方面的市场化改革均取得了长足发展。该报告预先设定评分等级，将每个市场化基本因素分为1～5分五个等级，分值越低表示市场化程度越高。测算结果显示，

1978～2008年，政府行为规范化指标由3.25分降至2.50分；经济主体自由化指标由4.90分降至1.57分；生产要素市场化指标由4.33分降至1.50分；贸易环境公平化指标由5.00分降至1.44分；金融参数合理化指标由4.50分降至2.71分。其中，贸易环境公平化因素对中国市场化水平的提升贡献最大，达到29%。这表现在国内贸易市场化方面，社会消费品零售总额、农副产品收购总额和生产资料销售总额中市场定价比重已达到90%以上，尤其是中国加入世界贸易组织以来，对外经济贸易环境市场化日趋成熟。经济主体自由化因素对市场化指数贡献达到27%，成为仅次于贸易环境市场化的第二个推动市场化的重要动力。国有经济布局战略性调整与国有企业股份制改革不断深化，非国有经济快速发展使得我国市场经济的微观市场主体更为灵活。生产要素市场化因素对市场化的贡献率达到23%，大大促进了市场在资源配置中的基础性作用。这主要表现在劳动力市场基本形成方面。不过，户籍制度衍生的劳动力市场分割的城乡二元结构依然存在，土地市场与资本市场有待继续深化。金融参数合理化因素对市场化贡献率为15%，这说明金融市场化机制已初步形成，这表现在：利率市场化发展取得了重大进展；汇率市场化水平也有显著提升，非国有银行资产与非国有银行机构存款比重上升。但是，人民币汇率制度尚缺乏充分弹性，各类金融市场还有待继续完善。与其他领域指标相比，虽然中国政府管理方式在逐步转变，但政府行为规范化因素仍然处于滞后状态。1978～2008年，政府行为规范化因素对市场化的贡献率只有6%。政府对经济的干预是严重制约我国市场化的根本性因素。从“政府投资占GDP比重”和“政府从业人员占城镇从业人员比重”两个指标来看，政府在经济生活中的影响力仍很大。①

近年来，国内外其他学者也对中国市场化进程进行了测度，如樊纲、王小鲁、朱恒鹏（2007）从政府与市场关系、非国有经济发展、产品市场发育程度、要素市场发育及市场中介组织和法律环境五个方面对中国各省（直辖市、自治区）的市场化程度进行了测度，并进行排名，认为中国市场化转型在要素市场发育及市场中介组织和法律环境建设方面需要进一步加强，同时，中国各区域的市场化程度发展还很不平衡。加拿大弗雷泽（Fraser）研究所也对中国经济自由度进行了测算，经济自由度包括政府规

---

① 上述数据及分析来源于北京师范大学经济与资源管理研究院：《2010中国市场经济发展报告》，北京师范大学出版社2010年版，第219～336页。

模、法律结构与产权保护、货币政策的合理性、对外交易、规则五个方面，认为，总体上中国经济自由度评分处于稳步上升态势，2001 年中国经济自由度为 5.79 分，到 2007 年达到 6.54 分，这意味着中国市场化水平已经超过市场化国家的临界水平（6 分），与全球平均水平（6.7 分）也非常接近。中国经济自由度在全球排名由 2001 年的第 94 位上升至 2007 年的第 82 位，超过保加利亚、俄罗斯、罗马尼亚、乌克兰、土耳其等发展中市场经济国家。尤其是在货币政策与对外交易两方面，中国明显超过全球平均水平。不过，在政府规模与管制方面，得分低于 6 分，从而得出与国内研究较为一致的结论。①

因此，从总体来看，中国 30 多年来的市场化转型取得了巨大成功，这是一次深刻的制度变迁过程。中国实现了市场化的平稳转型，没有出现像东欧中亚国家那样剧烈的政治经济变动，并极大地促进了中国经济的持续高速发展，创造了中国奇迹。许多研究表明中国市场化转型对经济增长的促进作用，如林毅夫借助柯布—道格拉斯（Cobb - Douglas）生产函数，表明中国 1978 ~ 1984 年农村改革对农村经济增长的重大贡献。巴里·诺顿（Barry Naughton）认为，中国所采取的双轨制改革策略是中国改革绩效优于俄罗斯的主要原因。他认为，中国经济改革中的双轨过渡特征使得原有的国家垄断放松，促使新兴部门“进入”和创造了竞争，竞争的压力使得国有部门得到自我改善，从而形成“良性循环”。陈宗胜等测算了中国市场化制度变迁进程，表明改革越快的年份，经济增长率越高；市场经济程度越高的地区，人均国内生产总值水平越高。刘伟、李绍荣认为，中国制度变迁的一个重要特征在于国有制比重下降而非国有经济比重上升，非国有比重的提高提升了全社会劳动和资本的效率，尤其是资本的效率，这对中国经济增长起到了重要的作用。李富强、董直庆和王林辉依据我国市场化和产权制度改革特征，将制度引入增长模型诠释要素发展和经济增长关系，得出结论，制度不仅直接作用于经济增长，而且还通过影响生产要素投入和配置效率来促进经济增长，即物质资本和人力资本作用包含制度贡献，产权制度是我国现阶段经济增长的最主要动力。正如邹至庄所说，中国经济迅速发展的重要原因之一在于有一套运作良好的市场机制。

---

① 弗雷泽经济自由度指数数据库，http：//www. fraserinstitute. ca。

3.3.2 中国经济社会的巨大进步

1978 年中国市场化转型以来，生产力得到极大解放和发展，国家综合经济实力和人民生活状况发生了前所未有的变化，经济社会取得了巨大进步。中国发展所取得的成就令世人瞩目，从而创造了中国奇迹。

中国是最近 30 年来世界上经济增长最快的国家，而且，中国是人类历史上以 7% 以上的年增长率持续增长超过 30 年的仅有的 7 个国家（地区）之一。表 3－1 显示了 1978～2010 年以来世界主要国家和地区的经济增长率。由该表可见，中国 30 多年来始终保持了经济的高速增长。尤其是近年来在国际金融危机冲击下，世界经济出现大幅下滑，2009 年世界经济增长率为－2.3%，包括美、英、德、法、日等发达国家在内的大部分经济体经济出现负增长的情况下，中国经济增长率仍然保持在 9% 以上。1978～2010 年，中国经济的年均增长率为 10%，不仅大大超过世界的平均增长率（2.9%），而且远远超过了世界上其他地区、其他类型的经济体。同期，在欧美地区，美、英、德、法等国家的年均增长率分别为 2.8%、2.3%、1.9% 和 1.9%；在东亚地区，日、韩、东南亚地区经济体的经济增长率分别为 2.2%、6.7% 和 5.4%；东欧地区的年均增长率为 1.8%；而俄罗斯、印度、巴西与南非等金砖国家的年均增长率分别为 0.7%、6%、3% 和 2.5%。以 2005 年不变价格计算的中国国内生产总值，从 1978 年的 1 887 亿美元增加到 2010 年的 38 840 亿美元，增加了近 20 倍（如图 3－2 所示）。2011 年，中国已超过日本，成为世界第二大经济体。人均国内生产总值由 1978 年的 227.7 美元增加至 2010 年的 4 354 美元，增长 18 倍以上。[①]

中国在经济发展的同时，社会也获得了巨大进步。人民生活水平得到明显提高，农村人均纯收入由 1978 年的 133.6 元升至 2010 年的 5 919 元，扣除物价上涨因素，增加了 33 倍；城镇居民人均可支配收入由 1978 年的 343.4 元增加至 2010 年的 19 109 元，扣除物价上涨因素，增加近 42 倍。[②]城镇居民家庭恩格尔系数（Engel's Coefficient）由 1978 年的 57.5% 降至 2009 年的 36.5%，农村居民家庭恩格尔系数由 1978 年的 67.7% 降至 2009 年的 41%。城乡居民储蓄存款由 1978 年的 210.6 亿元增至 2009 年的 260 771.7

---

① 根据世界银行数据库数据计算。

② 根据《2010 年中国统计年鉴》和《2010 年国民经济和社会发展统计公报》统计数据计算。

表 3-1　　1978～2010 年世界主要国家和地区经济增长率（%）

年份	1978	1979	1985	1995	2000	2001	2002	2003	2004	2005	2006	2007	2008	2009	2010	年均增长率
世界	4.4	4.0	3.7	2.9	4.4	1.9	2.1	2.8	4.1	3.5	4.1	4.0	1.4	-2.3	4.0	2.9
美国	5.6	3.1	4.1	2.5	4.2	1.1	1.8	2.6	3.5	3.1	2.7	1.9	-0.4	-3.5	3.0	2.8
英国	3.2	2.7	3.6	3.1	4.5	3.2	2.7	3.5	3.0	2.1	2.6	3.5	-1.1	-4.4	1.8	2.3
德国	3.0	4.2	2.3	1.7	3.1	1.5	0.0	-0.4	1.2	0.7	3.7	3.3	1.1	-5.1	3.7	1.9
法国	3.9	3.4	1.6	2.0	3.7	1.8	0.9	0.9	2.5	1.8	2.5	2.3	-0.1	-2.7	1.5	1.9
中国	11.7	7.6	13.5	10.9	8.4	8.3	9.1	10.0	10.1	11.3	12.7	14.2	9.6	9.2	10.4	10.0
日本	5.3	5.5	6.3	1.9	2.8	0.2	0.3	1.4	2.7	1.9	2.0	2.4	-1.2	-6.3	4.0	2.2
韩国	10.3	8.4	7.5	8.9	8.8	4.0	7.2	2.8	4.6	4.0	5.2	5.1	2.3	0.3	6.2	6.7
东南亚	7.2	7.0	0.4	8.1	6.2	2.4	4.9	5.6	6.5	5.8	6.2	7.0	4.0	1.3	8.0	5.4
俄罗斯				-3.6	10.0	5.1	4.7	7.3	7.2	6.4	8.2	8.5	5.2	-7.8	4.0	0.7*
东欧	5.2	3.5	1.6	-0.2	6.7	4.2	3.9	5.9	6.8	5.4	7.3	7.3	4.9	-5.7	3.4	1.8
印度	5.5	-5.0	5.5	7.6	4.0	5.2	3.8	8.4	8.3	9.3	9.3	9.8	4.9	9.1	8.8	6.0
巴西	5.0	6.8	7.8	4.2	4.3	1.3	2.7	1.1	5.7	3.2	4.0	6.1	5.2	-0.6	7.5	3.0
南非	3.0	3.8	-1.2	3.1	4.2	2.7	3.7	2.9	4.6	5.3	5.6	5.6	3.6	-1.7	2.8	2.5

资料来源：世界银行数据库。

注：* 为俄罗斯 1989～2010 年平均增长率。

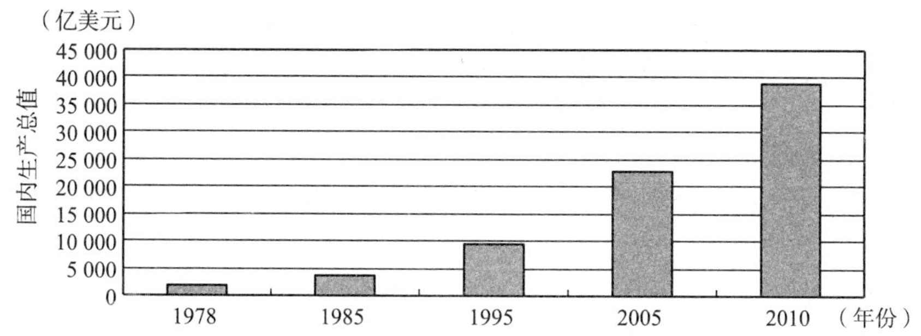

图 3－2 按 2005 年不变价格计算的中国国内生产总值（1978～2010 年）

资料来源：世界银行数据库。

亿元，扣除物价上涨因素，增加了 950 倍。电话普及率由 1978 年的 0.4 部/百人增加至 2009 年的 79.89 部/百人。每万人口医院、卫生床位数由 1978 年的 19.3 张增加至 2009 年的 30.6 张，每万人口执业医师数由 1978 年的 10.7 人增加至 2009 年的 17.5 人。① 联合国公布的人类发展指数，是由平均预期寿命、教育水准和生活质量三项基础变量按照一定的计算方法组成的综合指数，它可以用来衡量各国社会经济发展程度。根据这一指数，中国由 1980 年的 0.404 上升至 2011 年的 0.687（同期世界人类发展指数平均水平为 0.682），年均增长 1.73%，不仅远高于同期世界人类发展指数年均增长率（0.65%），而且高于发展较快的东亚及太平洋地区（1.46%）。中国成为人类进步最快的国家之一，具体情况如图 3－3 所示。

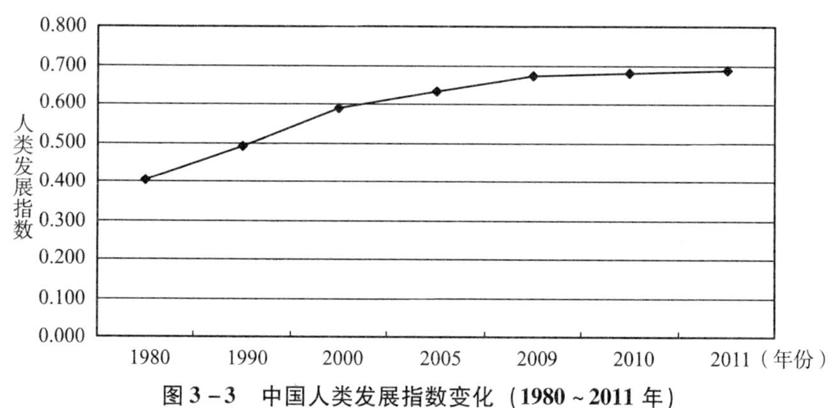

图 3－3 中国人类发展指数变化（1980～2011 年）

资料来源：Human Development Report 2011，http：//www. undp. org，the United Nations Development Programme.

① 资料来源：《1998 年中国统计年鉴》（中国统计出版社 1998 年版）和《2010 年中国统计年鉴》（中国统计出版社 2010 年版）。

3.3.3　中国对外开放的突出成就

对外开放是中国市场化转型的重要方面。对外开放、全面融入世界经济的实质就是遵循市场经济规律，让资源跨越国界流动与配置的过程。过去30多年来，中国通过对外开放，充分发挥了资源禀赋的比较优势，打破了优先发展重工业的传统的封闭经济结构，利用两种资源两个市场，提高了资源配置效率，从而有力地推动了中国经济的快速发展与市场化转型进程。

从对外贸易看，1978年以来，中国对外贸易取得了举世瞩目的成就。中国货物进出口总额由1978年的206亿美元，上升到2010年的29 740亿美元，比1978年增长了143倍，年均增长16.8%。其中，出口总额15 778亿美元，年均增长17.2%；进口总额13 962亿美元，年均增长16.4%。1978年中国在世界货物贸易中排名第32位，所占比重不足1%，到2010年，中国出口总额和进口总额占世界货物出口和进口的比重分别提高到10.4%和9.1%，连续两年成为世界货物贸易第一出口大国和第二进口大国。具体情况如图3－4所示。中国出口结构发生了根本性变化，在20世纪80年代实现了由初级产品为主向工业制成品为主的转变，到20世纪90年代实现了由轻纺产品为主向机电产品为主的转变，进入21世纪以来，以电子和信息技术为代表的高新技术产品出口比重不断扩大（详见表3－2）。出口贸易的快速增长使中国外汇储备大大增加。1978年中国外汇储备仅有1.67亿美元，而到2006年中国已成为世界第一大外汇储备国，至2011年年底，中国外汇储备已增至31 811亿美元。[①]

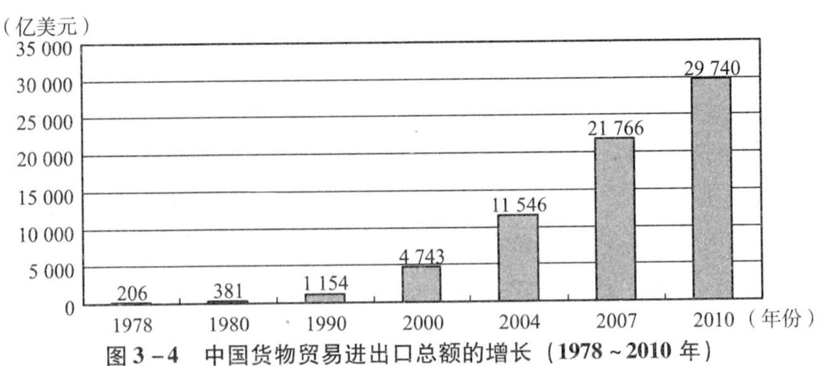

图3－4　中国货物贸易进出口总额的增长（1978～2010年）

资料来源：中国海关统计。

① 数据源自国家外汇管理局统计，http：//www.safe.gov.cn/。

表 3－2　　中国出口商品结构（1980～2010 年）　　单位：%

年份	1980	1990	2000	2010
初级产品	50.3	25.6	10.2	5.2
工业制成品	49.7	74.4	89.8	94.8
机电产品*	7.7	17.9	42.3	59.2
高新技术产品*	—	—	14.9	31.2

资料来源：中国海关统计。
注：*机电产品和高新技术产品包括相互重叠的部分。

中国服务贸易获得巨大发展，服务贸易总额由 1982 年的 44 亿美元增至 2010 年的 3 624 亿美元。1982 年中国服务贸易进出口总额仅占世界服务贸易总额的 0.6%，2010 年中国服务贸易出口占世界服务贸易出口比重上升至 4.6%，居世界第 4 位；服务贸易进口比重上升至 5.5%，居世界第 3 位，具体情况如图 3－5 所示。

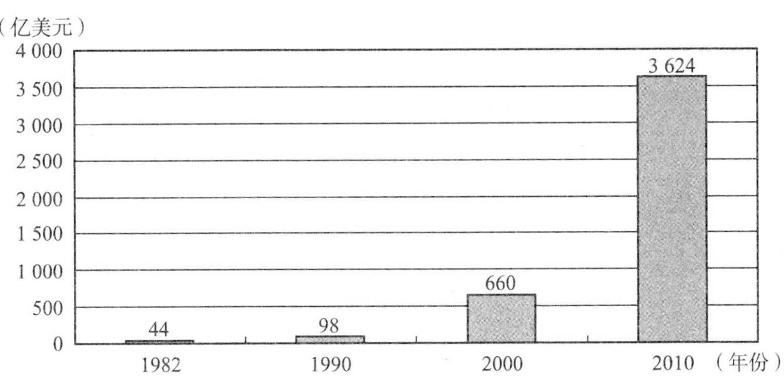

图 3－5　中国服务贸易进出口总额的增长（1982～2010 年）
资料来源：中国商务部统计。

改革开放以来，中国利用外商直接投资也取得了巨大成就。实际利用外商直接投资额由 1985 年的 19.56 亿美元增至 2010 年的 1 057 亿美元，增长了 53 倍。1979～2010 年，中国累计实际利用外商直接投资额达到 10 483 亿美元。[①] 根据联合国贸发会议发布的《2010 年世界投资报告》，中国已成为世界第二大外商直接投资流入国。具体情况如图 3－6 所示。

① 1979～2009 年数据来自《2010 年中国统计年鉴》，中国统计出版社 2010 年版；2010 年数据源自中国《2010 年国民经济和社会发展统计公报》。

外商直接投资对吸纳我国就业、提升产业结构、扩大出口与增加税收起到了巨大的作用。随着中国经济实力的增长，开始实施“走出去”战略，截至2010年，中国对外直接投资存量已达3 172亿美元。①

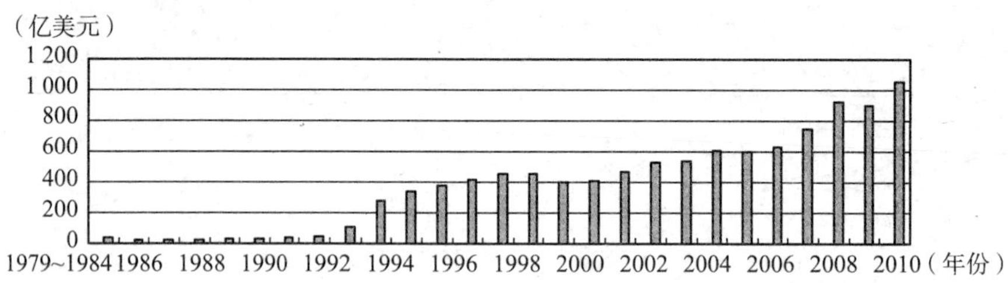

图3-6　中国外商直接投资的增长（1979~2010年）

资料来源：World Investment Report 2010。

中国加入世界贸易组织以来，以市场化为取向的外贸体制进一步完善。中国加快了对外经济贸易法制化建设，集中清理了2 300多部法律法规和部门规章。2010年，中国关税总水平已经降至9.8%，其中农产品平均税率降至15.2%，工业品平均税率降至8.9%。外贸经营权进一步放开，2010年，国有企业、外商投资企业和民营企业进出口分别占中国进出口总额的20.9%、53.8%和25.3%。服务市场进一步开放，在世界贸易组织服务贸易分类的160个分部门中，中国开放了100个，开放范围已经接近发达国家的平均水平。② 世界贸易组织所倡导的非歧视、透明度、公平竞争等基本原则已经融入中国的法律法规和有关制度，进一步推动了经济开放与市场经济体制的完善。

---

① 数据源自《2010年中国对外直接投资统计公报》。

② 以上数据转引自中华人民共和国国务院新闻办公室：《中国的对外贸易》白皮书，2011年，http://www.scio.gov.cn/zfbps/ndhf/2011/201112/t1060091.htm。

中国市场化进程中的民主化建设

中国的现代化是一个包括经济、政治与社会进步在内的整体性变迁过程。这一过程总体上可以归纳为两个基本进程，即经济上的市场化与政治上的民主化进程。在当代中国，民主不仅是中国现代化转型的政治目标，而且是中国现代化转型的政治资源。民主不仅体现为一种现实中的政治形态，而且表现为一种与市场化转型相生相伴的历史过程。在这一过程中，中国的政治结构与社会结构发生了深刻的变化，有力地推动了社会主义民主政治的发展。经过不断摸索与努力，具有中国特色的社会主义民主政治模式已初步形成。中国民主化建设始终以政治稳定为前提，以国家制度建设为基础，路径安排具有显著的渐进式特征。这一特征与中国作为后发展国家的现代化历史条件相适应，从而形成了市场化与民主化转型的良性互动关系。

4.1 中国市场化进程中的政治与社会结构变迁

现代化发展表现为两个方面的内在统一：一是形成持续变化和发展的开放的社会结构；二是形成能够容纳持续变迁问题与要求的政治结构。这两个实现现代化转型发展的基本结构，要求权威、秩序与活力的统一。权威是转型发展的前提，秩序是转型发展的保障，社会与民众活力是转型发展的内在动力。中国作为现代化的后发展国家，国家权力扮演着重要角色，在现代化过程中发挥着主导作用。国家权力能够在多大程度上创造出权威、秩序与活力的有机统一，在很大程度上与国家权力对经济、政治与社会发展的驾驭和把握相关。改革开放前，中国所面临的复杂的国际国内环境，使其形成了高度集权的政治结构和以国家全面控制为基础的社会结构。伴随着改革开放的进程，中国的政治与社会结构发生了深刻的变化，市场化转型大大促进了政治与社会结构的现代化转型。

4.1.1 中国市场化转型前政治与社会结构的总体状况

作为后发展的现代化国家，中国的发展路径与西方国家现代化有明显的区别：西方国家现代化是以现代经济与社会自然发育为历史起点的，其现代国家是现代社会发展的结果。“在西方，是经济的发展、资产阶级和其他社会力量的崛起最后驯服了专制的国家权力。”[①] 而中国现代化则是以建构现代国家权威为历史起点，其现代社会是现代国家发展的结果。建构一个有权威的现代国家是其现代化的重要前提。美国学者邹谠认为，中国采取“全能主义”式的现代化推进模式主要渊源于20世纪初期以来所面临的全面危机，当时国家在军阀混战中解体，社会各领域中传统制度在崩溃，传统思想与方法难以克服整个社会中各个领域的危机。只有先建立一个强有力的政治机构，深入和控制每一阶层或每一领域，才能改造或重建社会、国家和组织制度，并以此克服全面危机。因此，通过全民动员的社会革命，是克服全面危机的基本路径。郑永年则从中国在国际体系中的地位来分析国家力量得以强化的原因。他认为，现代民族国家是民族主权与人民主权两种主权互动的产物。民族主权指民族国家作为一个整体有权利摆脱另一个民族国家的统治，人民主权原则的制度化过程则是人民进入国家政治生活的过程，这二者共同构成民主的重要内容。民主所包含的这两种主权在西方国家现代化过程中是同一的，但在其由西方国家传播到后发展国家过程中，由于后发展国家在国际体系中的地位，两种主权往往分离开来。中国在开始进行现代国家建设时，面临恶劣的国际环境，民族生存是首要问题。在此背景下，只有在国家的组织下，将人民个体力量凝聚为集体力量，才能求得民族的生存权。在这一过程中，民族主权逐渐占据主导地位，人民主权则演化为国家主权。[②] 新中国建立后，中国共产党通过将国家所有政治、经济、社会资源纳入政党的组织网络中，有效实现了社会整合与动员。

---

① 郑永年：《中国模式：经验与困局》，浙江出版联合集团、浙江人民出版社2010年版，第43页。

② 同上，第9～31页。

从政治结构来看，在改革之前中国国家权力架构主要表现为高度集权的特征。从党与政府之间关系来看，党直接行使政府的各项权力，行政权力高度集中于党的各级组织。① 对于党对政府主导权形成的原因，郑永年（2010）从一般后发展国家政党所担负的特殊使命进行解释，后发展国家政党通常具有创造政治合法性的功能，政府的合法性从根本上取决于执政党的合法性。政党实际上是联系政府和人民的纽带，政府的形象在很大程度上是由执政党来塑造的。而在新中国建立后，中国共产党继续坚持用革命的方式治理国家，这就形成了以党代政的制度安排模式。

从社会结构来看，在改革之前国家与社会合为一体，国家几乎垄断全部重要资源，这种资源不仅包括物质财富，也包括人们生存和发展的机会及信息资源。国家以此为基础，对几乎全部的社会生活实现严格而全面的控制。社会分化程度较低，具有很强的同质性，社会组织类型和组织方式简单划一，都是按相同模式建构和按统一方式运行。所有的社会组织均由政府控制和管理，均有一定的行政隶属关系和行政级别，并从政府获得按计划分配的资源。同一类、同一级组织在内部结构、社会地位、行为方式等方面没有显著差别，不同类别、不同等级的组织之间虽然在资源获取多少、权力大小等方面存在差异，但行为方式与制度框架基本一致。这种较高程度的社会同质性是国家所采取的抑制分化政策的结果，如通过农业集体化、工商业改造等大规模政治运动与统购统销、户籍制、劳动工资制度等各种制度与政策来人为限制个人位置与社会要素（如经济成分、政治组织、文化、思想）的分化。此外，国家对社会的整合采取以政治整合代替社会整合的方式，在农村，典型的形式是人民公社，在城市则实行“单位制”。政治与行政权力在其中起着核心作用，全国形成一个庞大的行政性组织体系。国家通过行政组织体系，并借助政治运动对社会成员进行动员与管理。

高度集权的政治结构与以国家全面控制为基础的社会结构形成了有效的政治动员与整合社会能力，确立了强大的权威体制，确保了中国能够摆脱 20 世纪所面临的民族生存危机，向现代化方向快速迈进。但是，从长期来看，这一体制抑制了社会活力的有效释放，也因此不能够保证良性秩序的有效运转，强大的权威并未能促成强大的发展。只有在 20 世纪 70 年代末中国市场化转型之后，政治结构与社会结构随着发生深刻的变化，权

① 《建国以来重要文献选编》第四册，中央文献出版社 1992 年版，第 67 ~ 72 页。

威、秩序与活力才获得有机统一。

4.1.2 中国市场化转型中的政治结构变迁

中国市场化改革在实质上是减少和解除国家权力对社会经济生活的垄断和管制，在这一过程中，长期以来被计划经济所压抑的社会活力被激活，中国传统的以高度集权为特征的政治结构也发生了改变。美国学者诺顿认为，中国在市场化进程中，以1993年为分水岭，市场化改革呈现两个明显不同的阶段：1993年前是“关注若干关键部门进行自上而下的谨慎试验”；而1993年后是实行全面而激进的改革。改革模式的不同与中国政治权力结构的变动及其衍生出的激励机制存在密切关系。“虽然政治体制在两个阶段都是中央集权的，但是事实上的领导更替规则、权力的来源以及政治资源的属性都发生了重大改变。所以，通常所认为的那种中国经济在改革但是政治改革停滞不前的观点是具有误导性的。”①

中国政治结构的变迁集中体现在中国共产党自身的转型。这是因为，党要推动社会经济转型，党确定的任何发展政策必须通过党本身来推动；党自身也必须加以改革来适应这种转型，以保持其作为改革主体的地位。改革开放30多年来，中国共产党发生了巨大的变化，这不仅表现在党内组织和意识形态方面，也表现在党和国家政治生活的关系方面。概括地讲，在此期间，中国共产党共发生了两次转型：第一次转型是从改革前用革命方法治理国家的政党转变成一个用行政方法治理的政党；20世纪90年代中期以后，则开始第二次转型，从侧重于行政管理的政党转型为一个用政治方法执政的政党。②

中国共产党的第一次转型主要包括以下几个方面内容和特点：第一，改变权力过分集中现象，并实现了领导层接班程序的相对制度化。中共十一届三中全会认识到了权力过分集中的弊端，并提出要解决这一问题。其后，邓小平在中央政治局扩大会议上做了《党和国家领导制度的改革》的重要报告，将改革的锋芒所向直指原有政治体制中的权力过分集中现象，从而为我国政治体制改革指明了原则和方向。为解决权力过于集中的问

① 巴里·诺顿：《中国转型过程的政治经济学分析》，见［美］劳伦·勃兰特、托马斯·罗斯基：《伟大的中国经济转型》，格致出版社、上海人民出版社2009年版，第105页。

② 郑永年：《中国模式：经验与困局》，浙江出版联合集团、浙江人民出版社2010年版，第58页。

题，首先在党的领导层设立中央书记处，使党中央形成了中央书记处、中央政治局和中央政治局常委会三个层次的领导体制，随后对国务院部分领导成员进行调整。1980 年，党废除了领导干部职务终身制，高层领导的“政治退出机制”开始建立。第二，创造发展意识形态。组织和意识形态是中国国家制度的根基[①]。改革开放前中国意识形态具有较为浓厚的平均主义理想，这种意识形态与国家对社会全面支配控制的政治体制密切相关。改革开放后，“实践是检验真理的唯一标准”、“社会主义初级阶段论”等意识形态的发展创新成功地实现了论证市场经济与对外开放的合法性的政治功能。第三，专家治国制度出现。改革开放后，中国共产党根据“革命化、年轻化、知识化、专业化”四项标准，通过任命制度自上而下地选拔干部人才，经过 20 多年，完成了干部选拔标准的更替。

20 世纪 90 年代中期后，中国共产党开始进入由行政治理国家向政治治理国家的转型进程。这主要表现在如下几个方面：第一，重新界定党与政府的关系。实际上，早在 20 世纪 80 年代，党已开始着手进行“党政分工”的尝试[②]。20 世纪 90 年代中期以后，党开始改变直接行政方式，采用参与政治的方式来进行间接的治理，形成党与国家政权系统相互“嵌入”[③] 的关系。如，全国人大常务委员会委员长、政府首脑、政协主席以及核心“归口管理”部门负责人进入中共中央政治局常委，从而提升其权威；地方党委书记兼任人大党委会主任制度等[④]。党与国家之间权力与责任关系的逐渐明确，使党能够逐渐从行政事务中分离出来，在强化自身政治功能的同时强化了政府的行政功能。第二，确立新的意识形态。中国市场化转型使社会分层问题日趋复杂化，中国共产党作为唯一的执政党，必

---

① Franz Schurmann. Ideology and Organization in Communist China. University of California Press, 1968.

② 1982 年，我国新修改的《中华人民共和国宪法》规定：全国各族人民，一切国家机关和武装力量、各政党和各社会团体、各企业事业组织，都必须以宪法为根本的活动准则，并且负有维护宪法尊严、保证宪法实施的职责。从而以根本大法的形式明确了党与国家权力机关的关系。1987 年，中共十三大报告指出，为了维护和巩固中国共产党的社会主义事业领导核心地位，在新的形势下，必须改善党的领导制度、领导方式和领导作风。针对长期形成的党政不分、以党代政问题，政治体制改革的关键首先就是党政分开。此后，党对组织形式和工作机构进行了一系列调整，如：党政领导实行分任制、中央政治局和书记处的一部分成员不再兼任国务院领导工作；地方各级党委的第一书记不再兼任政府的主要负责工作等。

③ 贺东航、谢伟民：《中国共产党与现代国家互动历程研究》，载《经济社会体制比较》2011 年第 4 期。

④ 郑永年：《中国模式：经验与困局》，浙江出版联合集团、浙江人民出版社 2010 年版，第 77 ~ 78 页。

须在一定程度上超越各个社会阶层的具体利益之上，党不仅是这些阶层的利益代表者，而且更应当是他们利益相互冲突的协调者。在此情况下，必须确立新的意识形态适应并引导社会发展的现实，容纳诸多现代社会的价值观，并超越它们，明确向人民表明党领导国家发展的中长期目标及实现这些目标的途径，增强对执政党的认同感，以提高其领导能力。代表最广大人民的根本利益，发展先进生产力与先进文化的“三个代表”理论为中国共产党在市场经济条件下长期执政提供了意识形态上的法理上的根据。进入21世纪以来，党又进一步强调“以人为本”、“和谐社会”等理念，这些新的意识形态话语所强调的社会价值，适应了新时代社会整合的需要。第三，随经济社会发展而扩展自身社会基础。拥有广泛而稳定的社会基础，是巩固党执政基础的重要因素。随着中国市场化转型的推进，中国共产党已经从比较单一的社会基础向多元化转型。改革开放后，除工人、农民、政府官员和解放军外，来自其他社会经济背景的党员数量也有较快增长。

4.1.3 中国市场化转型中的社会结构变迁

20世纪70年代末开始的市场化转型，也成为改变中国社会结构的重要动力。市场化转型使稀缺资源配置机制由行政化配置向市场化配置转变，原来国家垄断全部资源的体制被资源拥有多元化体制所替代，地方、部门、企业乃至个人占有与处置社会资源的自主权不断扩大。在这一过程中，社会不断发展，社会结构转型呈现出与市场化转型同步进行的特点。总体而言，自市场化转型以来，中国的社会结构在以下三方面发生了深刻的变化：

第一，社会不断发育。中国市场化改革使相对独立的市场经济组织体系日渐形成。改革开放以来，中国非公有经济获得快速发展，个体工商户、私营企业以及其他形式的非公有制企业大量涌现。到2006年年底，我国内地非公有制注册企业已达3 130.4万户（含个体工商户），占全国企业总数的95.7%。到2006年，我国城镇非公有制经济从业人员已达23 780.4万人，占全国城镇就业总人数的84%。[①] 市场化需要企业独立承

---

① 杨万东：《改革开放30年我国所有制形式的变革》，载《中国信息报》2008年8月28日第1版。

担经营风险，也使其自主性极大程度地增强。中国的激励机制在发生由“基于职位的权利体制”向“基于财产的权利体制”的转型[①]。这些从国家垄断中游离出来的资源，便成为“自由流动资源”，并在很大程度上创造了“自由活动空间”，从而使社会成为一个“相对独立的提供资源和机会的源泉”[②]。工商业企业家兴起是经济改革所带来的最重要的变化之一。20世纪70年代末以来的30年中，农民出身的企业家、官员出身的企业家和海外归国人员和工程师出身的企业家依次兴起，[③] 他们对政治社会生活的参与明显增强。民间社会组织化程度也在加强。在这一过程中，一方面非政府组织的作用日益增强，如在机构改革过程中将一些原来的经济管理部门改造重组为社会组织（主要是行业协会），并不断推动城乡基层社区自治组织的发展和完善，如城市的居民委员会和农村的村民委员会；另一方面，社会自身在经济市场化中产生了愈加强烈的自我服务的需要，从而催生了越来越多的民间组织。改革开放初期，我国登记注册的社团组织仅有2 000多个，而到2007年9月底，我国已有登记注册的社会团体19.5万个，民办非企业单位16.4万个，基金会1 245个，总计36万多个。[④]

第二，社会结构出现深刻分化。社会结构分化是指发展过程中结构要素产生新的差异过程，它包括社会异质性增加与社会不平等程度变化两个方面。社会结构分化从总体上有利于现代化的实现，这主要通过异质性所体现的社会分工和专业化组织对生产效率的促进作用与角色多元化和职业等级差异对阶层多元化、社会流动和教育普及的促进作用两个机制来实现。[⑤] 中国市场化转型以来，所有制和产业结构不断调整，社会分工日益细化，利益关系重新调整，这些都促使社会结构发生深刻、持续的变化。这些变化集中表现在两个方面：一方面，社会阶层分化加速。首先，农民阶层内部分化。家庭联产承包责任制的实行、乡镇企业的发展与户籍制度改革，使农民职业分化具有了可能性。最初是农业劳动力向农村工业、商业、建筑业、运输业等各行业的转移和流动，然后是乡镇企业的发展使农

---

① 张维迎：《市场的逻辑》，世纪出版社、上海人民出版社2010年版，第158页。

② 孙立平：《自由流动资源与自由活动空间——改革以来中国社会结构变迁研究》，载《探索》1993年第1期。

③ 张维迎：《市场的逻辑》，世纪出版社、上海人民出版社2010年版，第167～186页。

④ 陈光金：《当前我国若干重大社会结构变化与结构性矛盾》，载《中国社会科学院院报》2007年11月15日第7版。

⑤ 孙立平等：《改革以来中国社会结构的变迁》，载《中国社会科学》1994年第2期。

村劳动力进一步被分离出来；城市经济体制改革、城市经济的发展及小城镇的崛起，又为农村劳动力在城市就业提供了机会。其次，工人阶层内部分化。如阎志民（2002）将工人阶级的利益群体划分为生产人员、服务人员、办公室人员、技术人员、公务人员、知识分子、经营管理者等[①]。最后，新兴社会阶层。包括个体经营者、私营企业主、民营科技企业的创业人员和技术人员、中介组织从业人员与自由职业人员等。另一方面，利益分化显现。社会分化过程实质上是一个社会各阶层利益重新分配、组合的过程。市场化在促进了利益竞争的公平取向的同时，又不可避免地带来利益分化，引发利益冲突。在某一发展阶段，不同社会阶层与个人所获得的利益不尽相同，甚至会造成某些社会阶层和群体利益的暂时损害。此外，由于某些关键领域的市场化改革尚未完成，一些非市场因素，如城乡分割的二元社会制度安排、行政垄断与寻租行为、再分配制度不完善等，都对利益分配格局产生了较大影响。例如，刘欣（2005）的研究表明，在中国市场经济制度安排下，公有资产以多级委托—代理模式经营，既具行政性，又具契约性。同时，市场是嵌入在既有政治权威结构之中的市场制度。这种制度安排决定了国家公共权力持续地但只是部分地表现为再分配权力，同时它还衍生成了权力精英谋取私利的寻租能力，这必然对中国利益分化产生深刻影响。[②] 李强（2004）根据改革以来人们利益获得或受损的状况，将中国公民分为特殊获益者群体、普通获益者群体、利益相对受损者群体和利益绝对受损者群体（社会底层群体）四个利益群体。[③] 中国利益分化已日益凸显。

第三，社会整合机制发生改变。市场化改革使国家对资源的垄断明显弱化，原有的国家通过行政组织整合社会的能力大为下降。农村人民公社解体，基层自治增强。城市中的单位利益独立化，企业成为市场竞争的主体，事业单位也因为定岗定编、财政包干而改变对政府的过度依赖。单位角色也随之发生改变，政治职能在减弱，专业职能在加强。虽然它们承担社会管理的职能，但中心任务是满足单位成员需要及谋求组织自我发展。伴随着单位体制的松解，原来的单位人也逐渐分化为一个个社会个体人。此外，市场经济的快速发展，催生了一批专业协会、行业协会及其他社会

---

① 阎志民：《中国现阶段阶级阶层研究》，中共中央党校出版社 2002 年版，第 121 页。

② 刘欣：《当前中国社会阶层分化的多元动力基础——一种权力衍生论的解释》，载《中国社会科学》2005 年第 4 期。

③ 李强：《转型时期中国社会分层》，辽宁教育出版社 2004 年版，第 158 页。

团体，社会流动性增强。孙立平（1994）将这种社会整合机制改变的过程称为由“行政性社会整合”到“契约性社会整合”的转变。市场中的契约性关系，以及建立在契约性关系基础上的商会、行业协会等中间组织，都在整合经济活动方面发挥着日益重要的作用。

伴随着市场化进程，中国政治结构与社会结构也发生了深刻的变化。从总体来看，这是一个在保持适度权威与有效秩序前提下的活力不断全面释放的过程，这一过程大大促进了中国社会主义民主政治建设的进程。

4.2 中国民主化建设基本内容及其路径安排特点

改革开放以来，中国民主化建设经历了由恢复与探索，到调整与深化的阶段，从而不断取得新的进展。在长期探索与发展的过程中，中国逐渐形成了具有本国特色的社会主义民主政治模式。中国民主化建设包含丰富的内容，路径安排具有显著的渐进式特点。

4.2.1 改革开放以来中国民主化建设的历程

改革开放30多年来，中国的民主化建设经过不断摸索与努力，已初步形成了具有中国特色的社会主义民主政治模式，民主化建设取得了显著成就。中国民主化建设大致经历了以下几个阶段：

第一阶段，1978～1989年是社会主义民主恢复与初步探索阶段。在经历“文化大革命”十年动乱冲击之后，中国民主化建设遭受严重挫折，国家现代化建设处于百废待兴的关键时期。党的十一届三中全会在明确提出全党工作中心由阶级斗争转移到经济建设的同时，提出了在政治上必须发展社会主义民主，健全社会主义法制。中国民主建设得以恢复，在中国共产党的领导下开始走上健康发展的轨道。政治生活的民主化和国家治理的法治化由此成为中国今后政治发展的主线。1982年，党的十二大报告坚持和完善了中共十一届三中全会以来的路线和方针，明确提出继续改革和完善政治体制的任务。在会议通过的新党章中，突出强调党内民主集中制原则的重要性。在随后召开的五届全国人大第五次会议上，新修改的《中华人民共和国宪法》体现了《党和国家领导制度的改革》这一中国政治体制改革的根本纲领和党的十二大关于建设高度的社会主义民主的要求，对国家政治体制的改革和完善做出了一系列规定。1987 年，党的十三大依据处在社会主义初级阶段的中国实际情况和社会主义现代化建设的需要，在深刻分析政治体制改革的必要性和紧迫性的基础上，全面、系统地阐述了中国政治体制改革的目的、任务与原则。自此，中国政治体制改革由局部范围内改革开始步入有目的、有步骤的全面配套改革阶段。这一时期，党的领导体制进行了重大改革，党政分开与党的制度建设取得新进展，党内民主得以恢复与发展；基层民主建设走向制度化、法制化，公民权利得到恢复与发展，在信仰、意见表达和选择生活方式方面，人们有了较多的选择空间；人民代表大会制度、以转变政府职能为核心的政府机构改革、中国共产党领导的多党合作与政治协商制度以及法制建设工作都取得新进展。

不过，初始阶段的民主化建设与政治改革充满着许多的不确定性。中国所面临的历史文化传统、落后的经济社会发展水平与复杂的国际形势使中国民主化建设与政治体制改革任务十分艰巨。如何依据中国现实国情，实现民主与集中、民主与法治、民主的普遍性与特殊性的有效结合，这是一个需要不断探索的过程。同时，市场化改革所遇到传统计划体制的掣肘与改革不完善所带来的大量寻租等问题，激发了人们要求加快政治体制改革与民主化建设的迫切要求。

第二阶段，1989～1997 年间是社会主义民主建设调整与继续推进时期。在 20 世纪 90 年代末国内国际背景下，政治改革的风险性和稳定的重要性凸显出来。不过，中国的政治改革与民主建设并没有就此发生重大的逆转，而是在更具可控性的前提下审慎地推行第一个阶段所确定的政治体制改革的基本目标，并在各项目标的优先顺序上进行了调整。这一时期政治改革政策和策略选择以政治稳定和国家长治久安为优先考虑，党的自身建设和执政能力建设、依法治国和行政体制改革成为主要的任务（徐湘林，2010）。在党的自身建设与执政能力建设方面，包括以下方面内容：（1）改善和加强对基层民主建设的领导。1990 年 3 月，中共十三届六中全会通过《中共中央关于加强党同人民群众联系的决定》，1990 年 12 月，党的十三届七中全会再次提出“发展党组织的政治核心作用，坚持和完善厂长负责制，全心全意依靠工人阶级”的方针。进入 20 世纪 90 年代，开始在农村加强基层民主管理制度建设。1994 年民政部发布了《全国农村村民自治示范活动指导纲要（试行）》，同年 11 月，中共中央发布《关于加强农村基层组织建设的通知》，使村民自治走向规范化与制度化。（2）扩大党内民主，加强领导干部制度建设。1992 年党的十四大和 1994

年中共中央十四届四中全会通过的《中共中央关于加强党的建设几个重大问题的决定》，强调坚持和健全民主集中制，并对民主集中制进行了修改和完善。1995 年，中共中央颁布了《中国共产党党员权利保障条例（试行)》。同时，党在领导干部选拔任用、干部考核、监督方面也逐步规范化与制度化。这一时期，党风廉政建设和反腐败斗争也逐渐纳入法制化轨道。(3) 中国共产党领导的多党合作与政治协商制度也进一步规范化、制度化。1990 年开始实行《中共中央关于坚持和完善中国共产党领导的多党合作和政治协商制度的意见》，这成为中国共产党与各民主党派之间合作协商的理论依据和实施准则。在依法建设方面，中共十四大报告以“积极推进政治体制改革，使社会主义民主和法制建设有一个较大发展”总领了对政治体制改革任务的安排和部署。之后，中国在加强对法律实施的检查监督，完善选举制度促进全国人大常委会工作逐步规范化、制度化等方面继续推进改革。1996 年，江泽民发表《依法治国，保障国家长治久安》讲话，此后，国家《经济和社会发展“九五”计划和 2010 年远景目标纲要》规定了“依法治国、建设社会主义法治国家的治国方针”，推动了法制建设步伐的加快。在行政体制改革方面，中共十四大后继续推行政府机构改革，1997 年展开公务员制度工作。

随着经济的增长和社会转型的加快，各类新的经济、社会矛盾大量涌现，这要求政治体制改革和民主化建设必须以更大的步伐和更有效的政策措施去适应政治、经济和社会结构性变化的需要。

第三阶段，1997 年中共十五大召开以后，政治体制改革与民主化建设取得突破性进展并不断深化。1997 年中共十五大召开，报告明确指出：“我国经济体制改革的深入和社会主义现代化跨世纪发展，要求我们在坚持四项基本原则的前提下，继续推进政治体制改革，进一步扩大社会主义民主，健全社会主义法制，依法治国，建设社会主义法治国家。”“法治”概念得到前所未有的突出与强调，我国政治体制改革与民主化建设目标更加明确。之后，中国政治体制改革与民主化建设集中于继续推进党的领导体制建设、以解决政企不分为目标的政府机构改革、干部人事制度改革、继续加强法制建设、继续深入反腐败与廉政建设和扩大基层民主与发展民主自治等方面。结构性的政治改革开始于党的十六大。随着市场化改革的不断深入，中国政治、经济与社会发展也面临更多的挑战：加入世界贸易组织使中国的经济体系和政府管理体制受到国际经济体系更多的压力；生态、资源环境问题、“三农”问题、城乡区域差别扩大问题、社会保障与收入再分配问题，都在困扰中央及各级地方政府，尤其是社会阶层的分化和分配机制的失衡以及官员行为的失范和腐败成为社会政治稳定的重大隐患。继续深化政治体制改革与民主化建设，以此应对经济、社会结构变化所带来的挑战，成为一项重大的政治议题。2002 年党的十六大第一次提出“建设社会主义政治文明”，对政治体制改革与民主化建设的目标、途径与内容阐述得更加具体深刻。加强党的执政能力建设成为十六大后政治改革与民主化建设的一项重要内容。2004 年，中共十六届四中全会通过《中共中央关于加强党的执政能力建设的决定》，以党内民主为主要内容的制度建设进一步健全。此外，还进一步加强了人民代表大会制度建设、政府机构改革与基层民主建设与监督体制的完善。2006 年，中共十六届五中全会通过《关于构建社会主义和谐社会若干重大问题的决定》，提出建立和谐社会的新的治理理念，逐步建立有效的社会政策体系，以此化解诸多社会问题。2007 年，党的十七大从“必须随着经济社会发展而不断深化，与人民政治参与积极性不断提高相适应”的角度阐明了政治体制改革的必要性和重要意义所在，提出要“发展社会主义政治，深化政治体制改革”。中共十七大所确定的政治改革部署仍然是在两个层面上展开的，即在政治结构层面进一步扩大民主的参与，在政府治理层面进一步推进制度的理性化。具体包括：扩大人民民主；发展基层民主；全面落实依法治国基本方略；壮大爱国统一战线；加快行政管理体制改革；完善制约和监督机制。2012 年，党的十八大报告强调，政治体制改革是我国全面改革的重要组成部分，必须继续积极稳妥推进政治体制改革，发展更加广泛、更加充分、更加健全的人民民主。必须坚持党的领导、人民当家做主、依法治国有机统一，支持和保证人民通过人民代表大会行使国家权力，健全社会主义协商民主制度，完善基层民主制度，全面推进依法治国，深化行政体制改革，建立健全权力运行制约和监督体系，巩固和发展最广泛的爱国统一战线。中国民主化建设在 30 多年的政治体制改革进程中逐渐形成了适应本国国情的独特模式。

4.2.2 中国民主化建设的基本内容

改革开放以来，中国的民主化建设主要包括以下 6 个方面内容：

（1）人民代表大会制度。人民代表大会制度的根本性地位在新中国成立初期就已确立，但是之后的“左倾”错误思想与“文化大革命”使人大制度遭受严重破坏。党的十一届三中全会以来，人民代表大会制度作为我国根本政治制度的原则得以重新确立[①]，并不断丰富完善。这主要包括：第一，选举制度的调整与完善。如：扩大直接选举范围，县、乡两级人民代表大会都由选民直接选举产生；实行差额选举；扩大选民和代表的提名权等。第二，扩大全国人民代表大会常委会职权。规定全国人大和全国人大常委会共同行使立法权并监督宪法的实施；全国人大常委会制定和修改基本法律以外的所有法律，并且可以对基本法律进行部分补充和修改；全国人大常委会可以在全国人大闭会期间审查和批准国家计划和预算的部分调整方案；县级以上地方各级人大设立常委会，加强地方政权建设等。第三，完善人民代表大会职能。立法职能进一步加强，如法律法规的提案制度得以改进，实行法规草案的委托起草制度，建立了公开征求意见制度与立法咨询与听证制度等；监督渠道不断拓宽，监督方式得以改进；人事任免制度与重大事项决定制度等都逐步走向程序化、规范化与制度化。[②] 第四，加强组织建设。如：宪法确定各级人大常委会组成人员不得兼任行政、审判、检察机关的职务原则；设立和加强专门委员会建设；增强代表议政能力等。

（2）中国共产党领导的多党合作和政治协商制度。中国共产党领导的多党合作和政治协商制度是中国社会主义民主政治的一个特点和优点。改革开放以来，该项制度获得全面发展：政协会议在国家政治生活中的职能逐渐明晰化，并得到法律保障；政治协商制度在国家政治决策中发挥着日益重要的作用；政协参与国家政治生活的形式与程序日趋制度化；民主党派自身建设不断加强。1989 年，中共中央发布了《关于坚持和完善中国共产党领导的多党合作和政治协商会议制度的意见》，第一次将我国的这项基本政治制度比较全面系统地以中共中央文件的形式确定和规范下来。1993 年八届全国人大一次会议通过的宪法修正案在序言中增加了“中国共产党领导的多党合作和政治协商制度将长期存在和发展”这一重要内容，把这项制度内容载入我国的根本大法，为多党合作制度提供了法律保障。2005 年 2 月，中共中央颁布了《中共中央关于进一步加强中国共产

---

① 1981 年中共十一届六中全会强调：“必须根据民主集中制原则加强各级国家机关建设，使各级人民代表大会及其常设机构成为有权威的人民权力机关。”1990 年党的十三届六中全会提出：“党要加强在人民代表大会中的工作，进一步发挥人民代表大会作为权力机关的作用，加强人民代表大会及其常委会的立法和监督职能。”党在以后历次代表大会中多次重申坚持和完善人民代表大会制度。

② 参见杨海蛟主编：《回顾与展望：改革开放以来的中国政治发展》，人民出版社 2008 年版，第 286 ~ 298 页。

党领导的多党合作和政治协商制度建设的意见》，明确提出我国政党制度的显著特征是：共产党领导、多党派合作，共产党执政、多党派参政。2006 年 2 月，中共中央下发《关于加强人民政协工作的意见》，明确指出选举民主和协商民主是我国社会主义民主的两种重要形式。2007 年 11 月，国务院发布《中国的政党制度》白皮书，明确阐述了多党合作制度政治参与、利益表达、社会整合、民主监督和维护稳定的价值和功能，进一步完善了多党合作制度理论。党的十八大指出，社会主义协商民主是我国人民民主的重要形式。要完善协商民主制度和工作机制，推进协商民主广泛、多层、制度化发展。

（3）党内民主。中共十一届三中全会后，党深刻吸取“文化大革命”期间党内民主遭到破坏的教训，高度重视党内民主建设。1980 年，党的十一届五中全会通过了《关于党内政治生活的若干准则》，重申了以民主集中制等为主要内容的党内政治生活准则。之后，党的历届代表大会对干部选拔任免制度、党内民主选举制度、党内监督机制、民主集中制的阐述、集体领导制度、党员民主权利保障等方面都做出了新的规定。党的十六大以来，党内民主发展进入新的阶段。首先，在思想上，党对党内民主重要性的认识进一步深化。中共十六大提出“党内民主是党的生命”的重要论断。中共十六届四中全会又提出，发展党内民主是政治体制改革和政治民主建设的重要内容。党的十七大明确提出，党内民主是增强党的创新能力、巩固党的团结统一的重要保证。党的十八大再次强调，要积极发展民主，增强党的创造活力。其次，在发展党内民主的基本思路上，党的十六大强调，要以保障党员民主权利为基础，以完善党的代表大会制度和党的委员会制度为重点，从改革体制机制入手，建立健全充分反映党员和党组织意愿的党内民主制度。党的十六届六中全会又进一步提出“以党内和谐促进社会和谐”。党的十七大报告再次强调，要以扩大党内民主带动人民民主，以增进党内和谐促进社会和谐。党的十八大报告提出要完善党的代表大会制度，提高工人、农民代表比例，落实和完善党的代表大会代表任期制，试行乡镇党代会年会制，深化县（市、区）党代会常任制试点，实行党代会代表提案制等。最后，在实践中，党内民主也取得新的进展。如制定颁布了《中国共产党党员权利保障条例》、《中国共产党党内监督条例（试行）》等一系列党内法规，进一步完善党的代表大会制度和党委会制度等。党的十六大以来展开的地方党内民主试点工作表明，“发展党内民主以保障党员权利为基础，增强了党员对于党组织的忠诚，增强了党组织的凝聚力，适应了社会利益多元化的政治要求，为社会成员开通了利益表达渠道，增强了执政党和公民之间的沟通，增强了执政党统治的合法性，进一步维持和巩固了党的执政和领导地位”①。

（4）基层民主。1981 年中共十一届六中全会通过的《关于建国以来党的若干历史问题的决议》明确指出，要在基层政权和基层社会生活中逐步实现人民的直接民主。改革开放使中国社会结构发生深刻变化，基层民主实践也随之发展并日趋成熟。目前，中国已经建立了以农村村民委员会、城市居民委员会和企业职工代表大会为主要内容的基层民主自治体系。在农村基层民主建设方面，民主选举、民主决策、民主管理和民主监督均取得了重要进展。尤其是民主选举，亿万农民享受到了自由而直接的选举权利，这是中国民主政治历史的突破性进展。截至 2007 年，中国农村已建立起 62 万多个村民委员会，村委会选举的全国平均参选率在 90% 以上。② 在城市基层民主建设方面，全国城市社区建设正在由点到面，由大城市向中小城市，由东部发达地区向西部发展中地区全面展开。截至 2007 年年底，全国设有社区居委会 8.1 万个，③ 它们在健全社区民主选举，发挥社区服务功能方面发挥了明显成效。在企事业单位民主管理方面，改革开放以来，职工代表大会和其他形式的企事业单位的民主管理制度在实行民主管理、协调劳动关系、保障和维护职工合法权益、推进企事业单位的改革发展稳定等方面发挥了不可替代的作用。中共十七大报告明确地将发展基层民主当做“发展社会主义民主政治的基础性工程”，决定要“重点推进”。

（5）法制建设。民主与法治是社会主义政治文明的基本内容，只有大力推进法制建设，才能为建设民主政治提供有力的保障。改革开放的过程，就是社会主义法制建设不断加强的过程，也是开始走向社会主义法治国家的过程。20 世纪 80 年代，中国政府主要致力于法制建设，恢复作为国家治理的法律体系。20 世纪 90 年代以后，随着市场经济在中国的确立，个体权利意识不断增强，以法律规制权力为根本精神的“法治”成为中国政治发展的长远目标，其主要标志是 1997 年召开的中共十五大。十五大政治报告明确提出了“建立社会主义法治国家”的目标，之后，这一目标

---

① 王勇兵：《党内民主在中国地方的试点》，载《经济社会体制比较》2010 年第 1 期。

② 《高举旗帜　科学发展：我国村民自治法律体系日臻完善》，载《人民日报》2008 年 1 月 12 日。

③ 《民政部发布 2007 年民政事业发展统计公报》，人民网 2008 年 1 月 24 日。

被写进我国宪法，从中国共产党的政治目标转变为国家目标。中共十六大后，中国政府进一步提出建设法治政府的要求，使法治国家的目标更加具体化。我国法治建设取得了突出成就，这表现在：第一，初步确立了国家的法律体系。目前，我国以宪法为核心，以法律为主干，包括行政法规、地方性法规等规范性文件在内的，由 7 个法律部门[①]、3 个层次法律规范构成的中国特色社会主义法律体系已基本形成。科学立法、民主立法水平不断提高。第二，司法机构与司法队伍建设不断完善。我国已建立健全了以公安机关、检察院、法院三位一体的司法体系，司法队伍专业化水平明显提高，在司法平等、司法公开和独立审判等方面取得了明显进步。第三，法律服务工作发展迅速，律师、公证事业不断发展壮大。截至 2008 年，我国律师事务所已经发展到 13 万多家，律师队伍发展到 1 413 万多人。[②] 第四，政府依法行政意识和依法行政能力不断增强。建设法治政府已成为政府目标，全国人大颁布了《行政诉讼法》、《国家赔偿法》等若干限制政府的重要法律，行政执法监督体系不断完善。

（6）政府改革。改革开放以来，我国已经历了 6 次政府机构改革[③]。从改革初期的“政企职责分开”、“简政放权”，到建立社会主义市场经济宏观调控体系，直到近年来提出“服务政府”、“责任政府”、“法治政府”的理念，“总体上展现了由表及里、由浅入深、由机构和方法逐步涉及职能和机制直至理念的轨迹”[④]。中国政府改革是伴随着市场化转型进程的推进而不断深入的，适应了中国市场经济发展的需要。30 多年来，我国政府改革取得了突出成效：第一，政府职能开始逐步由全能政府向有限政府转变，由管制政府向服务政府转变；第二，政府组织机构逐步优化，机构设置更为合理，机构数量更为精简，决策机构、执行机构与监督机构既相互制约又相互协调；第三，政府决策日益科学化、民主化，我国已经基本建立起公众参与、专家论证、政府决策相结合的政府决策体制；第四，政府工作效率显著提高，工作透明度明显提高；第五，依法行政稳步推进；第六，廉政建设与反腐败工作深入开展。[⑤]

---

① 涵盖宪法及其相关法律、民商法、行政法、经济法、社会法、刑法、诉讼及非诉讼程序法。

② 吴爱英：《进一步加强律师工作，服务党和国家工作大局》，载《中国司法》2008 年第 6 期。

③ 政府机构改革从 1982 年以来每 5 年进行一次，分别发生在 1982 年、1988 年、1993 年、1998 年、2003 年、2008 年。

④ 应松年、马庆钰主编：《公共行政学》，中国方正出版社 2004 年版，第 369 页。

⑤ 俞可平主编：《中国政治发展 30 年：1978～2008》，重庆出版社 2009 年版，第 182～189 页。

4.2.3　中国民主化建设的路径安排特点

从改革开放以来中国民主化建设历程来看，它实际上是一种在渐进模式下的政治体制改革过程。这主要表现在以下3个方面：

第一，中国民主化建设始终是以政治稳定为基本前提的。政治民主化改革能否维持和巩固执政者（党）的政治地位，能否基本维持政治体制的相对稳定性和继承性，是改革能否持续进行的重要决定因素。政治改革往往是由执政者（党）推行实施的，如果改革只能起到化解社会危机的作用，但不能增加执政者的政治资源和维持其合法地位，改革就很难得到执政者的支持甚至遭到抵制，改革进程就会因此中断。另外，政治体制具体表现为国家权力的组织机构和这些机构运行的规则和方式。政治改革所面临的最大挑战往往是，现行政治体制既是改革的对象，又是推行改革所依赖的组织手段。政治体制的剧烈变化不但会使改革的领导者失去推动改革的有效的组织手段，而且会使改革面临旧体制的顽强抵制而流于破产（徐湘林，2000）。中国民主化建设是以坚持中国共产党领导和坚持社会主义方向为基本前提的。坚持党的领导权包含了坚持中国共产党执政地位和维护党的领导人尤其是领导核心的政治权威。党的执政地位和改革的社会主义方向被认为是保证政治稳定和经济发展的重要保障。改革开放以来，党反复强调政治体制改革是社会主义制度的自我完善和发展，必须在党的领导下有秩序地进行。邓小平指出："改革党和国家的领导制度，不是要削弱党的领导，涣散党的纪律，而正是为了坚持和加强党的领导，坚持和加强党的纪律。"[①] 我国政治体制改革的性质是使社会主义政治制度"一天天完善起来"，"成为世界上最好的制度"。[②] 中共十六大报告指出："必须在坚持四项基本原则的前提下，继续积极稳妥地推进政治体制改革"，"政治体制改革是社会主义政治制度的自我完善和发展。推进政治体制改革要有利于增强党和国家的活力，发挥社会主义制度的特点和优势"。中共十七大报告再次提出："要坚持中国特色社会主义政治发展道路，坚持党的领导、人民当家做主、依法治国有机统一"，"不断推进社会主义政治制度自我完善和发展"。党的十八大报告再次强调，"必须继续积极稳妥推进政

① 《邓小平文选》第二卷，人民出版社1994年版，第341页。

② 同上，第337页。

治体制改革，发展更加广泛、更加充分、更加健全的人民民主”，“必须坚持党的领导、人民当家做主、依法治国有机统一”。“充分发挥我国社会主义政治制度优越性，积极借鉴人类政治文明有益成果，绝不照搬西方政治制度模式”。不照搬西方民主模式，坚持以务实的态度走中国特色的民主道路，是中国民主化建设平稳发展的重要因素。在中国政治转型的早期，政治改革基本上是由领导核心主导的政策推动过程，民主化进程不但取决于领导人的政策偏好和政治决心，而且也取决于其对政治改革政策审时度势的利弊权衡和对政治不确定性后果的把握。而在政治发展出现重大危机时，党的领导核心体制在维护政治稳定方面则发挥了关键的作用。20世纪90年代中期以来，随着市场化转型和社会的多元化的深入，中国政治体制改革的政策选择也进入了自上而下和自下而上的互动时期，而党在这一过程中始终保持主导地位（徐湘林，2010）。因此，中国的政治体制改革是在改革旧体制与保持稳定间的不断调试的政策权衡与选择过程，这使改革过程表现为一种波浪式渐进过程，即在合适的时候大胆地推动被认为是必要的改革方案，但当改革取得进展同时出现不稳定的因素时收缩改革的范围，等待下一次时机的来临（徐湘林，2000）。这实际上是一种动态稳定的过程。

第二，中国民主化建设是以国家制度建设为基础的。从世界范围来看，任何有效的民主政治必须建立在有效的现代国家制度之上，“一个社会如果要有民主的转型，首先要存在着最低限度的国家制度、政治秩序和政府对领土和人民的有效控制”①。而在后发展国家，由于必须依靠国家发动经济与政治发展，国家基础制度建设往往成为政府优先考虑的目标。从世界范围内的后发国家民主化转型的经验来看，没有必要的国家制度建设，完全照搬西方模式的民主化非但不会成为整合社会的因素，反而会起到分化作用，结果导致经济难以持续发展，更不能成为现代民主国家。中国民主化建设的一个重要特点，就是民主化建设与国家基础制度的建设是紧密结合在一起的，这方面最突出的表现就是，坚持民主建设的制度化与法律化。改革开放伊始，邓小平在总结“文化大革命”十年动乱教训的基础上深刻指出，“必须使民主制度化、法律化”②，“要加强民主就要加强法制，没有广泛的民主是不行的，没有健全的法制也是不行的”，“社会主

① 郑永年：《中国模式：经验与困局》，浙江出版联合集团、浙江人民出版社2010年版，第45页。

② 《邓小平文选》第二卷，人民出版社1994年版，第146页。

义民主和社会主义法制是不可分的”。[①] 1978 年，党的十一届三中全会提出：“为了保障人民民主，必须加强社会主义法制，使民主制度化、法律化。”[②] 党的十二大报告提出：“社会主义民主的建设必须同社会主义法制的建设紧密地结合起来。”[③] 党的十三大报告提出：“社会主义民主和社会主义法制不可分割。”[④] 党的十四大报告提出：“没有民主和法制就没有社会主义。”[⑤] 党的十五大报告把民主制度化和法制化建设提到一个新的高度，提出“发展民主必须同健全法制紧密结合，实行依法治国”，并且指出“发展社会主义民主，制度更带有根本性、全局性、稳定性和长期性”。[⑥] 党的十六大报告指出：“发展社会主义民主政治，最根本的是要把坚持党的领导、人民当家做主和依法治国有机统一起来。”“要着重加强制度建设，实现社会主义民主政治的制度化、规范化和程序化。”[⑦] 党的十七大报告则进一步提出：“坚持社会主义政治制度的特点和优势，推进社会主义民主政治制度化、规范化、程序化，为党和国家长治久安提供政治和法律制度保障。”[⑧] 党的十八大报告再次强调，“坚持走中国特色社会主义政治发展道路和推进政治体制改革”，“政治体制改革是我国全面改革的重要组成部分。必须继续积极稳妥推进政治体制改革，发展更加广泛、更加充分、更加健全的人民民主。必须坚持党的领导、人民当家做主、依法治国有机统一”。改革开放以来，中国通过渐进制度建设，国家政治权力面貌已发生很大变化：宪法在国家政治生活中的最高地位已得到确立；执政党对国家的领导方式向制度化转型；人格化权威向制度化权威转型；形成了包括执政党制度建设、权力机关制度建设、政治协商制度建设等在内的多维立体制度结构；人民代表大会得到提升；参与式决策过程得以建

---

① 《邓小平文选》第二卷，人民出版社 1994 年版，第 189、359 页。

② 中共中央文献研究室编：《三中全会以来重要文献选编》（上），人民出版社 1982 年版，第 10 页。

③ 中共中央文献研究室编：《十一届三中全会以来党的历次全国代表大会中央全会重要文件选编》（上），中央文献出版社 1997 年版，第 255 页。

④ 同上，第 481 页。

⑤ 中共中央文献研究室编：《十一届三中全会以来党的历次全国代表大会中央全会重要文件选编》（下），中央文献出版社 1997 年版，第 179 页。

⑥ 同上，第 436 ~ 437 页。

⑦ 中共中央文献研究室编：《十六大以来重要文献选编》（上），中央文献出版社 2005 年版，第 24 ~ 25 页。

⑧ 胡锦涛：《高举中国特色社会主义伟大旗帜　为夺取全面建设小康社会新胜利而奋斗》，人民出版社 2007 年版，第 29 页。

立；制度约束加大等。[①] 由中国民主化建设的法律化、制度化过程可见，中国民主化建设是在构建国家制度基础上的对制度运行的改良与完善，这决定了中国民主化建设必定是一个长期的、持续的渐进过程。中国也由此形成了区别于西方国家“自由主义民主”的新的民主模式。

第三，通过以扩大党内民主带动人民民主，大力发展基层民主的方式来推动中国民主化建设进程。经过 30 多年的努力，中国共产党逐渐确立了中国式民主的根本目标、主要形式和现实道路。人民民主是中国社会主义民主政治的重要内容，党的十七大和十八大，进一步强调了人民民主对整个民主政治建设的意义。报告明确提出“人民当家做主是社会主义民主政治的本质和核心”，“人民民主是社会主义的生命”，体现了中国共产党对于人民民主的坚定信念。但中国作为一个缺乏民主传统、经济文化又较为落后的后发展国家，民主化建设任务十分艰巨。中国共产党是中国特色社会主义现代化事业的领导者，是中国唯一的执政党。中国共产党是中国的政治权力核心，几乎掌握着全部立法、行政和司法权力，而且作为拥有 8 000 多万党员的大党，中国共产党聚集了中国社会广大的政治、经济和文化精英。因此，党内民主状况在国家制度层面上直接主导着人民民主的发展，对人民民主发展具有直接的决定作用。另外，党内民主本身就在很大程度上反映了中国民主政治的发展程度，衡量中国政治文明的进步水平。可以说，没有党内民主，就没有核心权力层的民主，也就难有实质性的人民民主。因此，以扩大党内民主带动人民民主，是推进中国民主政治的现实道路。中共十六大就确立了发展党内民主，以党内民主带动人民民主的中国民主化建设路线。中共十七大再次确认了这一民主发展战略。改革开放以来，党内民主得到快速发展，尤其是十六大以后，党内民主取得了一系列新进展：制定颁布了一系列党内法规；党代会常任制探索蓬勃发展；党委会全体会议作用得以充分发挥。党的十七大和十八大以后，在保障党员民主权利、完善党代会制度、严格实行民主集中制、改革党内选举制度等方面，提出了一系列创新的思路和举措，也为广大人民群众提供了民主的知情权、参与权和监督权。党内民主的主要实践是以党代表大会制度改革和基层公推直选为试验的改革和执政党的执政能力建设。如果说党内民主强调的是自上而下的利益协调，人民民主强调的则是由下而上的政治参与。在中国，人民民主表现为多种形式，包括通过人民代表大会、政

---

① 林尚立等：《政治建设与国家成长》，中国大百科全书出版社 2008 年版，第 118 ~ 121 页。

治协商会议、基层民主、社团等途径的政治参与都得到了相当的发展。基层民主建设是实现人民民主的重要突破口。党的十七大报告指出，发展基层民主，“必须作为发展社会主义民主政治的基础性工程重点推进”。党的十八大报告指出了发展基层民主的具体措施。由中国民主化建设的路径安排来看，这同样是一个由局部到整体、不断累积民主经验与效应的、循序渐进的过程，也是一个如俞可平所说的在保持民主“存量”的同时，进行民主“增量”改革的过程。这一过程为改革的推动者提供了不断学习的机会，也使其能够对前一阶段改革成果及时评估检验并加以随时调整，从而推动民主化建设与政治改革不断向前发展。

4.3 中国民主化战略选择与市场化转型的良性互动

后发展国家的民主化转型往往与经济发展、市场化转型、本国自身特点及现代化水平之间存在复杂的互动关系。中国在民主化建设战略选择问题上，同样采取了渐进式策略。总的来看，改革开放以来，中国渐进式的民主化建设一直是与市场化改革在相互协调、相互配合、共同促进中进行的。一方面，中国市场化转型通过推动经济与社会发展对民主化发展产生了积极的影响；另一方面，中国渐进式的民主化战略选择也通过民主政治建设和推动经济发展为市场化转型提供了有力的政治保障和动力支持，从而形成了中国民主化与市场化转型间的良性互动关系。

4.3.1 中国现代化进程与民主化、市场化转型战略选择

中国民主化转型采取了与市场化转型相类似的战略，即总体上表现为一个循序渐进的过程。这与中国在转型中所处的现代化历史条件存在密切的关系。中国作为处于后发展过程中的转型国家，转型与发展同时成为中国面临的两大任务。这与西方发达国家转型与发展呈现为两个明显的继起阶段有很大不同。对于后发展国家而言，由于与发展任务交织在一起，转型就表现为一个极为复杂的变化过程，经济转型、政治转型与经济发展等因素形成一种多要素的互动关系，从而使转型结果充满着不确定性。

首先，后发展国家以民主化为取向的政治转型，往往与经济发展所要

求的秩序相矛盾。“尽管在西方社会民主和经济发展可以平行，但在很多发展中国家，民主化不见得能够推动经济的发展。经济发展需要秩序，但民主政治并不能保证这样一个秩序。”[①] 战后初期至20世纪60年代，亚非拉发展中国家的民主发展历经反复和曲折，早期的民主试验大多归于失败，不仅经济发展乏力，而且还引发社会动荡。美国政治学家阿尔蒙德（Almond）认为：“在黑非洲和世界其他地区进行的民主试验的失败，主要是由于他们没有完成首先建立民族国家和促进经济增长这一首要任务，他们在政府没有能力的情况下就想实现人民参政，还没有生产出产品就想分配。”[②] 印度就是一个典型的例子。印度虽然较早实行了民主化，但由于受后发展国家传统结构依然保留、社会矛盾异常尖锐等条件制约，在一定程度上反而因政府效率低下、中央政府难以控制地方政府，而导致经济发展缓慢、基础设施落后。[③] 因此，对于后发国家转型而言，在某一特定阶段往往是一个在寻求经济发展与民主化改革双重目标间进行权衡取舍的过程。

其次，市场化转型与民主化转型之间也存在复杂的互动关系。市场化与民主化既有相辅相成的一面，也有相互对立的一面。市场化强调个人自由，民主化则强调社会的联合；市场化要求发挥个人的首创性，民主化要求发挥社会的协调作用；市场化以私人分散决策为基础，民主化则以公共决策为基础；市场化首先是要设法限制国家权力，民主化则是要在国家权力中嵌入人民权力。[④] 尤其在后发展国家转型过程中，市场与民主这两种社会组织原则经常是相互冲突的。[⑤] 丹麦经济学家奥勒·诺格德（Ole Norgaard）通过对苏联东欧国家转型战略研究发现，在多数情况下激进的经济改革战略在转型之初所具有的优势会被其给民主化带来的负面影响所抵消，“因为它对强大的行政权力的需求损害了民主制度的发展。随后，非民主活动的发展引发的政治不稳定和非法性问题，将阻碍健康合法的政

---

① 郑永年：《中国模式：经验与困局》，浙江出版联合集团、浙江人民出版社2010年版，第8页。

② ［美］阿尔蒙德：《发展中的政治经济》，见罗荣渠编：《现代化——理论与历史经验的再探讨》，上海译文出版社1993年版，第365页。

③ 参见倪正春：《民主与现代化的悖论——强大政府视角下的印度现代化》，载《国际问题研究》2009年第8期。

④ 张宇：《转型政治经济学——中国经济改革模式的理论阐释》，中国人民大学出版社2008年版，第106～107页。

⑤ 斯迪芬·海哥德、罗伯特·R·考夫曼：《民主化转型的政治经济分析》（中文版），社会科学文献出版社2008年版，第408页。

治制度和行政制度的建设”[①]，“经济变革的成本可能通过下述渠道危害民主原则和民主制度的合法性：经济政策对体制带来的社会和经济效应、政府的信誉和声望以及政府——民众之间联系结构的解体。如果市场对民主的反馈导致人们拒绝民主或者使政府——民众之间的联系受到破坏，这些后果将反过来损害市场改革的效果——因为改革可能或者被牢骚满腹的精英或民众中途叫停，或者引发整个社会的动荡”[②]。在俄罗斯转型的最初10年，由于激进式经济改革缺乏足够的政治或行政基础，导致经济衰退和社会腐败，而这又迫使俄政府不得不更多地依赖特殊利益集团，从而使改革路线发生偏离，脱离了广大的社会民众。

再其次，市场化民主化转型模式并不具有普适性。市场化民主化转型过程是各国根据本国独特的社会、经济、政治与传统文化环境，自主选择的多样性得以实现的过程。就世界转型国家类型而言，就大致可分为倾向于自由放任资本主义的盎格鲁—撒克逊型、倾向福利资本主义的西欧型和倾向发展型国家的东亚型。这些类型转型国家在经济变革阶段、步幅、范围、社会团结度与政治变革的政治自由、制度安排、民众参与、决策类型与先后顺序等方面都有所不同。在一个国家较好的转型策略往往在另一个国家并不奏效。俄罗斯在转型之初全盘照搬西方国家模式而导致转型受挫就是一例。因此，每一个国家的转型过程都是不断摸索、学习与试验的过程。

最后，市场化民主化转型速度也受到现代化发展水平的制约。奥勒·诺格德研究发现，经济改革步幅的快慢与现代化水平存在密切的联系。现代化水平越高，越易于采纳和实施激进的制度战略。这是由于：现代化基础设施的存在更便于通过行政手段推行改革战略；城市人口的集中更便于新政策在更广泛的人群中传播；作为现代化构件之一的高等教育水平，使民众更易于理解和支持激进的改革战略。此外，现代化水平较低所导致的初始不平等与贫困也是造成经济改革速度缓慢的原因。[③] 美国著名经济学家罗伯特·巴罗（Robert Barro）通过实证检验发现，政治制度通常也是在生活水平已达到相当水准时才会得到发展，如果民主化超前于一国的生

① ［丹］奥勒·诺格德：《经济制度与民主改革：原苏东国家的转型比较分析》（中文版），上海人民出版社2007年版，第223页。

② 同上，第214页。

③ 同上，第104～107页。

活水准的话，反而往往会损害民主的发展。[①]

中国作为后发展国家，同样在转型过程中面临上述种种不确定性。因此，能否减少转型不确定性，及时调整国家治理体制和提高国家治理能力就成为中国政治经济转型过程中至关重要的部分。徐湘林认为，由于激进改革往往会对整个运行体制产生剧烈的冲击，并可能危及现行政治制度的维持，这使得改革推动者面临政治不确定性的挑战。而渐进政治改革在特定时间内仅就政治体制的某些方面进行有限的调整，或对政治体制的某一领域进行一定规模的改革，这种改革在短时间内所带来的变化对整个政治体制的变化影响并不明显。因此，尽管存在局限性与不完整性，但从整体的进展来看，渐进改革比激进改革更有回旋的余地，更有可能避免类似苏联体制转型中的政治失序和制度瓦解。如果策略和时机得当，渐进改革中产生的问题和困境可以通过持续的改革得到解决，改革的社会成本也随之减少。[②] 中国的民主化市场化改革就是在党领导下有步骤有秩序地进行的。在中国政治体制改革启动之初，邓小平就曾强调，“改革党和国家领导制度的方针必须坚持，但是，方法要细密，步骤要稳妥”。[③] “我们首先要确定政治体制改革的范围，弄清从哪里着手。要先从一两件事上着手，不能一下子大干，那样就乱了。国家这么大，情况太复杂，改革不容易，因此决策一定要慎重，看到成功的可能性较大以后再下决心。”[④] 在此背景下，中国采取了“摸着石头过河”的改革策略，它实质是在有限已知的条件下，对改革后果缺乏了解时，根据其现实目标所做出有限度的、稳妥的决策，并保持随时调整既定决策的余地。“摸着石头过河”的思路反映了中国改革领导层在改革中要始终把握改革过程和改革结果的愿望。为了实现这一愿望，就必须对改革过程中存在的种种不确定因素进行尽可能的预测，在体制上不断提高鉴别和处理临时和过渡性信息的认知能力，以及提高对突发事件做出及时反应和对产生坏结果的既定政策做出及时调整的决策能力。渐进式的市场化民主化转型适应了中国所处的现代化发展的历史条件与自身国情，在30余年的转型过程中形成了市场化民主化良性互动的独特的模式，维持了中国政治的基本稳定和经济的快速增长，与原苏联

---

① ［美］罗伯特·J·巴罗：《自由社会中的市场和选择》（中文版），格致出版社、上海三联书店、上海人民出版社2010年版，第15～16页。

② 徐湘林：《转型危机与国家治理：中国的经验》，载《经济社会体制比较》2010年第5期。

③ 《邓小平文选》第二卷，人民出版社1994年版，第359页。

④ 《邓小平文选》第三卷，人民出版社1993年版，第176～177页。

东欧国家激进的转型方式相比，中国的市场化民主化在平稳中获得了令人瞩目的发展。

4.3.2 中国市场化转型对民主化发展的积极影响

市场经济与民主政治之间存在某种内在和必然的联系，市场经济本身就蕴涵着民主政治。从长远来看，中国市场化对民主化发展具有积极的作用。市场化对民主化转型作用的机制主要从以下渠道体现出来。

第一，市场化通过推动经济发展而对民主化转型产生积极的作用。人类历史实践已经证明，市场经济是生产要素配置的最优机制，从而成为推动经济发展的最主要方式。而民主化是否能够得到充分发展，在很大程度上依赖于经济的发展。利普塞特（Lipset）较早地提出了经济繁荣会促进民主这一假说。罗伯特·巴罗对这一假说进行了细致的检验，证明了经济发展水平的提高的确对民主政治的发展具有显著的推动作用。罗纳德·英格尔哈特（Ronald Inglehart）指出，从长远来看，经济发展会带来使民主日益成为可能的社会和文化变迁，它造成了大众对民主体制的日益高涨的需求，从而促进了民主化的发展。① 通过定量研究，中国学者储建国也指出了经济发展与民主政治之间的正相关关系。② 中国经过30多年的以市场化为取向的改革开放，经济获得了巨大发展。国内生产总值从1978年至2006年增加了约12.4倍，年均实际增长率达到9.7%。人均国内生产总值也增加了约8.7倍，比1978年翻了三番多。人类发展指数大幅提升，从1975年的0.527上升至2004年的0.768。中国在国际经济分工体系的地位不断变化，进出口总额由1978年的206.4亿美元上升至2006年的17 606.9亿美元，是1978年的80多倍。出口商品制成品比重由1980年的49.7%上升至2006年的94.5%。城市化与工业化进程不断加快。城镇人口比例由1978年的17.92%上升至2006年的43.9%。标志现代经济的第二产业与第三产业比重不断上升，分别由1978年的47.9%和23.9%上升至2006年的48.7%和39.5%。③ 中共十七大报告高度概括了中国30年改革开放的

---

① ［美］罗纳德·英格尔哈特：《现代化与民主》，见弗拉基斯拉夫·伊诺泽姆采夫主编：《民主与现代化：有关21世纪挑战的争论》，中央编译出版社2011年版，第131～154页。

② 储建国：《经济发展与政治发展关系的定量研究述评》，载《政治学研究》1996年第3期。

③ 以上数据转引自陆铭等：《中国的大国经济发展道路》，中国大百科全书出版社2008年版，第25～26页。

伟大成就："我国经济从一度濒于崩溃的边缘发展到总量跃至世界第四、进出口总额位居世界第三。人民生活从温饱不足发展到总体小康，农村贫困人口从两亿五千多万减少到两千多万。"中国经济发展是与市场化转型进程相伴而行的，市场化转型通过经济发展为中国民主化发展提供了坚实的物质基础，并深刻改变了社会结构。

第二，市场化通过培育民主主体、促进民主原则与健全民主体制来推动民主化发展。首先，市场经济是自主经济，其运行前提是参与经济活动的主体都具有独立的法人地位，能自由地出入市场，自由交换，自由竞争。因此，市场经济首先要求每一个进入市场并参与市场经济生活的人，都必须具有独立自由的人身资格。而主体意识和相对独立的人格的形成，是现代民主政治得以产生、发展的先决条件。市场经济与民主政治对人身独立和自由的这种内在的基本要求在价值取向上是相容的、共通的。我国的市场经济在优化资源配置过程中，劳动者或企业在经济上应享有充分的自主权，能自主地做出生产经营决策，自负盈亏，自我约束，自我发展，充分发挥企业和个人的积极性。这对于促进我国民主政治主体的发展与成熟，具有积极的意义。其次，自由、平等与法制是民主的基本原则，而这些基本原则的产生都与市场经济的发展有不可分割的联系。市场经济要求的经济平等是人类平等的基础，它与政治平等具有共同的本质，即公平正义，权利与义务分配的公平对等。而法制是市场经济发展的内在要求，市场经济要求法律和制度成为规范和调整社会关系和经济关系的常规手段，市场主体的资格需要法律的确认和保障，市场经济秩序要用法制来保障。而法制也是民主的一项重要的基本原则，法制是民主的体现和保障。中共十六届三中全会通过的《关于完善社会主义市场经济体制若干问题的决定》指明我国社会主义市场经济的主要任务是，完善公有制为主体、多种所有制经济共同发展的基本经济制度；建立有利于逐步改变城乡二元经济结构的体制；形成促进区域经济协调发展的机制；建设统一开放竞争有序的现代市场体系；完善宏观调控体系、行政管理体制和经济法律制度。这将从根本上保证我国一切市场参与者都能够以平等的商品生产者和经营者的身份进入市场，其呼唤的"平等交换"的意识和"法治经济"的要求，对于我国民主政治的形成具有极为重要的积极作用。

4.3.3 中国民主化战略选择对市场化转型的支持

改革开放以来，中国的民主化建设一直是与市场化改革在相互协调、相互配合、共同促进中进行的，渐进式的民主化战略选择由于适应了本国现代化的历史条件与市场化的现实需要，对市场化转型也起到了有力的保障与推动作用。中国民主化战略选择对市场化转型的积极作用主要从两个方面体现出来。

第一，通过民主政治建设直接为市场化转型提供强有力的政治支持。对于民主化建设对市场化改革的重要性及其之间的相互关系，党和政府一直给予高度重视。邓小平在1986年6月中央政治局常委会上的讲话中就指出："政治体制改革同经济体制改革应该相互依赖，相互配合。只搞经济体制改革，不搞政治体制改革，经济体制改革也搞不通，因为首先遇到人的障碍。事情要人来做，你提倡放权，他那里收权，你有什么办法？从这个角度来讲，我们所有的改革最终能不能成功，还是决定于政治体制的改革。"① 1986年9月邓小平再次强调："我们提出改革时，就包括政治体制改革。现在经济体制改革每前进一步，都深深感到政治体制改革的必要性。不改革政治体制，就不能保障经济体制改革的成果，不能使经济体制改革继续前进，就会阻碍生产力的发展，阻碍四个现代化的实现。"② 1982年党的十二大明确提出继续改革和完善政治体制的任务后，党的干部制度的重大改革开始起步，积极推进党内民主。如中央顾问委员会的设立，为退休制度的建立和领导职务终身制的废除创造了条件，继而新宪法取消了国家领导职务终身制。同时改革重点逐步转移到了新的干部制度建设上，如按照"革命化、年轻化、知识化、专业化"标准选拔干部机制，改革干部管理权限过于集中问题。另外，实行地方党政机构改革，在农村实行政社分开，在城市实行政企分开，企业试行党政分开。初步下放权力，调整中央—地方财政关系，实行"放权让利"改革。美国学者巴里·诺顿认为，这些措施使中国改革过程中形成了一种分割的政治权力结构，即经济政策的执行过程在实际操作中是相当分散的。"在决策组织规定的框架内，个别的政治家们创造出新颖的方法和具体的改革议案。最后，这些改革议案同经济与制度的环境彼此作用，并在上有政策下有对策的回应中，造就了大部分重要的改革成果。"③ 分散的决策权汇总起来成了一个

① 《邓小平文选》第三卷，人民出版社1993年版，第164页。

② 同上，第176页。

③ ［美］巴里·诺顿：《中国转型过程的政治经济学分析》，见［美］劳伦·勃兰特、托马斯·罗斯基：《伟大的中国经济转型》（中文版），格致出版社、上海人民出版社2009年版，第85页。

独特而持久的经济决策模式，即谨慎的增量改革，这使政策高度稳定，“但是一旦迈出了关键的第一步，整个转轨政策的大方向就定下来了。之后，大方向很少会改变”①。党在改革开放启动之初进行的民主政治建设，有力地支持了渐进式的市场化改革。

随着社会主义市场经济体制改革的不断深入，党不失时机地提出了相应的政治体制改革目标与民主政治建设的任务。党的十三大报告进一步指出，政治体制改革的意义在于经济体制改革的展开和深入对政治体制改革提出了愈益紧迫的要求。发展社会主义商品经济的过程，应该是建设社会主义民主政治的过程。党的十四大提出建立社会主义市场经济体制目标的同时，建议修改宪法，把社会主义市场经济载入国家的根本大法，从而使市场化改革的成果得到了法律上的确认。随着市场经济体制的发展，党的十五大进一步做出了“依法治国、建立社会主义法治国家”的决定，为市场经济走向成熟和完善奠定了法治基础。中国法律体系随着市场经济的不断发展开始逐渐走向完善，如《行政诉讼法》、《物权法》、《劳动合同法》、《反垄断法》、《信息公开条例》等法律法规的实施，都对推进中国市场化发展具有重大意义。党的十六大提出“建设社会主义政治文明”的目标，凸显了新形势下政治体制改革与民主政治建设的意义。尤其是党的“三个代表”思想的确立，“把外在的多元利益容纳于执政党之内，在体制内实现利益表达、利益代表和利益协调。这是党内民主最直接的根源”②。这适应了社会主义市场经济发展的现实需要，并进一步增强了市场化转型的动力。党的十七大报告再次强调了科学发展观思想，从“必须随着经济社会发展而不断深化，与人民政治参与积极性不断提高相适应”的角度阐明了政治体制改革的必要性和重要意义所在，并提出建设服务型政府，党的十八大报告提出全面建成小康社会和全面深化改革开放的目标，指出要加快推进社会主义民主政治制度化、规范化、程序化，从各层次各领域扩大公民有序政治参与，实现国家各项工作法治化。这些都是继续深入推进社会主义市场经济发展的关键所在。

第二，以发展为导向的中国民主化建设间接为市场化转型提供了动力支持。经济发展是市场化转型的重要基础，通过“蛋糕做大”效应，将有

---

① ［美］巴里·诺顿：《中国转型过程的政治经济学分析》，见［美］劳伦·勃兰特、托马斯·罗斯基：《伟大的中国经济转型》（中文版），格致出版社、上海人民出版社 2009 年版，第 87 页。

② 郑永年：《中国模式：经验与困局》，浙江人民出版社 2010 年版，第 95 页。

利于化解市场化转型过程中的利益冲突问题。而实践证明，我国以发展为导向的民主化战略选择是有利于经济发展的，这间接地为市场化转型提供了动力支持。这表现在两方面：（1）中国民主化建设是建立在发展基础之上的民主。中共十一届三中全会以来，党通过深入总结历史经验，深刻地认识到民主建设必须与经济社会发展水平相适应，民主建设将是一项长期的、复杂的、系统的工程。江泽民曾明确指出："世界上的民主，都是具体的、相对的，而不是抽象的、绝对的。任何一种民主的本质、内容和形式，都是由本国的社会制度所决定的，并且都是随着本国经济文化的发展而发展的。"[①] "在一个国家里，实现民主、自由和人权的根本途径是社会的进步、稳定和经济的发展。我想，离开社会的进步和经济的发展来谈民主、自由和人权是没有意义的。"[②] 我国正处于社会主义初级阶段，生产力发展水平较低，这决定了整个社会还缺乏发达的社会主义民主政治所需要的物质基础。而经济发展水平对民主发展具有重要的制约作用，这包括相关的历史传统、文化教育水平的制约因素。改革开放30多年来，党和国家充分认识到民主的实现所需要受到的社会经济、文化以及历史等各方面因素的制约，多次强调社会主义民主政治建设是一个循序渐进的过程。正如江泽民在中共十五大报告中所指出的："建设社会主义民主政治，是逐步发展的历史过程，需要从我国的国情出发，在党的领导下有步骤、有秩序地推进。社会主义愈发展，民主也愈发展。"[③] （2）中国民主化建设是以发展为目标的民主。作为后发展国家，经济发展与政治民主是中国现代化所必须面临的两大课题。改革开放以来的中国社会主义建设实践表明，中国的民主政治与经济发展是相互依赖、相互促进的。民主化建设使经济政策更加合理，有助于增强社会活力，改善国家对市场经济的宏观调控，健全市场秩序，化解市场失灵，这些都有力地促进了经济发展。正是由于我国民主化建设所具有的与发展相互协调、相互促进的鲜明特征，胡鞍钢指出，我国政治改革类型是"旨在促进经济发展的政治改革"。[④] 郭定平则将我国民主政治发展道路和模式本质特征定义为"发展型民主"。[⑤]

---

① 《江泽民同志在纪念党的十一届三中全会召开二十周年大会上的讲话》（1998年12月18日），见《十五大以来重要文献选编》（上），人民出版社2000年版，第687页。

② 《江泽民论中国特色的社会主义》，中央文献出版社2002年版，第322页。

③ 《江泽民文选》第二卷，人民出版社2006年版，第32页。

④ 胡鞍钢：《旨在促进经济发展的中国政治改革》，载《改革》1999年第3期。

⑤ 郭定平：《制度积累与渐进替代：中国民主政治发展机制解析》，见燕爽等编《道路与经验》，复旦大学出版社2009年版，第22～41页。

因此，总的来讲，中国为了促进和适应生产力的发展而进行的民主化建设，其速度、范围和程度等都与渐进的市场化转轨形成了一致性、和谐性及共生性，从而与市场化转型形成了良性互动。不过，中国民主化对市场化的推动作用随市场化进程的不同阶段而表现为不同的形式：在20世纪90年代前中国市场化转型的初期阶段，民主化主要是适应市场化发展的需要，为市场化启动与发展铺平道路；而在20世纪90年代以后，中国民主化所要解决的课题也发生了重大变化，主要是转向解决由市场化与经济快速发展所带来的中国政治社会问题。

中国市场化民主化深化中的“现代化难题”

中国的市场化民主化转型是在探索中国现代化道路的过程中进行的，在这一过程中，中国作为后发展国家，政府对快速发展与持续稳定的基本诉求成为贯穿转型进程的主线，对市场化民主化转型方式、速度及特点产生重要的影响。转型以来，中国所采取的政府主导下的渐进转型模式总体上实现了快速发展与持续稳定二者间的平衡，从而极大地推动了中国经济、政治与社会的全面转型与发展。但是，随着转型的进一步深化，中国转型模式内在的矛盾开始逐渐显露。尤其是，后发展国家转型进程中所特有的“现代化难题”，即快速发展与持续稳定目标间的失衡问题在中国经济、政治及社会领域日益显现。这对当前中国转型的进一步深化形成了严重的制约。

5.1 中国市场化民主化模式反思

30 多年来，中国所采取的政府主导下的渐进式转型模式，极大地推动了中国市场化民主化转型的发展，并在这一过程中获得了经济社会的巨大进步和对外开放的显著成就。然而，伴随着转型的进一步深化，这种转型模式的内在矛盾开始逐渐显露：一是政府主导转型模式在缺乏有效制约的情况下，容易形成政府权力的无边界扩张，从而产生“转型悖论”；二是渐进式转型过程中所形成的由行政权力与垄断利益结合起来的特殊利益集团，为自身利益阻碍转型的进一步深化。这些均表明，中国的转型模式需要进一步完善。

5.1.1　政府主导与政府边界设定

中国的市场化民主化转型是在政府主导下进行的。在市场化转型方面，这表现为由于市场自然发育的不完全，政府成为市场化进程的发动者、设计者、推动者与调控者。在民主化转型方面，由于社会力量较弱，政府是推动民主化进程的决定力量。而政府为保持在转型中的主导权，必须拥有能够驾驭整个社会的强势力量和掌握国民经济命脉的强大国有经济，使市场化民主化转型方向与时机符合国家战略需要。而在这一过程中，很容易产生"政府主导下的转型悖论"现象。就是说，在市场与社会发育水平较低的情况下，由于政府具有政治权威和掌握经济资源配置优势，必须依靠政府力量推进市场化与民主化转型；而随着转型的深化，政府对市场与社会的控制与干预应适时、适度减弱，干预的内容与方式也应进行调整。如果在转型过程中，政府干预的强度、内容及方式不能及时进行调整，反而形成政府权力无边界扩张的态势，在此情形下，就会对市场化民主化转型产生严重的负面影响。

经过30余年的改革开放，我国市场化与民主化都获得了较大的发展，政府自身也处于不断转型之中。但是在政府主导的转型进程中，特别需要对"转型悖论"给予高度关注。这主要表现在两个方面：一是由于政府对国家重要经济部门的垄断并仍拥有大量行政权力，而形成对经济干预的强化；二是在社会力量依然较弱的情况下，缺乏对政府权力的有效监督。

首先看第一个方面。当前我国国家部门依然在资源配置中起主导作用。这主要表现在：（1）国有企业的垄断地位有加强的态势。国有企业不仅集中在电信、石油、矿产等关系国家核心利益的领域，而且在铁路与民航部门的客货运输、供水、供气等一般性垄断行业继续拥有垄断地位。近年来，一些新的情况尤其值得关注：一是大型国有企业开始向房地产这一公认的竞争行业扩展[①]；二是出现国有企业用股份等手段渗透到原来非国有部门的企业的现象；三是地方企业寻求与中央企业结盟，即地方企业"央企化"现象。这样，一方面是国有企业向利润丰厚但并非具有战略重要性领域的全面扩张，另一方面是民营企业和中小企业生存空间日益受到

---

① 《纵观：国有房地产企业逆势扩张有悖调控初衷》，《搜狐焦点》2012年1月17日，http://hd.focus.cn/news/2012-01-17/1726300.html。

挤压，这导致国民经济体系激励机制宏观层面的严重扭曲，政府对经济活动的规制越来越具有“左手规制右手”的性质。并且，由于垄断性国有企业内部因有效率的激励机制和治理机制的缺失而进一步导致微观层面的扭曲。（2）各级政府保持对土地、资金等重要经济资源流向的巨大支配权力。尤其是进入21世纪以来，随着我国城市化的快速发展，房地产业成为地方政府实现经济增长与增加地方财政收入的重要来源。政府对土地买卖的垄断权力阻碍着竞争性土地供应市场的形成，并成为房地产价格暴涨的重要原因。（3）各级政府通过直接审批投资项目、设置市场准入的行政许可、管制价格等手段保持对企业的微观经济活动频繁的干预。尤其是2004年以后，中国经济出现“过热”现象，“宏观调控要以行政调控为主”就成为正式的指导方针。在这种思想的指导下，各级政府部门纷纷以“宏观调控”的名义加强了对微观经济的干预和控制，使行政力量配置资源的能力和手段大为强化，而市场配置资源的基础性作用则遭到削弱。① 实际上，早在2000年，自从中共中央纪律检查委员会第二次全体会议上提出“必须从源头上减少腐败”的问题以来，在随后的人民代表大会上，代表们就曾热烈地讨论过减少行政审批的问题，国务院对此也做出了相应部署。2004年《行政许可法》的执行更使减少行政审批变得有法可依，但效果并不令人鼓舞。② 政府加强对市场的行政干预，一方面导致市场价格信号扭曲，造成资源错误配置；另一方面由于行政权力的扩张，也导致寻租活动制度基础扩大，加剧了行政腐败行为。

再看第二个方面。政府主导下的民主化使国家能够保持转型期的有序性，为解决转型期间的经济社会矛盾提供回旋空间，从而较为平稳地实现向市场经济与民主秩序的过渡。为实现政治稳定，政府仍然会保留并继承传统集权体制下的部分政治资源，如国家政权对国家机器、社团组织和作为国家命脉的大型企业的有效控制等。在这一过程中，很容易形成“强政府——弱社会”的政治权力格局。中国经过30多年的改革开放，虽然社会力量有了较大程度的发展，但总体而言，仍处于较低水平。一份来自中国社会科学院的研究报告表明，1988~2006年，中国以收入标准定义的中等收入阶层数量虽然有了明显的增长，在城市中所占比例由不到1%增加

① 吴敬琏：《中国经济六十年》，转引自财经网，http://magazine.caijing.com.cn/2009-09-27/110266175.html。

② 吴敬琏：《呼唤法治的市场经济》，生活·读书·新知三联书店2007年版，第52页。

到10%以上，但中等收入阶层在中国总人口当中的比例仍然较低。[①] 社会发育的水平不高影响了中国公民政治参与的水平。这主要表现在公民政治参与的途径较为缺乏和参与意愿不强两个方面。从公民政治参与途径来看，占全国人口比例最大的农民阶层，除了村委和乡镇、县的人大代表选举之外，尚未找到有效方式来反映涉及自身利益的问题。另外，农民工等“弱势群体”的政治参与长期陷入边缘化困境。从公民参与意愿不强来看，政府对社会放权的不充分、权力结构存在的问题等因素也降低了公民的政治参与热情。公民政治参与的不足导致其中一个明显的负面后果是，对政府有效监督机制的缺失。弱社会状态使得社会很难对政府施加影响力，同时低度政治参与的权威体制是以排斥自下而上的制度性权力制衡为条件的，发展过程中出现的种种社会诉求表达，均会以政府调控的方式来解决，这就导致内在有效制约机制的缺失，法治基础更为脆弱，从而势必增加腐败发生的概率。在此情况下，就可能形成“低度政治参与”与结构性腐败的相互强化的恶性循环。由此可能产生两方面的社会后果：一是社会民主化诉求被抑制，形成所谓的“权威政治——低度参与”的路径依赖与锁定状态；二是公民不满与抵制情绪增大，加剧社会冲突。二者都会极大程度地制约民主化进程。

在中国作为后发展国家现代化的现实条件下，政府主导转型进程是必然的选择。但是政府主导不是目的，政府主导的目的是保证市场化民主化的平稳转型，加速实现现代化，全面建成现代国家体系。因此，在市场化民主化转型不断深化的今天，应该如何有效发挥政府的主导作用，特别是如何设定政府与市场、社会间的界限，保持权威、秩序与活力的统一，是今后转型深化中必须解决的课题。

5.1.2 渐进改革与限制特殊利益集团

中国在转型过程中，为减少阻力，形成改革共识，采取的是渐进式改革方式，即先将经济过程逐渐开放给体制外的社会群体，进而把政治过程也开放给体制外的社会群体。这是一种先不触动或者少触动既得利益，而在体制外造就新的利益，从而对既得利益构成巨大压力的改革方式。[②] 通

① 李春玲：《中国中产阶级的增长及其现状》，载《江苏社会科学》2008年第5期。

② 郑永年：《未竟的变革》，浙江人民出版社2011年版，第120页。

过采取“双轨制”、“增量改革”、“由局部到整体”实验等方式，中国在没有剥夺任何主要利益团体的既得利益情况下推进了改革，同时保证了改革过程中的经济政治稳定与发展。但是，由于市场与行政双重体制并存，为行政权力干预市场交易活动的“寻租”行为创造了条件，因此，在改革推进到一定阶段，在破除原有格局的同时，往往会形成新的既得利益集团，成为妨碍改革进一步推进的强大阻力。热若尔·罗兰就曾指出，渐进主义的改革虽然是克服现状偏好的一种方法，但是，在某种条件下，渐进改革也能够产生新的现状偏好，中期现状偏好通过特殊利益集团可能阻碍改革过程。[①] 墨菲、施莱弗和维什尼（Murphy，Shleifer & Vishny）在研究苏联 1988 年开始的企业局部改革试验时，也提出了“局部改革陷阱”问题，即任何局部性改革都会为既得利益集团创造寻租的机会，而进一步的改革又会对这些人的利益造成威胁。因此，局部改革中就容易产生反对进一步改革的利益集团。吴敬琏也认为，改革的时间拖得越长，新旧两种体制之间积累的矛盾就会越多；既得利益者积累了更多的利益，也就有更多的动力去阻挠可能影响自己利益的进一步改革。[②]

中国在以渐进方式推进转型的过程中，也形成了一批新的由行政权力与垄断利益相结合的特殊利益集团。实际上，早在 1986 年，中国国家经济体制改革委员会体制改革研究所的一份研究报告就曾指出：“在双轨经济中有一种能够用行政权力分配资源的机制存在。在一定条件下，这种凭证的货币化会向权力的货币化转化，即分配凭证的权力，实际上是分配货币的权力，也就是说权力本身能够用货币度量了。它完全可以把权力变成一种货币。这种腐化行为在经济上是非常合理的。只要凭证货币化的机制发挥作用，在计划所派生的行政权力又有所保留时，把对各种资源的分配权力做一种资本来运用，就完全是一种非常自然的情况。”[③] 一些政府权力部门或个人可以通过“寻租”或主动“设租”来获得利益，这是特殊利益集团形成的重要因素。刘欣提出“权力衍生论”，对公共权力在中国改革过程中衍生成寻租能力的制度基础进行了分析。他认为，在渐进改革过程中，中国市场经济制度存在两个重要特点：一是原来的公有经济的委托—代理模式虽发生了变化但依然延存，它演变成了一种既具有行政性又具有契约性的委托—代理关系；二是在政治体制基本延续的情形下发育起

---

① ［比］热若尔·罗兰：《转型与经济学》，北京大学出版社 2002 年版，第 41～44 页。

②③ 吴敬琏：《中国经济六十年》，转引自财经网，http://magazine.caijing.com.cn/2009-09-27/110266175.html。

来的市场，是嵌入在既有权威结构之中的市场。在这种情况下，政府权力不是作为市场制度的外在力量干预市场，而是置身于市场之中。政府既是产权规则的制定者，又是产权的所有者。由于政府在改革中没有真正放弃公有资产的所有权，因而也不会放弃相应的剩余索取权。这使得国家公共权力依然可以继续以租金权力的形式索取剩余，并表现为以再分配权力分配这些国家租金。同时，由于在从中央到地方再到具体企业管理者这个多级委托—代理的等级体系里，每一层次的委托—代理关系中都存在着“所有者缺位”① 的情形，这造成了对代理人的监督激励机制的缺失。因此，“在选择代理人的过程中，他们会将国有资产委托给那些愿意送租金给自己或自己所在小集体的人；而在监督代理人的过程中，他们也因缺乏激励而与代理人合谋，就地分赃原本该进入国库或地方财政收入的租金”②。此外，嵌入在权威结构之中的市场制度也为国家公共权力在管理非国有经济和国有企业市场化过程中衍生成寻租能力创造了条件。如从体制外非国有经济的“增量”过程来看，个体、私营、集体以及“三资”经济的市场准入规则是由行政权力决定的，这就给地方政府及其行政人员在非国有企业的市场准入上留下了很大的寻租空间。再如在官本位的权威结构限制下，资本、土地等要素难以按照市场机制自由流动，条块分割的主管部门、政府及其干部则从对这些要素流动的行政限制中获得丰厚的租金等。由于政府本身就是发展的既得利益者，因此，公共权力部门化、政府部门利益化、部门利益法制化等现象不断出现。

一些垄断性的大型国有企业也越来越具有与国家利益和公共利益背道而驰的特殊利益集团特征。中国市场化转型是国家推动的结果，也必然要受到国家利益的制约。无论是从需要的角度还是从利益的角度，国家都必须对资源分配保持一定程度的控制和影响。在渐进式市场改革中，国家在部分部门中保持国有垄断地位是现阶段保持国家权力控制和影响的重要形式，国家垄断部门存在的重要意义之一在于为政治权威的连续和稳定提供保证。③ 20 世纪 90 年代中期开始的国有企业“抓大放小”、“法人化”和“公司化”等改革战略尽管对增强国有企业竞争力、提高国有企业生产效

① 各级官员，包括由这些官员任命的国有资产代表和经营人员，虽然是实际的公有产权的控制者，却不是公有财产的所有者，全体人民才是真正的所有者。

② 刘欣：《当前中国社会阶层分化的制度基础》，载《社会学研究》2005 年第 5 期。

③ 郝大海、李路路：《区域差异改革中的国家垄断与收入不平等——基于 2003 年全国综合社会调查资料》，载《中国社会科学》2006 年第 2 期。

率等方面发挥了重要作用，但因为缺乏后续改革，大型国有企业正逐渐成为既享受某种垄断地位，又有行动能力，还能够调动政治、经济资源的利益个体。在缺失有效的公司治理改革的情况下，国有企业实际上已被国有企业代理人控制。依靠行政垄断特权，一些国有行业获取了巨大的利益，成为社会收入分配急剧扩大的重要因素，从而造成整个社会福利的损失。据姜付秀、余晖测算，1997～2005年间，除了计算机服务业属于高科技行业收入水平比较高之外，其他高收入水平的行业基本上都是具有行政性垄断色彩的行业，如电信、金融、航空运输、铁路运输、电力等行业，而竞争性很强的行业，职工的平均收入水平却远远低于行政性垄断行业，最少的行政性垄断行业职工平均收入也在制造业的1.5倍以上。从行政性垄断行业所造成的福利净损失来看，最低限估计9年的平均情况也在738亿元，最高限估计为3 748亿元，占国民总收入的比重分别为0.612%和3.279%。我国行政性垄断的制度总成本9年的平均值最低限的估计为6 022亿元，最高限的估计为9 388亿元，分别占国民总收入的比重为5.302%和8.300%。[①]

特殊利益集团成员在改革初期往往对改革起到支持作用，但是当其成为增量改革的既得利益者后，由于特色利益集团内在的“狭隘利益”[②] 属性，会竭力维护其既得利益，从而成为进一步改革的阻力。当前，一些学者认为我国进一步改革的动力缺失，缺乏“改革共识”，形成“改革冷漠症”，其主要原因在于既得利益集团的阻碍。例如，孙立平认为，20世纪90年代初以来，中国社会中的各种资源日益集中到少数地区、少数群体甚至少数人手中，一个拥有了社会中大部分资本的强势群体已经形成，强势群体对公共政策的影响力越来越大，这会对中国社会转型产生深刻的影响。[③] 郑永年认为，当前政府与国有企业之间正日益形成一种特殊利益共同体的关系，政策大幅度向国有企业倾斜，税收也大力依靠国有企业，而民营企业和中小企业则被排斥在这种歧视性制度之外。垄断既是中国特有的收入分配差异巨大的结构因素，是中国经济缺乏创新的制度约束，也在

---

① 姜付秀、余晖：《我国行政性垄断的危害——市场势力效应和收入分配效应的实证研究》，载《中国工业经济》2007年第10期。

② 按照奥尔森（Olson）的解释，特殊利益集团是某种拥有“狭隘利益”的个人或组织，由于它们只能享有或丧失社会产出增减量中的微不足道的部分，故他们对增加社会产出毫无兴趣，而仅热衷于再分配以寻求该社会产出的更大份额，甚至不惜损害社会福利。

③ 孙立平：《权力失衡、两极社会与合作主义宪政体制》，载《战略与管理》2004年第1期。

阻碍着中国改革开放的深化[①]。

当前，伴随着改革的进程，中国政府改革的决心也在增大。尽管在渐进式改革过程中出现了一些力量强大的特殊利益集团，但是，并未能真正阻挡中国政府继续改革的决心。党的十七大报告强调加快行政管理体制改革，建设服务型政府；国家“十二五规划纲要”指出“必须以更大的决心和勇气全面推进各领域改革”，尤其是强调要“更加重视改革顶层设计和总体规划”；2012 年 3 月，温家宝总理在十一届全国人大五次会议上所做的《政府工作报告》再次强调改革开放是决定中国前途命运的正确抉择，必须以更大的决心和勇气继续全面推进经济体制、政治体制等各项改革，破解发展难题。并将进一步转变政府职能与有效保障社会公平正义作为今后改革的重点领域和关键环节之一。2012 年 11 月，党的十八大召开，报告指出：“全面建成小康社会，必须以更大的政治勇气和智慧，不失时机深化重要领域改革，坚决破除一切妨碍科学发展的思想观念和体制机制弊端，构建系统完备、科学规范、运行有效的制度体系，使各方面制度更加成熟更加定型。”

5.1.3 国际金融危机对中国模式的挑战

2008 年爆发的国际金融危机对中国转型 30 多年来所实行的模式是一次检验。一方面，中国经受住了严峻的国际金融危机，没有出现世界其他类型国家那样的大幅经济下滑，这体现出了中国转型模式的优势；但另一方面，这次可说是百年一遇的国际金融危机也暴露出中国转型模式中所存在诸多结构性问题，这对未来中国转型与发展也提出了严峻的挑战。

一是出口与内需的不平衡。中国实行的出口导向型经济发展模式对促进经济增长起到了重要作用，但是也形成了中国经济增长对出口的过分依赖。实际上，1997 年亚洲金融危机就已显露出中国经济的内需与出口的结构型不平衡，但由于世界经济的快速复苏，最终使中国未能彻底改变这种发展模式。2007 年中国出口占 GDP 比重已达到 37.5%，这一比例远高于世界平均水平（25.6%），在世界十大经济体中，也仅次于德国（39.9%），而大大高于世界其他国家。[②] 2008 年国际金融危机对中国出口

---

① 郑永年：《未竟的变革》，浙江人民出版社 2011 年版，第 116、183 页。

② 2007 年，世界其他主要经济体的出口占 GDP 比例为：美国 8.4%，日本 16.3%。张维迎：《市场的逻辑》，上海人民出版社 2010 年版，第 329 页。

导向的经济结构造成巨大压力，2009 年 1 月，中国进出口首次出现十余年来创纪录的两位数跌幅，其中出口下降 17.5%，进口下降 43.1%，并出现连续 3 个月出口负增长，2009 年一季度出口下降 19.7%。[①] 这深刻表明以出口驱动的中国经济增长难以为继，必须依靠国内市场。但是，在国内市场方面，居民收入和消费占 GDP 比重却持续下降。从 1996 年到 2005 年，居民收入在国民收入初次分配中比重由 66.83% 下降到 50.6%；与此相对应的是，企业部门的收入占比从 17.80% 上升到 24.13%，政府部门的收入占比从 15.36% 上升到 21.75%。白重恩等学者的研究表明，居民收入比重下降的主要原因是劳动收入比重的下降。[②] 再看消费，居民收入比例的下降，必然导致消费比例的下降。在 20 世纪 80 年代，中国居民消费占 GDP 比重略微过半，这一比重在 20 世纪 90 年代末降至 46% 的水平，2000 年后持续下降，截至 2006 年，其比重已跌至 36%，低于世界其他经济体。[③]

二是国有企业与非国有企业的不平衡。20 世纪 90 年代中期以来，在国家力图将央企打造成体现中国经济国力的旗舰企业，以开拓海外市场的战略支持下，国有企业获得了较快发展，规模日益庞大，在各自行业垄断了国内市场的绝大部分市场。但是在当前中国关于反垄断方面法制尚不完善或法制得不到有效执行的情况下，国有企业发展出现的问题也日益引起人们关注。这就是国有企业一方面可以借助国家庞大的经济能力和政治行政能力不断扩张，很难有外在机制和手段对其进行有效规制；另一方面，由于其内部治理机制缺失，造成决策失误较多，投资效率低下。而非国有企业尽管在就业、分配、效率和竞争等方面发挥着重要作用，但国有企业无边界的扩张自然侵占了发展空间。尤其是在此次金融危机中，中国政府出台了庞大的 4 万亿人民币的应对危机方案，而投资渠道主要是国有企业。应该说，这对于短期内有力遏制经济下滑产生了十分重要的正面效应。但从中长期来看，如果国家在实行刺激经济计划后不能有效跟进市场化改革方案，将会进一步加重这种不平衡格局，影响生产效率提高，并因加固了既得利益而影响经济和政治制度的创新。而且，如果仅有政

---

① 商务部《中国对外贸易形势报告》（2009 年春季），http：//zhs. mofcom. gov. cn/aarticle/cbw/。

② 白重恩、钱震杰：《国民收入的要素分配：统计数据背后的故事》，载《经济研究》2009 年第 3 期。

③ 陆铭等：《中国的大国经济发展道路》，中国大百科全书出版社 2008 年版，第 301 页。

府部门的投资而缺少民营经济的有效参与，也难以达到全面启动社会投资的目的。实际上自金融危机发生以来，已出现国有企业急剧扩张、“赢者通吃”的态势，而且，很多地方对原本需要淘汰的落后企业进行拯救，造成低层次产业扩张，并出现产能过剩，而放弃了产业结构提升的机会。

三是生产性投资与社会性投资的不平衡。中国改革开放30多年来，经济增长主要来自生产性投资，而在教育、医疗卫生、社会保障、公共住房、环保等方面的社会投资严重不足。由于社会投资不足，导致公共服务滞后。因此，一方面是中国生产领域中居高不下的投资率导致产能过剩，低水平重复建设，造成浪费和低效率；而另一方面是居民消费不足和低就业增长。目前，我国钢铁产能过剩约2.5亿吨；煤炭行业产能过剩超过5亿吨，船舶、水泥、电解铝、平板玻璃等行业产能过剩矛盾也十分明显。① 而我国就业出现低增长态势。1980～1989年，中国就业弹性系数平均为0.35，而1991～2000年急剧下降到0.11，到2005年则进一步下降到0.08，远低于世界各国。尤其是在国际金融危机冲击下，调查失业率明显上升。中国社科院进行的包括农民工在内的抽样调查显示，城镇失业率已达9.4%。② 而中央政府为应对国际金融危机所采取的经济刺激计划，虽然着重强调民生经济，努力扩大社会制度建设方面的投入，但因为大量资金背后存在着庞大的既得利益，使资金很难流向这些方面。③

上述这些结构性问题虽然是在经济领域中体现出来的，但实际上根源在于中国转型模式中所存在的“强政府——弱社会”的格局和特殊利益集团的制约。而且在此次国际金融危机中，这些制约因素仍然深深地影响着中国的转型与发展。中国转型模式中所存在的制约因素及其在治理危机中所遭遇的挑战，与中国作为后发展国家的历史条件与诉求存在密切的关系。从现代化历史大背景的视角出发有助于更好地理解中国市场化民主化转型的进程，而中国实现现代化的历史目标也必须依靠市场化与民主化的继续推进。

---

① 王保安：《中国经济结构失衡：基本特征、深层原因与对策建议》，载《财贸经济》2010年第7期。

② 转引自迟福林：《第二次改革：中国未来30年的强国之路》，中国经济出版社2010年版，第16页。

③ 郑永年：《中国模式：经验与困局》，浙江人民出版社2010年版，第111页。

5.2 中国市场化民主化深化与“现代化难题”的凸显

作为后发展国家，中国政府在市场化民主化转型中扮演着主导角色。快速发展与持续稳定是中国政府在转型中的基本诉求。然而，后发展国家的基本现实条件及因转型尚未完成所产生的体制不完善因素，使中国在转型深化中面临快速发展与持续稳定间失衡的“现代化难题”，且这一难题日益突出，这对中国进一步转型形成了严重制约。

5.2.1 中国市场化民主化中的政府诉求

在中国市场化民主化转型过程中政府起着主导作用，因此，政府诉求对中国市场化民主化转型的方向、特点和内容具有决定性的作用。政府诉求是政府在制定转型政策中所体现的政府行为目标或政府行为动机。它不是一般意义上的政府目的，而是经过公共选择筛选，或者说，是在不同群体利益之间、在效率与公平之间、部分利益与社会利益之间权衡后选择的重大目标。[①] 中国作为现代化进程中的后发展国家，在转型进程中最基本的政府诉求主要有两个：一是发展，二是稳定。“发展才是硬道理”[②]、“压倒一切的是稳定”[③]，是对转型以来中国政府诉求的最经典的表述。

先看发展方面。发展是指包括经济、政治、社会领域在内的人类社会进化的状态，是这些领域走向现代化的过程。经济发展主要包括经济增长率、经济发展的质量以及科技教育水平等内容；社会发展则包括社会成员的生活状况、整个社会发育的程度和社会自我管理的能力等；政治发展主要包括权力的合理性、结构分化以及公民政治参与程度等。中国是现代化的后发展国家，摆脱贫穷与落后，使中国屹立于世界强国之林，是新中国成立以来各个时期政府所面临的重大而迫切的任务。在此背景下，经济的

---

① 殷红：《俄罗斯转轨经济政策中政府诉求约束研究》，经济科学出版社2009年版，第10页。

② 1992年1~2月，邓小平同志在武昌、深圳、珠海、上海等地的谈话。参见《邓小平文选》第三卷，人民出版社1993年版，第377页。

③ 1989年2月，邓小平同志会见美国总统布什时的谈话。参见《邓小平文选》第三卷，人民出版社1993年版，第284页。

快速发展就成为中国政府追求现代化的核心的基本诉求。在1978年改革开放之前，中国领导人选择了以优先发展重工业为目标的赶超战略。但该战略本质上是一种以扭曲产品和生产要素价格的宏观政策环境、高度集中的资源计划配置制度，以及没有自主权的微观经营机制为特征的三位一体模式（林毅夫，1994），虽然以较快的速度建成了比较完整的中国工业经济体系，但是付出的代价极为高昂，发展绩效并不理想。同时，这一时期，“以阶级斗争为纲”的错误指导思想却使中国偏离了实现快速发展的轨道，国民经济陷入崩溃边缘。1978年以后，党的工作中心重新转移到经济建设上，从此走上快速发展的良性轨道。邓小平多次强调发展问题。如：“中国的主要目标是发展，是摆脱落后，使国家的力量增强起来，人民的生活逐步得到改善”[①]；“要坚持社会主义制度，最根本的是要发展社会生产力”、“社会主义优越性最终要体现在生产力能够更好地发展上”[②]；“现在世界上真正大的问题，带全球性的战略问题，一个是和平问题，一个是经济问题或者说是发展问题”[③]。党通过确立各个时期的国家经济发展目标来保证全社会形成发展共识[④]。改革开放以来，党对发展问题始终给予高度重视，从“以经济建设为中心”、“发展是硬道理”到“聚精会神搞建设，一心一意谋发展”、“发展是第一要义”，但根据国内国际形势变化的实际情况，党对发展内涵的强调各有侧重。在改革开放之初，中国面临国民经济遭受严重挫折，人民生活改善甚微的局面。同时受“左倾”错误思想长期影响，许多束缚生产力发展的僵化意识与体制仍然存在。从国际背景来看，由于中国错过了20世纪60、70年代世界经济发展的黄金机遇，生产力水平不仅远远落后于发达资本主义国家，甚至落后于一些周边国家和地区，这使党执政合法性也受到严重挑战。邓小平深刻地指出：“社会主义必须大力发展生产力，逐步消灭贫穷，不断提高人民的生活水平。否则，社会主义怎么能战胜资本主义?”；“不努力搞生产，经济如何

---

① 《邓小平文选》第三卷，人民出版社1993年版，第244页。

② 同上，第149页。

③ 同上，第105页。

④ 1987年，党的十三大报告提出“实现国民生产总值比1980年翻一番，解决人民的温饱问题；到20世纪末，使国民生产总值再增长一倍，人民生活达到小康水平；到21世纪中叶，人均国民生产总值达到中等发达国家水平，人民生活比较富裕，基本实现现代化”的“三步走”战略。1997年，党的十五大报告提出“新三步走”战略：2010年实现国民生产总值比2000年翻一番，使人民的小康生活更加宽裕，形成比较完善的社会主义市场经济体制；再经过10年的努力，到建党100年时，使国民经济更加发展，各项制度更加完善；到世纪中叶建国100年时，基本实现现代化，建成富强民主文明的社会主义国家。

发展？社会主义、共产主义的优越性如何体现?”;[①] “抓住时机，发展自己，关键是发展经济。现在，周边一些国家和地区经济发展比我们快，如果我们不发展或发展得太慢，老百姓一比较就有问题了”。[②] 在此背景下，尽快提高经济增长水平就成为中国政府的基本诉求。党的十四大报告提出，“我国经济能不能加快发展，不仅是重大的经济问题，而且是重大的政治问题”。党的十六大报告则对当时中国所处的国际形势做出了如下表述：“国际局势正在发生深刻变化。世界多极化和经济全球化的趋势在曲折中发展，科技进步日新月异，综合国力竞争日趋激烈。形势逼人，不进则退。”这些战略判断更多地体现了在国际形势风云变幻、国际竞争日趋激烈的背景下，中国政府期望抓住冷战后出现的和平发展的宝贵的战略机遇期，迅速提高自身实力，从而巩固国家稳定并快速提升中国国际地位的强烈愿望。但在这一时期，中国政府不仅仅强调经济量的增长，而且更加重视经济结构的改进与优化，强调通过科技创新和教育实现经济的快速发展。如，这一时期提出了“科教兴国”战略和走以信息化带动工业化的新型工业化之路。随着中国经济的快速发展与市场化转型的深入，社会公平、贫富差距扩大、资源环境等问题日益突出，党对发展的诉求出现了新的重大变化。胡锦涛指出；“我们讲发展是党执政兴国的第一要务，这里的发展绝不只是指经济增长，而是要坚持以经济建设为中心，在经济发展的基础上实现社会全面发展。”[③] 党提出科学发展观指导思想，并在党的十七大报告中提出了实现全面建设小康社会奋斗目标的新的更高要求，这包括：增强发展协调性；扩大社会主义民主；加强文化建设；加快发展社会事业；建设生态文明等五个方面。党的十八大报告提出，“必须更加自觉地把全面协调可持续作为深入贯彻落实科学发展观的基本要求，全面落实经济建设、政治建设、文化建设、社会建设、生态文明建设五位一体总体布局，促进现代化建设各方面相协调，促进生产关系与生产力、上层建筑与经济基础相协调，不断开拓生产发展、生活富裕、生态良好的文明发展道路”。新时期党更加强调以人为本的，经济、文化、政治、社会与生态的全面、协调和可持续发展。

再看稳定方面，同样涵盖政治、经济和社会等领域，而政治稳定居核心地位。如果一国的社会政治生活和政治发展过程，具备并保持了连续

① 《邓小平文选》第三卷，人民出版社 1993 年版，第 10 页。

② 同上，第 375 页。

③ 《科学发展观重要论述摘编》，中央文献出版社、党建读物出版社 2008 年版，第 32 页。

性、合范性、可控性和有序性，就可以认为政治是稳定的[①]。政治稳定是现代世界各国完成现代化历史任务的必要条件，它是当代世界各国执政党和政府的重要的和基本的政治目标。中国作为现代化的后发展国家，既需要加速实现现代化，完成对世界发达国家的赶超，同时需要消除因加速实现现代化而滋生的不稳定因素，稳定问题尤为重要。尤其是在中国市场化民主化转型进程中，产权结构的调整、资源配置方式的改变以及政治权力结构的调整，都不可避免地会发生利益的冲突甚至对抗，依靠政府权威维护政治稳定就更为重要。"文革"动乱所带给中国的深刻的历史教训更使党倍加关注政治稳定问题。邓小平在改革开放之初，就强调坚持四项基本原则的重要性，这成为党的基本路线的重要基本点之一。20 世纪 80 年代中期至 90 年代初，随着国际国内政治形势的剧烈变化，邓小平更加强调政治稳定的极端重要性："没有安定的政治环境，什么事都干不成"[②]；"中国的问题，压倒一切的是需要稳定"[③]；"我们搞四化，搞改革开放，关键是稳定"[④]；中共十五大报告也指出："在社会主义初级阶段，正确处理改革、发展同稳定的关系，保持稳定的政治环境和社会秩序，具有极端重要的意义。"[⑤] 中国采取渐进式转型方式，就是充分考虑到社会可承受程度，保证改革的稳步推进。随着中国转型深化，经济结构性矛盾与社会利益分化凸显，经济与社会稳定问题变得日趋复杂与突出，从而对发展形成明显制约。新时期中国政府在继续保持政治稳定的同时，对经济与社会稳定问题更加高度重视。胡锦涛指出："城乡区域发展不平衡、经济社会发展不协调、经济发展与人口资源环境不适应等问题更加突出地摆在了我们面前，我们只有更加自觉地推进全面协调可持续发展，才能更好化解对我国发展的各种制约因素，更好推动我国进程，确保我国发展的战略目标。"[⑥] 党的十八大报告指出，"必须更加自觉地把统筹兼顾作为深入贯彻落实科学发展观的根本方法，坚持一切从实际出发，正确认识和妥善处理中国特色社会主义事业中的重大关系，统筹改革发展稳定、内政外交国防、治党治国治军各方面工作，统筹城乡发展、区域发展、经济社会发

① 马建中：《政治稳定论：中国现代化进程中的政治稳定问题研究》，中国社会科学出版社 2003 年版，第 19 页。

② 《邓小平文选》第三卷，人民出版社 1993 年版，第 244 页。

③ 同上，第 284 页。

④ 同上，第 286 页。

⑤ 《十五大以来重要文献选编》（上），人民出版社 2000 年版，第 17 页。

⑥ 《科学发展观重要论述摘编》，中央文献出版社、党建读物出版社 2008 年版，第 45 页。

展、人与自然和谐发展、国内外发展和对外开放，统筹各方面利益关系，充分调动各方面积极性，努力形成全体人民各尽所能、各得其所而又和谐相处的局面。”党提出全面、协调与可持续的科学发展观，并指出其根本方法在于统筹兼顾，以及建设和谐社会目标，就是为了更好地化解发展过程中出现的各种矛盾，从而促进经济、社会与政治的稳定。

中国市场化民主化转型过程清楚地表明，中国转型的内在逻辑是希望通过社会主义市场经济与社会主义民主政治建设，实现经济、政治与社会的快速发展与持续稳定。快速发展、持续稳定与制度转型是相互联系、相互区别的过程。“发展不仅意味着经济增长，也包含了体制改革和增强长远潜力的内容。稳定政治层级体系，使其更有效率也是发展的一部分。”① 快速发展与持续稳定，始终是中国市场化与民主化转型过程中政府的基本诉求。

5.2.2 “现代化难题”与中国市场化民主化深化

中国市场化民主化转型是与现代化过程紧密联系在一起的，中国作为现代化进程的后发展国家，市场化民主化转型始终以实现现代化为目标，同时，现代化又以市场化与民主化为基本内容和动力机制。在这一过程中，政府对快速发展与持续稳定的基本诉求构成了中国市场化民主化转型的重要目标约束。但是，随着中国市场化民主化转型的进一步深化，后发国家转型中所普遍存在的“现代化难题”，即快速发展与持续稳定间的失衡问题，其重要性日益突出，需要我们的高度关注。

市场化转型深化中的利益分配问题，就是经济快速发展与社会持续稳定间失衡的典型例子。伴随着市场化转型深化，利益关系重新调整，利益资源分割方式和原有利益分配格局发生变化，利益分化问题会日益突出。泽兰尼和曼钦（Szelenyi & Manchin）②、罗纳塔斯（Rona - Tas）③ 等人认为，在由计划经济向市场经济转型的初期阶段，会发生市场转型理论所谓

---

① 巴里·诺顿：《中国转型过程的政治经济学分析》，见［美］劳伦·勃兰特、托马斯·罗斯基：《伟大的中国经济转型》（中文版），格致出版社、上海人民出版社2009年版，第82页。

② I. Szelenyi and R. Manchin. Social Policy under State Socialism. In G. Esping - Anderson, L. Rainwater, and M. Rein (eds.). Stagnation and Renewal in Social Policy. New York: M. E. Sharpe, 1987, pp. 102 - 139.

③ Akos Rona - Tas. The First Shall Be Last? Entrepreneurship and Communist Cadres in the Transition from Socialism. American Journal of Sociology, vol. 100, 1994, pp. 40 - 69.

的社会平等化效应；当市场化改革进一步深入时，社会平等化效应并未持续下去，社会不平等反而会加剧。其主要原因在于，处于关键性地位的干部在向市场经济转型过程中，在获取国家财富上具有明显优势。通过非正式渠道，干部可以将对国家财产的有限控制转变为实际上的拥有。维克多·尼（Viktor Nee）提出“权力转移论”，认为市场转型导致了分配权力向市场领域的转移，带来了新的分层机制，新的经济精英可以通过市场渠道走向社会上层。[①] 泽兰尼和考斯太罗（Szelenyi & Kostello）认为，只有有技术的权力精英才能继续停留在社会上层，而无技术的权力精英则是输家。[②] 与此相对应，边燕杰与罗根（Y. J. Bian & Rogan）提出“权力持续论”，认为再分配经济体制下形成的分层机制具有延续性，昔日精英在市场转型中将继续处于优势阶层地位。[③] 刘欣则提出解释当前中国社会阶层分化机制的“权力衍生论”。他认为，在放权让利的改革和市场化过程中，公共权力除了以再分配权力的形式发挥作用外，其中一部分还衍生成权力精英牟取私利的“寻租能力”，并以与再分配权力不同的机制对阶层分化产生影响；而随着市场机制的发育，市场能力也对阶层分化发生作用。因此，当前中国市场经济的基本制度安排决定了再分配权力、寻租能力和市场能力共同构成阶层分化的动力基础。[④] 郝大海、李路路则充分考虑了“区域差异改革”和“国家垄断部门”两种国家策略因素对于市场转型理论对收入分配的影响。“区域差异改革”是指改革实践中，不同区域（例如，城乡之间、沿海与内地之间等）引入市场机制的时机不同、程度不同、速度不同，从而形成不同区域在经济体制改革整体上的差异。“国家垄断部门”是特指在制度转型过程中国家政治权威发挥控制和影响的一种形式。他们的实证研究表明，区域差异不仅是经济发展的差异，而且是制度转型的差异。在区域差异的背景下，不同区域的资源禀赋、经济增长结构和发展机遇等因素，都有可能影响到收入分配模式的变化。相对于其他经济成分，国有垄断部门在收入上具有十分显著的优势地位，但国有非垄断部门

---

① V. Nee. A Theory of Market Transition: From Redistribution to Markets in State Socialism. American Sociological Review, Vol. 54, 1989, pp. 663 – 681.

② I. Szelenyi and E. Kostello. Outline of an Institutionalist Theory of Inequality: The Case of Socialist and Post-communist Eastern Europe. In M. C. Brinton & V. Nee (eds.). The New Institutionalism in Sociology. New York: Russell Sage Foundation, 1998, pp. 305 – 326.

③ Y. J. Bian & J. Logan. Market Transition and the Persistence of Power. American Sociology Review, Vol. 61, 1996, pp. 739 – 758.

④ 刘欣：《当前中国社会阶层分化的多元动力基础》，载《中国社会科学》2005 年第 4 期。

则没有明显优势。不过，从长期来看，伴随着经济发展和市场化水平的进一步提高，国有垄断部门在收入上的优势会逐渐下降。[①] 这些研究都具有较强的启发意义，中国作为现代化的后发展国家，为推动加速发展，在改革中推行非均衡战略，希望在物质匮乏的不利状况下，通过利益分化迅速调动生产积极性和创造性，以在短时期内释放生产力，以生产力的不平衡否定“短缺社会”的生产力停滞。“效率优先，兼顾公平”，“让一部分人先富起来，带动大家走向共同富裕”，是中国政府在改革初期推行非均衡转型与发展战略的经典表述。同时，中国政府实行区域经济的梯度战略，对东部沿海地区实行“先行一步”的倾斜政策。非均衡战略有利于中国市场化改革的顺利推进，促进了效率的提高，推动了中国经济的快速发展。但是，随着中国市场化的进一步转型，收入分配在区域、城乡、阶层之间的差距逐渐扩大，社会上出现了大量的弱势群体，利益过度分化导致两极社会开始定型化。[②] 两极社会形成的背后实质是权利的失衡，即不同群体在表达和追求自身利益能力上的失衡，从而影响社会公正，这必然对政治稳定造成不利影响。

再如，民主化转型深化中的政治参与问题，也是引起后发国家政治快速发展与社会持续稳定间失衡的重要因素。政治参与是衡量一国政治发展水平的重要标志，扩大政治参与是一国政治发展与民主化转型的重要目标。政治参与指公民通过一定的方式和渠道试图影响政治过程的行为。[③] 公民广泛的政治参与有利于增强政策的合法性，实现决策的科学化、民主化，保证政治体系在运作过程中不断自我修正、发展和完善，从而有利于民主政治的发展向更高层次推进。但是，对于后发国家而言，由于普遍存在民主法治传统缺乏、民主基础脆弱、国家制度化建设远远滞后等问题，如果不能把握好扩大政治参与的程度和时机，往往会造成政治参与失序，影响政治稳定。塞缪尔·亨廷顿（Samuel Hantington）提出的著名命题，即现代性孕育着稳定，而现代化过程却滋生着动乱，就深刻描述了后发国家现代性获取过程中所伴生的社会失序问题。发展中国家在建立民族国家之后，伴随着经济和社会现代化的发展，传统社会和政治体制下的民众在

---

① 郝大海、李路路：《区域差异改革中的国家垄断与收入不平等——基于2003年全国综合社会调查资料》，载《中国社会科学》2006年第2期。

② 孙立平：《权利失衡、两极社会与合作主义宪政体制》，载《战略与管理》2004年第1期。

③ 李景治、熊光清等：《当代中国政治发展与制度创新》，中国人民大学出版社2009年版，第271页。

传播媒介、城市化等社会动员过程中，他们的政治参与热情日益高涨，渴望通过参与政府决策的活动来实现自身的利益诉求。“然而，过渡型社会满足这些新渴望的能力的增进比这些渴望本身的增加要缓慢得多。结果，便在渴望和指望之间、需要的形成和需要的满足之间，或者说在渴望程度和生活水平之间造成了差距。这一差距就造成社会颓丧和不满。实际上，这种差距的程度就为衡量政治动乱提供了可信的指数。”① 这种差距形成的原因主要在于后发国家制度化政治参与路径不健全，由于政治参与要求难以通过合法渠道得到表达，并在政治体系内部得到缓解和集中，从而影响政治稳定。中国现代化的后发性决定了中国的政治系统建设具有先天不成熟性和脆弱性，国家制度建设任务繁重，而政治制度化建设是寻求政治发展与稳定的核心所在。同时，中国必须根据自身的政治文化传统和历史轨迹找出适合自身条件的改革，无论是裹足不前还是全盘西化，都不符合国家和人民的根本利益。这是“一项充满矛盾和困难的伟大事业”。

由上分析可见，经济发展、政治发展与社会发展之间呈现出异常复杂的互动关系，任何一种因素的变化，都可能成为其他因素乃至全局变化的依据。② 因此，从某种角度来讲，发展与稳定间存在的“现代化难题”，就是寻求经济发展、政治发展与社会发展之间如何相对平衡的问题。

5.2.3 中国“现代化难题”形成的体制性因素

“现代化难题”是中国转型在后发国家现实条件下所遇到的困难与挑战，但同时，它也与中国目前转型尚未完成、体制不完善这一因素存在密切的关系。这是因为，尽管中国的市场化民主化转型是以渐进的方式逐步推行的，但与西方发达国家近代转型的过程相比较，中国的这一过程仍然是迅速的，由此产生的各种体制不完善问题也是非常多的。党的十七大报告指出：“社会主义市场经济体制初步建立，同时影响发展的体制机制障碍依然存在，改革攻坚面临深层次矛盾和问题”；“民主法制建设与扩大人民民主和经济社会发展的要求还不完全适应，政治体制改革需要继续深化”。党的十八大报告指出，“必须以更大的政治勇气和智慧，不失时机深化重要领域改革，坚决破除一切妨碍科学发展的思想观念和体制机制弊

---

① ［美］塞缪尔·P·亨廷顿：《变化社会中的政治秩序》（中文版），上海人民出版社 2008 年版，第 41 页。

② 迟福林、殷仲义编：《中国改革下一步》，中国经济出版社 2008 年版，第 275 页。

端，构建系统完备、科学规范、运行有效的制度体系，使各方面制度更加成熟更加定型。”当前我国面临“现代化”难题的体制性因素主要集中在政府转型不到位，各级政府对微观经济活动的干预依然很强，法治政府和服务型政府建设任务仍然十分艰巨。

长期以来，我国经济发展的重要特点是政府主导型发展方式，其主要特点包括两个方面：一是政府通过控制要素价格，形成了低成本的发展模式。相对低廉的土地、劳动力与资本价格为经济发展提供了“资源红利”与“人口红利”，同时也为实施出口导向发展战略提供了成本优势。二是中央政府通过采取财政分权和政治上以经济绩效作为考核、提拔地方官员的“晋升锦标赛”竞争方式调动地方政府发展经济的积极性。政府主导的经济发展方式对我国经济的持续快速发展起到了重大作用。但是随着经济的进一步发展，这种发展方式所带来的矛盾和问题日益暴露。它造成资源消耗高、经济效益低下、经济结构扭曲、能源供求矛盾突出、生态环境恶化等消极后果，而真正需要政府关注的教育、医疗、农业等公共服务领域却投入不足。行政性垄断因素抑制了公共服务质量和效率的提高，而垄断部门的收入却远远超过社会平均水平。更为严重的是，一些垄断利益集团，依靠行政性手段垄断资源，靠权力寻租而形成“特殊利益集团”，这成为社会贫富差别扩大的重要因素，而且造成权力滥用和腐败蔓延，严重影响了社会公正，并进而成为影响社会政治稳定的重要原因。

国家对政府改革问题予以高度重视，在“十一五规划纲要”中就提出“着力推进行政管理体制改革”目标。党在十七大报告中明确指出，行政管理体制改革是深化改革的重要环节，并把加快行政管理体制改革、建设服务型政府作为政治体制改革的重要内容之一。党的十七届二中全会通过了《关于深化行政管理体制改革的意见》，改革的总体目标是：“到2020年建立起比较完善的中国特色社会主义行政管理体制。”并强调指出：“深化行政管理体制改革要以政府职能转变为核心。”国家“十二五规划纲要”再次强调：“深化行政审批制度改革，加快推进政企分开，减少政府对微观经济活动的干预，加快建设法治政府和服务型政府。”党的十八大报告指出：“要深化行政体制改革。”

但从目前实际情况来看，政府转型的任务仍十分艰巨。各级政府官员行为中的经济总量偏好、投资偏好、国有偏好与短期政绩偏好尚未有实质性改观，“GDP 主义盛行多年之后，到现在已经成了一种牢不可破的意识形态"[①]。而同时，对政府基本的公共服务职能重视程度仍然不够。"社会政策的改革也在进行，但没有一项社会政策改革的力度能够与追求 GDP 的巨大动力相比拟。尤其是当制度建设与 GDP 主义的政策目标激烈冲突的情况下，制度建设常常是被无情地撂在一边，甚至成为 GDP 主义泛滥的区域，例如停滞不前的公共住房制度。"[②] 金融危机以来，国有企业开始成为中国房地产市场的主要角色之一。各级政府继续保持着过多的资源配置权力和对企业的微观经济决策的干预权力。土地、矿藏、资本等重要资源的配置权力仍然在很大程度上掌握在各级政府官员手中，这使各级政府官员运用这种动员和支配资源的权力来实现自己"政绩"目标成为可能，"结构调整"被大规模的"政绩工程"与"形象工程"所替代。而且，由于政府对资源要素的垄断，使得资源要素领域的市场化改革长期难以取得实质性突破。主管机关往往在"支持产业发展"的名义下，给这些资源要素规定偏低的价格，人为压低了经济增长所付出的成本。对资源要素的行政控制与价格扭曲，是造成我国资源消耗过大、环境污染严重的重要因素。此外，现代市场经济不可或缺的法治基础尚不完善，各级政府官员有着很大的自由裁量权，通过行政审批干预微观经济活动的问题仍然存在。[③] 这一方面与行政管理体制，尤其是干部选拔机制滞后有关，也与财税体制不完善相关。"十一五规划"提出建立健全财力与事权相匹配的财税体制，但随着公共服务职责下移，地方承担的义务教育、公共卫生、公共安全、社会保障、社会治理等责任的财政压力增大，地方财力不足的问题未得到有效缓解。在影响自主创新的最重要因素——科技教育体制方面，行政分配科技、教育资源的体制仍占主导地位，科学教育管理体制的行政化、官本位和等级制现象未得以从根本上扭转，而提升技术进步的体制机制尚未形成。这些体制机制包括：鼓励公平竞争，通过减少各种寻租机会来促使企业只能通过工艺创新、产品创新等方式获取利润；创造企业投资研发和创新的激励机制，使企业愿意投资创新活动，愿意通过重大技术突破和日积月累的对现有工艺、产品的改进来参与竞争等。

---

① 郑永年：《未竟的变革》，浙江人民出版社 2011 年版，第 12 页。

② 同上，第 33 页。

③ 吴敬琏：《中国经济六十年》，转引自财经网，http：//magazine. caijing. com. cn/2009 – 09 – 27/110266175. html。

5.3 中国市场化民主化深化中“现代化难题”的表现

随着中国转型的深化，快速发展与持续稳定间失衡的“现代化难题”表现在经济、政治与社会等各个领域，这是经济发展、政治发展与社会发展之间复杂互动关系的体现。中国必须全面继续深化各个领域的改革，以从根本上解决“现代化难题”。

5.3.1 中国经济转型深化中的“现代化难题”

当前中国经济转型深化中的“现代化难题”集中体现在，经济持续快速增长与经济结构失衡、资源环境约束的突出矛盾。

改革开放以来，中国经济获得了高速增长，其中重要因素在于两个“红利”：一个是“资源红利”，资源长期由国家垄断，通过低价格的生产要素扩张和能源资源高消耗换来了高增长。另一个是“人口红利”，以劳动力的充分供给和低廉的劳动力成本为前提，企业得以降低生产成本，带动了投资的持续增长。王德文、蔡昉、张学辉认为，如果用人口抚养比作人口结构所具有生产性的代理指标，改革期间总抚养比的下降对人均 GDP 增长的贡献（近似于“人口红利”对中国经济的贡献）为 27%。[①] 在这一过程中，中国形成了以高投入、高消耗为基本特征的粗放型经济增长模式。而中国长期实行的出口导向战略又进一步支持了粗放增长模式。20 世纪 80 年代中国大力发展以低劳动成本优势为基础的加工贸易，依靠增加出口数量赚取微薄的加工费来扩大出口。长期运行的粗放型经济增长模式导致中国经济存在严重的失衡，主要有以下几个方面：

第一，高投资与低消费并存。改革开放 30 多年来，中国投资在 GDP 比重不断提高。在 20 世纪 80 年代，投资率大约为 36%。20 世纪 90 年代后，投资率迅速提高，在 2003 年、2004 年、2005 年三个年度中，投资率

---

① 王德文、蔡昉、张学辉：《人口转变的储蓄效应和增长效应——论中国增长可持续性的人口因素》，载《人口研究》2004 年第 5 期。

高达43%，[①] 大大超过了世界各国经济发展史上的最高水平和中国经济发展史上的最高水平[②]。而中国居民的消费增长却不断下降。国际平均水平投资与消费之比在20∶80左右，中国的比例大体维持在40∶60，投资率比世界平均水平高出20个百分点，消费率则低20个百分点。[③] 投资与消费结构的扭曲导致中国在产能不断增加而国内市场最终需求不足的情况下，只能靠出口数量扩张支撑。另外，投资过度还造成投资效率下降，增量资本产出率（即投资增加量与生产总值增加量之比）由1997年以前的2～3倍，提高到1997年以后的5～7倍。[④]

第二，产业比例失调与产业内部失衡并存。中国第二产业比重虽然比世界平均水平大体高出10～20个百分点，[⑤]但是自主创新能力不强。中国机电产品出口比重近60%，其中具有自主品牌的机电产品不足10%。中国对引进技术的依存度为54%，其中70%的数控机床、80%的集成电路芯片制造装备依赖进口，而创新型国家引进技术依存度在30%以下。[⑥] 相比之下，第一产业和第三产业发展滞后。“三农”问题仍是制约中国经济健康发展的重要因素，第三产业发展也受到抑制。2008年中国第三产业比重达40.1%，而美、日、欧等发达国家在70%以上，发展中国家平均水平为65%。[⑦] 由于第三产业对国民经济整体效率的提高具有重要作用，这导致中国经济效率措施不足，只能依靠投资率提高支撑经济增长，从而导致一系列后果。同时，增加了中国就业难度。以资本和技术密集型为主的第二产业就业容量很低，第三产业却是创造新工作岗位的主力，产业发展比例失衡势必造成就业状况恶化。

第三，资源环境约束加大。中国经济目前正处于工业化进程中，以机械制造、钢铁、建材、化工等为代表的具有重化工业特征的行业发展迅

---

① 陆铭等：《中国的大国经济发展道路》，中国大百科全书出版社2008年版，第271页。

② 我国投资率远超过带有过度投资倾向的日本在高速增长时期的最高水平。美国即使在19世纪、20世纪之交的高速工业化时期和战后恢复时期，其投资率也从未超过20%。在日本，其投资率达到的最高水平是20世纪60～70年代的32%。转引自吴敬琏：《中国增长模式抉择》，上海远东出版社2009年版，第123页。

③⑤ 王保安：《中国经济结构失衡：基本特征、深层原因与对策建议》，载《财贸经济》2010年第7期。

④ 转引自吴敬琏：《中国增长模式抉择》，上海远东出版社2009年版，第125页。

⑥ 段文斌、张曦：《经济转型与增长的持续性：来自中国的经验》，载《社会科学研究》2009年第1期。

⑦ 迟福林：《第二次改革：中国未来30年的强国之路》，中国经济出版社2010年版，第78页。

速，能源密集型工业在经济中的比重正在不断上升。与此同时，城市化也进入高速发展阶段，大规模的基础设施建设不断推行，城市建筑面积不断扩大。中国经济发展所面临的资源环境约束也日趋加大。中国的能源缺口已经从1992年的1 914万吨标准煤上升到2007年的4.63亿吨标准煤，对能源进口的依赖度相应地从1.75%上升到17.47%。2006年，中国标准煤、钢、水泥消耗量分别占世界消费总量的15%、30%和54%，但创造的GDP不足全球的6%。其中，对石油和铁矿石的进口依赖度已经达到50%和60%。[①] 根据世界能源展望（WEO），中国即将超过美国成为世界上最大的能源消费国。[②] 经济的快速发展和能源资源消耗的增长，给中国生态环境发展带来巨大的压力。1970～2007年之间，中国的温室气体排放总量增长了7倍多，2007年，中国CO_2排放量已经超过美国跃居世界首位。[③] 随着中国人口的继续增长[④]，即便在人均排放不变的情况下，温室气体排放也会继续增长。而随着中国经济社会发展水平的提高，居民将拥有更多的耐用消费品、更多的交通出行等，这意味着更多的能源资源消费和更高的人均排放。除了大气、水和固体废弃物等环境污染外，以水土流失、土地荒漠化、草场退化、森林退化、生物多样性减少等为表现的生态环境退化，也在严重威胁着中国社会经济可持续发展的基础。正如阿罗（Arrow）所指出的，环境库兹涅茨曲线（Kuznets Curie）并不是绝对规律，经济发展同样要受到生态环境因素的制约，不当的经济增长对生态环境的破坏也许使生态承载力系统在环境库兹涅茨曲线轨迹达到拐点之前就已经崩溃。后发国家的现实特征决定了中国经济快速发展必须与生态环境发展相协调。

第四，国际收支“双顺差”格局造成中国经济外部失衡。改革开放以来，依靠外贸出口与引入外商直接投资的迅速扩大，中国形成了国际收支长期持续“双顺差”的格局。这表明中国对外经济贸易取得了快速的发展，增强了中国抗外部风险的能力。但是，近10年来中国“双顺差”态势的进一步加剧，尤其是外贸顺差的加大，对外经济不平衡的态势及其负

---

① 段文斌、张曦：《经济转型与增长的持续性：来自中国的经验》，载《社会科学研究》2009年第1期。

② International Energy Agency（IEA）. World Energy Outlook 2007.

③ WRI. Climate Analysis Indicators Tool（CAIT）Version 7.0. Http：//cait. wri. org/.

④ 一般认为近年来我国人口仍会增长，直到2030年左右达到峰值。United Nations Department of Economic and Social Affairs. World Population Prospects：The 2006 Revision. 2007, www. un. org/esa/population/publications/wpp2006/WPP2006_Highlights_rev. pdf

面后果日趋显现。2001～2010年，中国国际收支顺差总额由522亿美元剧增至5 314亿美元，增长达10倍以上；其中经常项目顺差由174亿美元增至3 054亿美元，增长近18倍，资本的金融项目顺差由348亿美元增至2 260亿美元，增长6倍以上。经常项目顺差在国际收支顺差和在GDP比重中居于主体地位，2006年，经常项目顺差占国际收支顺差比重达到97%，2007年，经常项目顺差占GDP比重达到10.1%。[①] 长期的"双顺差"输出了大量的实际资源，使中国长期的可持续发展受到制约，而且加剧了中国与相关贸易伙伴国尤其是欧美的贸易摩擦。2009年，全球有35%的反倾销调查和71%的反补贴调查针对中国产品[②]。仅2009年12月1日至2010年1月8日短短一个多月时间，美国对华贸易救济案件就立案8起，初裁12起，终裁15起，立案频率之高在世界贸易救济史上极为罕见。而美国针对中国产品的反补贴反倾销案件也呈现出新的特点，诉讼的目标从过去的低端产品向高端产品转移。[③] 此外，持续扩大的国际收支顺差对中国货币政策的有效性也造成直接冲击，中央银行被动投放货币的压力加大，通过货币乘数的效应增加了市场的货币供应量。另外，过度的国际收支顺差还加大了人民币升值的压力，并造成国际游资对中国金融市场稳定的威胁。

粗放的经济增长方式难以为继，中国劳动年龄人口的增长率在21世纪以来下降速度明显加快，预计在2017年左右停止增长，在经历了一个中国特色的二元经济增长阶段之后，劳动力无限供给的特征正在消失，刘易斯转折点（Lewisian Turning Point）已经初见端倪。2004年开始出现的以"民工荒"为表现形式的劳动力短缺现象，已经从沿海地区蔓延到中部地区甚至劳动力输出省份，并且推动了普通劳动力工资的上涨。[④] 这意味着中国"人口红利"在今后将逐渐消减。另外，保持宏观经济稳定的要求，资本账户逐渐放开等因素都将推动中国利率水平逐步提高，从而增加投资成本。随着中国面临的国内国际资源环境约束加大，上述这些因素都

---

① 2007年、2010年《中国国际收支报告》，国家外汇管理局网站 http：//www.safe.gov.cn/model_safe/tjsj/tjsj_list.jsp？ct_

② 《贸易摩擦加剧，经济政策慎变》，载《广州日报》2009年11月15日，http：//gzdaily.dayoo.com/html/2009－11/15/content_765089.htm。

③ 《中美贸易摩擦加剧，阻碍中国复苏进程》，腾讯财经，http：//finance.qq.com/a/20100122/007461.htm。

④ 蔡昉：《中国经济面临的转折及其对发展和改革的挑战》，载《中国社会科学》2007年第3期。

将从长远制约着中国经济的持续高增长态势。

5.3.2 中国政治改革深化中的“现代化难题”

当前，中国政治改革深化中的“现代化难题”突出表现在中国的政治体制建设能否应对因经济、社会与政治快速发展而带来的种种问题与挑战。“国家层面上的制度供应不足已经成为中国政治所面临的最具有根本性意义上的问题。”①

中国共产党自身在新形势下的执政能力建设与先进性建设问题，是中国继续成功推进现代化与民主化建设的前提基础。改革开放以来，中国共产党执政方式已经成功实现了由革命型治理向行政型治理的转变，现正在向政治治理方式转型。改革开放 30 多年来，在中国共产党的领导下，实现了体制的平稳转轨，推动了中国经济的高速发展和社会的巨大进步。不过，正如胡锦涛在中共十七届四中全会所做的报告中指出的：“党的先进性和党的执政地位都不是一劳永逸、一成不变的，过去先进不等于现在先进，现在先进不等于永远先进；过去拥有不等于现在拥有，现在拥有不等于永远拥有。世情、国情、党情的深刻变化对党的建设提出了新的要求，党面临的执政考验、改革开放考验、市场经济考验、外部环境考验是长期的、复杂的、严峻的，落实党要管党、从严治党的任务比过去任何时候都更为繁重和紧迫。”党的十七届四中全会提出要“坚持以执政能力建设和先进性建设为主线，保证党始终走在时代前列”。党的十八大提出“全党要增强紧迫感和责任感，牢牢把握加强党的执政能力建设、先进性和纯洁性建设这条主线”，“全面加强党的思想建设、组织建设、作风建设、反腐倡廉建设、制度建设”。随着中国经济的高速发展与转型的深入，社会公正问题日益突出，并已成为影响中国政治发展的不可忽视的因素。中国共产党作为发展中国特色社会主义的历史进程中坚强的领导核心，必须承担起制度创新以推动国家经济社会进一步发展的责任。中国共产党如何继续解放思想、保持同人民群众的血肉联系，是推动中国下一步政治发展的关键。

权力监督体系的完善是中国政治改革深化的重要突破口。有效的权力监督体系是民主化建设成功发展的重要保障。中国经过长期的民主化建

① 郑永年：《改革及其敌人》，浙江人民出版社 2011 年版，第 249 页。

设，已经初步建立起具有中国特色的权力监督制约体系。不过，当前权力监督体系仍有诸多不健全、不完善之处，这主要表现在：(1) 人大监督的实际效力未充分发挥出来。全国和地方各级人民代表大会及其常委会是国家的权力机关及其常设机关，其监督应该最具权威性和强制性。但目前人大监督的实际效力尚未得以充分发挥。多年来由于缺少法律制度的有力支撑，以及体制和整个社会法制环境的制约，其权威性明显不足。近年来地方人大执法检查有流于形式的趋势，其作用和效果也越来越弱。例如，对于专项工作报告的审议存在泛泛议论、针对性不强等问题，对预算监督审议或者流于形式，或者未列入预算，人大根本监督不到。① 而人大监督权威不强的关键原因在于两点：一是人大对政府及司法机关领导成员缺少真正意义上的选择权；二是对向其负责的政府及司法系统缺少一套行之有效的监督机制。(2) 司法监督制约效力不强。司法监督是保障社会公正的重要防线，也是政府与人民之间，国家与社会之间乃至社会其他不同角色之间互动的中间或缓冲地带。一旦社会角色之间产生冲突或矛盾，而双方不能解决时，司法就可以作为公正的第三者介入。如果司法监督失去公正，社会各个角色之间尤其是弱势社会群体与包括国家权力部门在内的强势社会群体之间矛盾不能有效解决，就极容易发生对抗关系，甚至暴力行为。目前在中国，“有法不依”、“执法犯法”、“徇私枉法”、“以权代法”等问题时有发生，长期存在的“权大于法”的现象难以改变。司法的相对独立性与公正性还缺乏有效的制度保障，执法、司法中的地方保护主义现象仍然存在。2011 年，《人民日报》政治文化部和人民网就老百姓最关注的两会热点问题联合推出大型网络调查，“司法公正”位居第二。这说明，当前司法监督的公正性已成为影响中国社会乃至政治稳定的突出因素。(3) 党内民主监督机制不够完善。这表现在三方面：一是制度化与程序化建设滞后，如原则性制度规定较多，程序性制度规定较少；应急的临时制度规定较多，长远的稳定制度规定较少；文字性的制度规定较多，可操作性的制度规定较少；单项的制度规定较多，配套的制度规定较少；行为规范的制度规定较多，惩戒性的制度规定较少。二是监督环节缺失，目前主要侧重于事后监督，而对事前和事中监督较薄弱。三是党内监督领导体制不完善。党内监督基本上是纵向垂直与横向平行交叉，即纪检部门同时受

① 杨海蛟主编：《回顾与展望：改革开放以来的中国政治发展》，人民出版社 2008 年版，第 316 ~ 322 页。

上级纪委与同级党委领导。就纵向垂直领导而言，除特大案件由中央纪委直接抓外，由于相关的制度和操作程序不明确、不健全，日常监督工作往往处于较弱状态。而就横向平行监督而言，各级纪委不可能监督同级党委的主要领导干部，这样，对各级领导干部特别是主要领导干部的监督，就成为党内监督体系中的最薄弱环节。[①]（4）民主党派监督相对不足。这表现在：现实中，民主监督在实际运行中缺乏适用的法律保障，也缺乏有效的监督渠道和形式，规范性和程序化的保障较弱。在一些地方，民主监督的落实情况往往取决于当地党委、政府甚至是其领导者的认识水平和工作方法，显得监督乏力。[②]（5）社会权力监督体系薄弱。这主要表现在公民监督与媒体监督的地位和作用仍很有限。公民监督在选举民主尚不发达情况下，主要依靠信访、举报等途径，其最终效果取决于各级党政领导和专门监督机关查处权力滥用和腐败行为的意愿和努力。而新闻媒体工作者的工作权利和舆论监督权力还缺乏充分的法律保障，影响了舆论发挥的效力和监督渠道的通畅。

转型期权力监督体系的不健全是造成腐败现象易发多发以至成为中国目前十分严重的政治问题的重要原因。党的十五大报告指出：“反对腐败是关系党和国家生死存亡的严重政治斗争”，而防范和遏制权力腐败“监督是关键”。中共十六大报告再次强调“坚决反对和防止腐败，是全党一项重大的政治任务。不坚决惩治腐败，党同人民群众的血肉联系就会受到严重损害，党的执政地位就有丧失的危险，党就有可能走向自我毁灭”。中纪委向中共十七大的工作报告指出：“这些年来，党风廉政建设和反腐败斗争力度持续加大，不断取得重要成果，但是消极腐败现象仍然比较严重，反腐倡廉形势仍然严峻。”

因此，如何完善权力监督机制，以从根本上遏制腐败问题，是中国政治现代化转型中必须解决的难题。

5.3.3 中国社会发展深化中的“现代化难题”

当前，中国社会转型深化中的“现代化难题”主要表现在两个方面：一是社会公共需求的全面快速增长与公共服务短缺和非均等化的突出矛

---

① 李景治、熊光清等：《当代中国政治发展与制度创新》，中国人民大学出版社 2009 年版，第 224 页。

② 俞可平主编：《中国政治发展 30 年：1978～2008》，重庆出版社 2009 年版，第 68 页。

盾；二是社会快速发展与社会公共治理建设滞后的突出矛盾。

先看第一个方面。社会公共需求指满足社会公共利益的，具有不可分割性的共同利益的需求。公共服务除了具备一般公共产品所具有的效用的不可分割性、消费的非竞争性和受益的非排他性等特点外，还着眼于满足社会公共需要，为公民普遍公平享有。根据中共十七大报告“加快推进以改善民生为重点的社会建设”部分，我国当前社会公共需求与公共服务主要包括教育、就业、收入分配、社会保障、医疗等内容。改革开放以来，中国经过30多年的快速发展，已初步解决温饱，实现小康，目前中国正由初步小康向全面小康社会过渡，社会公共需求势必快速增长。但是与之相对照的是，中国近年来消费率却持续走低，内需明显不足，其中重要原因在于公共服务短缺。例如，教育、医疗、社会保障等基本公共服务的价格上涨速度远远超过人均收入的增长速度，城乡居民不得不将可支配收入中的较大比例用于预防性储蓄。中国财政用于公共服务支出比例不高，2006年，中国公共服务支出占财政支出的比例为50.83%，而在发达国家和部分发展中国家，这一比例最高达到80%以上，最低也超过了60%。[①]近年来，尽管中国财政支出结构已发生变化，用于民生领域的支出不断增加，但只有教育支出所占比重较大，而医疗卫生支出、社会保障与就业支出所占比重却大大低于其他国家。[②] 政府在提供社会性公共服务上的缺位，直接导致了当前公共服务需求的全面快速增长与公共服务短缺之间的矛盾。而基本公共服务的均等化是社会公共需求的重要内容，但当前中国在城乡、区域基本公共服务以及社会成员间的收入分配，却存在明显的非均等性，从而严重影响了社会公正和社会稳定。

从城乡基本公共服务状况来看，义务教育、社会保障与医疗卫生领域的城乡二元结构依然明显。从义务教育现状来看，农村劳动力的平均受教育程度只有7年左右，西部某些地区甚至不到4年。[③] 目前城乡义务教育的主要差距是办学质量，具体反映在城乡义务教育经费投入、办学条件、教师水平三个方面。[④] 从社会保障来看，中国主要将有限的社会保障资金

---

① 王谦：《城乡公共服务均等化问题研究》，山东大学2008年博士学位论文，第76页。

② 2008年，中国教育支出占财政支出比例达14.4%，远高于法国的11.2%和德国的8.8%。但是医疗卫生和社会保障与就业支出分别为4.4%和10.9%，低于美国、法国、德国与韩国。转引自宫晓霞：《财政支出结构的优化路径：以改善民生为基调》，载《改革》2011年第6期。

③ 迟福林：《起点：中国改革步入30年》，中国经济出版社2007年版，第230页。

④ 详见中国（海南）改革发展研究院：《中国人类发展报告2007/08》，中国对外翻译出版公司2008年版，第61~63页。

投向城市，而用于农村社会保障的公共支出较少。例如，2009 年以前中央财政对农村社会养老保险几乎没有任何支持，绝大部分的省（市、自治区）级财政对农村社会养老保险也无任何补助，仅仅是县（市、区）级财政给予一定的财政补贴。直到 2009 年 9 月国务院颁发了“新农保试点指导意见”，中央财政和省（市、自治区）级财政才对农村社会养老保险进行财力支持，但与城市相比差距仍然较大。[①] 从医疗卫生来看，1990～2006 年期间，虽然城乡人均卫生费用都有较大增长，但城乡人均卫生费用之间的差距却在扩大。2006 年，中国人均卫生总费用城市为 1 145.1 元，农村为 442.4 元，城市为农村的 2.59 倍。[②] 在卫生服务的可获得性、质量和数量上，城乡之间都存在较大差距。尤其是改革开放以来，随着规模庞大的“农民工群体”的形成，基本公共服务非均等性的矛盾体现得更为明显。户籍制度和不公平的公共服务体制，使农民工成为社会中的弱势群体，劳动收益长期偏低、基本社会保障欠缺、子女接受义务教育困难、农民工工资被拖欠的情况较为普遍，这也是近年来发生“民工荒”的重要原因。

从区域基本公共服务状况来看，义务教育、医疗卫生与社会保障等领域的不均衡性也非常突出。根据中国（海南）改革发展研究院所做的《中国人类发展报告 2007/08》的统计，从义务教育来看，在教师水平、教育经费投入和办学条件方面，区域间都存在较大差别。2004 年东部小学生均仪器设备值分别为中、西部地区的 1.4 倍和 1.8 倍；2005 年小学、初中生均教育经费最高的上海市与指标最低的河南省相差约 10 倍；2005 年专科及以上学历小学教师占全部专职教师的比例，东部地区比西部地区高 10.2%，比中部地区要高 13.6%。从医疗卫生领域来看，东、中、西部之间的人均财政卫生支出存在明显差距。2006 年，中、西部地区人均卫生预算支出与人均财政预算支出都低于全国平均水平，而中部最低；东部地区的卫生资源分布要高于中、西部地区；从卫生服务来看，西部地区是全国最薄弱区域。从社会保障来看，2005 年全国城镇职工基本医疗保险综合参保率超过 60%，其中西部一些地区的比例低于 50%。2005 年全国城镇职工基本医疗保险的人均支付水平为 782.7 元，但西部的一些省市还未达到

① 宫晓霞：《财政支出结构的优化路径：以改善民生为基调》，载《改革》2011 年第 6 期。

② 中国（海南）改革发展研究院：《中国人类发展报告 2007/08》，中国对外翻译出版公司 2008 年版，第 63 页。

500 元。[①]

从社会成员收入分配状况来看，收入分配差距扩大已引起政府和社会的高度关注。2003 年财政部科研所课题组发布的一份报告认为，20 世纪 90 年代以来，中国收入分配的差距不断扩大，贫富分化加剧。1991 ~ 2000 年，基尼系数由 0. 282 上升至 0. 458，已经超过国际公认的承受线，10 年上升 1. 62 倍。城镇内部各阶层之间收入差距的扩大速度明显加快。高收入户的收入增长大大超过了低收入户的收入增长，2002 年第 1 季度，20% 的高收入者的收入占总收入的 46. 2%，20% 的低收入者的收入占总收入的 6%，高低收入差距为 7. 66 倍。财产的集中度越来越强，居民家庭财产的差别越来越大。10% 的富裕家庭占城市居民全部财产的 45%，而最低收入 10% 的家庭其财产总额仅占全部居民财产的 1. 4%。[②] 尽管学者们对我国收入差距情况的评价各有不同，如"差距适度论"、"贫富分化论"、"一极分化论"、"一定范围的两极分化论"和"差距失当论"等观点，但总体上存在共识，认为"劳动报酬在初次分配中所占比重和居民收入在国民收入分配中所占比重都偏低；分配关系不合理，城乡之间、行业之间、地区之间以及群体之间收入差距大；分配行为不规范，分配秩序比较混乱"[③]。这些因素都对社会稳定造成了不可忽视的负面影响。

再看第二个方面，即社会快速发展与社会公共治理建设滞后的突出矛盾。改革开放 30 多年来，中国社会已经形成结构分化、利益多元化的格局，开始"进入利益博弈时代"（孙立平，2006）。但是相应的社会利益均衡机制却一直没有建立起来，由此导致利益关系严重失衡。所谓利益均衡机制，是在承认利益分化的基础上，在公平的原则下，通过法律、政策等手段，构筑有效的谈判沟通和意见表达的平台，保证社会中不同的群体、不同的阶层进行利益博弈时，拥有平等的权利和能力。尤其是对于弱势一方，在利益受损时，能够通过制度化的形式和渠道，有效进行利益表达，保护自身合法权益不受侵犯，或获得相应的行政、司法救济。[④] 这是与完善的市场经济相适应的不同利益主体之间的良性博弈。建立社会利益

---

① 中国（海南）改革发展研究院：《中国人类发展报告 2007/08》，中国对外翻译出版公司 2008 年版，第 67 ~ 75 页。

② 《财政部报告称中国贫富分化加剧》，中国网 2003 年 6 月 16 日，http：//www. china. com. cn/chinese/jingji/347322. htm。

③ 王婷、徐玉立：《中国收入分配问题研究述评》，求是理论网，http：//www. qstheory. cn/hqwg/2011/201109/201105/t20110510_79979. htm。

④ 迟福林：《危机挑战改革》，中国经济出版社 2009 年版，第 78 页。

均衡机制的关键，在于建立一个充分表达社会各阶层利益的机制，在此基础上，形成政府、市场与社会的公共治理框架。但是，目前中国尚缺乏较为完善的有效的社会利益表达机制：一方面，强势群体为自身争取利益时经常是非规范的；另一方面，弱势群体有效的制度化利益表达渠道更是缺乏，而当前中国弱势群体的利益表达机制问题更为突出。当前中国所面临的收入分配不合理、公共服务不足、群体性事件多发等问题，正是缺乏有效的社会利益表达机制的表现。这一方面与适应中国经济社会发展要求的行政管理体制尚未完善有关，如：行政成本增大、行政效率低下；政治参与积极性提高与表达渠道不相适应；个别官员腐败现象及监督机制不健全等问题。另一方面也与中国社会发育尚不成熟有关。尽管随着 30 多年的市场化转型，中国社会自主性有了一定程度的发展，但总体而言，仍处于较弱的状态。随着我国公共需求的不断全面增长，社会所需要的公共服务也相应变得复杂。在提供公共服务中，政府应该一直是一个重要角色，但不是唯一角色，很多角色也需要社会来提供，从而提高公共服务效率。

6

中国市场化民主化推进与“现代化难题”化解

中国的发展已经引起了举世瞩目，也让我们对未来有了更多的期待。可以说，中国正处于一个“多重复合”的社会转换的关键时期。一是文明类型的转换期——这是自近代以来“千年未有之大变局”；二是社会类型的转换期——这是自社会主义制度建设以来进一步完善的关键时期；三是经济体制转换期——这是双轨经济体制向成熟市场经济体制转变的关键时期；四是政治改革深化期——这是适应经济社会发展探索新型民主政治的关键时期。当然，这个时期也正处在国际环境的错综复杂的变化时期，也是中国各种社会问题和社会矛盾的凸显时期。这种“多重复合”转型的特点以及这种“多重复合”转型所面临的国际国内的复杂环境，在中国现代化的历史上乃至世界现代化的历史上都是前所未有的，这就需要中国智慧的创造性发挥，即在探索具有中国特色的社会主义现代化道路的同时，也要应对这一道路探索过程中所面临的各种挑战。

6.1 中国市场化民主化的继续推进

6.1.1 国际环境变化

众所周知，在人类漫长的历史长河中，存在着不同的发展时代，而每一个时代都由一系列变化赋予其鲜明的特征，从而与其他任何一个时代区别开来。事实上，这样一场崭新的变化早已显露端倪，并已演变成为一种显性的趋势。正如英国学者汤因比指出的那样：“我们时代的一个特点是由于现代技术的惊人进步……致使变化以空前的速度加快进行。现在历史被如此迅速地创造出来，以致它常常使我们惊诧不已。”① 尤其是近年来，无论人们存在何种分歧，但在一个问题上已经形成了基本共识，那就是人类社会正在处于一个新旧历史时期交替的边界，② 人类历史正在经历一场最深刻的社会变迁，③ 当今世界正在步入一个新的文明时代，④ 而且这个时代的发展脉络清晰可寻——网络化时代和全球化浪潮并行推进。正如美国未来学家托夫勒（Toffler）所预言的那样：“工业文明将在全世界丧失支配地位，新生力量将在全球蓬勃兴起。”⑤ 而这一具有决定意义的变化，将再度改变不同国家的发展境遇。

（1）网络化发展。信息技术可以追溯到20世纪40年代电子计算机发明之前，但在20世纪80年代以后信息技术的发展给人们留下的印象是最为深刻的。1980年，世界上第一部手机系统开始问世。“手机的发展是世界历史上的一个重要转折点。现在，手机已经在人们的生活中扮演着不可缺少的角色。”⑥ 20世纪90年代，互联网开始进入家庭。如果说蒸汽机是18世纪最伟大的发明，发电机是19世纪最伟大的发明，那么，互联网当之无愧是20世纪最伟大的发明。蒸汽机和发电机的发明解决了人类生产生活的动力问题，而互联网的诞生则在人类政治、经济、文化、社会等各个

---

① ［英］阿诺德·汤因比：《历史研究》（中文版），上海世纪出版集团2005年版，序言。

② ［德］彼得·科斯洛夫斯大基：《后现代文化》（中文版），中央编译出版社1999年版。这个时代又出现了不同于以往的新的变化：从普遍化走向多样化，从集团意志走向民主协商，从线性思维走向时间变移，从虚无主义走向现实主义，从单一发展走向综合发展，从技术化（技术导向、物化、疏远）走向人格化（文化导向、文化情境，强调科学中对人的主体性的重新思考，高度重视人的因素），从因果性走向或然性，从工业型走向服务型。

③ “一场革命正在席卷培根以后的今日世界，过去的任何天才都无法想象今天的最深刻的社会变迁。”［美］阿尔文·托夫勒：《力量转移——临近21世纪时的知识、财富和暴力》（中文版），新华出版社1997年版，第18页。

④ ［德］汉斯-彼得·马丁：《全球化陷阱》（中文版），中央编译出版社1998年版，第2页。

⑤ ［美］阿尔文·托夫勒：《力量转移——临近21世纪时的知识、财富和暴力》（中文版），新华出版社1997年版，序言。

⑥ ［美］罗伯特·J·希勒：《非理性繁荣》（中文版），中国人民大学出版社2008年版，第41页。

领域都掀起了一场革命。[①] 也有人将其称为“第三次工业革命”——即以计算机网络为代表的数字化制造、新能源、新材料应用技术的发展。可以说，信息网络技术的发展已经深入到社会生产以及人们生活的每一个环节。

与工业化的发展状态比较，互联网就如同一个强大的平台，促成了重要的系统性创新，形成了崭新的消费模式和催生了新型的社会生态系统，在更高水平上实现了世界资源的无边界配置。这种新的资源配置方式更加个性化、更加多样化、更加快捷化、更加复杂化，进而也造就了更多的新式企业。[②] 近年来，在信息技术的带动下，全球 GDP 中已经有 2/3 以上与信息技术行业有关。[③] 与此同时，以网络信息技术为核心的新兴制造业使得信息储存、传输和处理成本呈现几何数下降趋势。例如，1992 年 1M 数据的平均传输成本为 222 美元，但到 2010 年大幅度下降到 0. 13 美元。[④] 如果说在 20 世纪 90 年代初，人们还只是看到信息技术将引起新的经济增长的话，那么事实已经越来越清晰地表明，这场信息技术革命的更深刻意义在于引起了社会发展样态的全面变革。在工业社会，各种社会组织都试

① 半个世纪前，印度圣雄甘地曾经发出感慨：“没有火车，就没有独立的印度。”半个多世纪后，印度信息系统技术有限公司董事长穆尔蒂发出了异曲同工的感慨：“没有互联网，就没有现代的印度。”《互联网改变世界 40 年》，载《环球时报》2009 年 9 月 2 日“要闻”版。当然，网络失控也威胁着人类的安全。1987 年，美国股市因一单恐慌性抛售触发了机构投资者事先通过电脑程序设定的止损抛单，导致大量抛单在瞬间由电脑自动抛出，而证交所的控制系统一时间完全无法发挥作用，史称美国股市的“黑色星期一”。1990 年，美国 ATQT 电话公司因程控交换机软件出现设计性故障造成全美电话服务中断 9 个小时；2007 年，北美的黑莓电子邮件服务系统因出现故障造成服务中断 14 个小时；2008 年，因电脑系统问题导致英国希思罗机场五号航站楼运行陷入混乱状态；2010 年因电脑程序问题导致的道琼斯指数忽然“自由落体”，不到 5 分钟就跌了近 1 000 点。可以说，现代人的生活越来越依赖网络系统。从证券交易到银行储蓄，从办公系统到机场运输。英国伦敦帝国理工大学自动化研究学者胡德教授认为：人类过分依赖中央化系统是不利的，这不仅会让人类丧失很多原本应当身体力行参与的社会活动，小到和同事、朋友面对面交流，大到将整个投资市场的系统托付与电脑的科学化管理，都存在一定的危害和风险。甚至有人产生了“网络控制人类”的严重担忧。因此，他建议应当从身边的教训中明白，使用和过分依赖某种技术，永远是两个不同的概念。《网络失控威胁人类安全》，载《环球时报》2010 年 5 月 24 日“记者调查”版。

② 如苹果公司在 2003 年推出了 iTunrs 音乐商店，当时只销售一种产品，售价 99 美分的歌曲。今天，iTunes 的业务已经变得规模庞大：iPhone，iPod Touch 和 iPad 等硬件，以及有声读物、电影、铃声、应用服务和电子书。分析公司以及饰品制造商都从中获利。这些硬件设备的配套产品，比如手机套和耳机等每年的市场就在 15 亿美元以上。按市场资本总额计算，谷歌和苹果分别是美国第三和第九大公司，两者的资本总额达到了 3 980 亿美元。

③ 徐崇温：《当代资本主义新变化》，重庆出版社 2006 年版，第 138 页。

④ 黄群慧：《“第三次工业革命”：科学认识与战略思考》，载《光明日报》2012 年 12 月 14 日“经济学”版。

图最大限度地把揽一切经济活动。[①] 而信息技术的发展，使人类社会发展的基本技术条件发生了革命性的变化——人类社会发展开始从工业化时代走向信息化时代。

在互联网时代，信息渠道更加分散，市场变化更加复杂，创新风险空前增加，替代竞争更加激烈。在新的社会条件下，社会的发展需要大量的试验甚至“试错”来进行，再也无法依托某一种方法或某一个途径来进行，某一个社会组织或政府也难以承担如此巨大的运作成本。于是，世界各国纷纷对自身的结构进行调整，以增强对这种变化的适应性。正如日本学者在评论信息技术革命的意义时指出的那样：这些革新为人类与机器、人类与自然的关系带来了根本性的变化，并进而“改变产业社会制度”。[②] 美国学者在评论信息技术革命所带来的变化时也认为：“我们目前仍处在这个转变之中，如果历史能做向导的话，它要到2020年才会完成。但是，它已经改变了世界的政治、经济、社会和道德的面貌。”[③] 经过一系列的调整，适应于信息时代发展的新的社会样态正在形成：在社会发展上表现为从城市化向后城市化的转变，在经济发展上表现为从工业化向后工业化的转变，在技术发展上表现为从工业技术向智能技术的转变，在社会组织上表现为向更加灵活的方向转变；在社会政策上表现为向更加柔软的方向转变。总之，现代社会正在向更加知识化、信息化、创新化的方向快速发展。

（2）全球化浪潮。全球化具有涵化和融合世界范围内各种生产要素的含义——各种生产要素在全球范围内流动，这是自20世纪90年代以来世界经济发展史上具有重要意义的新的发展趋向。“冷战的结束和原计划经

---

① 在企业方面，最明显的特征就是规模经济条件下的金字塔式的组织结构；在政府方面，计划经济条件下的政府就是一种极端的表现形式。日本学者认为，在信息社会里规模经济的重要性下降和各种类型组织相互联系的重要性增强。导致以前的规模经济递增的倾向倒转的主要原因就在于在工业生产中应用了微电子技术。微电子控制的新机械设备较之单一产品的大规模生产，更适合多校产品的小规模生产。此外，由于是相对小规模的和廉价的，往往降低了进入新兴产业领域的障碍。同时，人类基本需求得到满足的成熟的产业社会的出现导致消费者需求的多样性。市场的零星化也为相对小规模企业创造了最适宜的专门活动领域。小企业也有能够对经济环境的微小变化做出灵敏反应的优势。因此尤其适合在高技术社会中生存。当然，这并不意味着大企业将不存在（即使在大企业内部，不同部门的任务分工也是越来越细），而是说信息网络化的进展使大企业在资本主义经济中越来越居支配地位的倾向发生扭转，开创了一种更加多样化的产业结构。参见［澳］泰萨莫里斯－铃木：《日本经济思想史》（中文版），商务印书馆2000年版，第227页。

② ［日］今井贤一：《日本的产业社会——进化与变革的进程》，转引自［澳］泰萨莫里斯－铃木：《日本经济思想史》（中文版），商务印书馆2000年版，第227页。

③ ［美］彼得·德鲁克：《后资本主义社会》（中文版），上海译文出版社1998年版，导言。

济体制国家的经济转轨统一了已被割裂将近一个世纪的世界市场，在制度上实现了世界各国经济的‘一致性’。这些国家的市场化转型使得世界各国的经济体制和游戏规则趋于一致，从而为建立一个开放、统一的世界市场奠定了制度基础，也为资本、技术和管理资源实现企求配置，为生产、贸易和投资实现全球性流动提供了可能。”[①] 实际上，全球化绽露端倪于世界工业化进程的初期，但直到冷战结束以后，全球化才以跨国公司为载体迅速扩展，世界开始在一个“平面”上“流动”起来。[②] 这表明，市场范围的拓展、技术的进步以及制度的变革使得各经济体的范围开始超越民族国家的边界。尽管有人认为全球化浪潮可能会发生逆转，但全球化的趋势不可阻挡：一是跨国公司以其特有的穿透力奇幻般地渗透到世界各地，标准化产生越来越为世界各国所接受；二是以世界贸易组织为中心的规则体系趋于形成，采取开放贸易政策的国家获得了更多发展的机会；三是互联网技术的进步为全球化发展提供了重要的技术支撑。在全球化过程中，市场力量正在以其不可阻挡的势头扩展其发展空间，并开始在全球范围内引导人们的社会心理和消费观念，影响人们的生活福利和行为方式。为了适应全球化的发展趋势，世界各国一方面通过加强合作，积极探索能够为生产要素的跨国配置和有序流动提供必要的制度保障和协调手段（如世界经济运行的基本规则、世界经济各领域及各层面的组织机构等），[③] 另一方面通过市场化改革，放松束缚社会生产力发展的各种不必要的规制，借以保证制度更具有包容性、体制更具有灵活性、治理更具有效率性。[④]

总之，一种如熊彼特所说的对社会变革的“新兴趣”和“新活动”

---

① 程伟主编：《经济全球化与经济转轨互动研究》，商务印书馆2005年版，撰著说明。

② ［美］托马斯·弗里德曼：《世界是平的——21世纪简史》（中文版），湖南科学技术出版社2006年版。

③ 世界多边贸易体制的形成，加快了国际贸易的增长速度，促进了全球贸易自由化的发展；金融机构进入国际金融市场并形成世界性的金融机构网络，大量的金融业务跨国界进行，金融运行规则也更加国际化；投资自由化和生产国际化迅猛发展，使生产要素得以合理组合与流动，资源得以重新配置。作为“超国家机构”的专门性国际经济组织——国际货币基金组织、世界银行和世界贸易组织。世界的相互依赖性日益增强，国际经济体系已经成为一个真正的世界性经济——相互依存的贸易与投资体系。［美］菲利普·科特勒：《国家营销——创建国家财富的战略方法》（中文版），华夏出版社2001年版，第13页。

④ 在全球经济的竞争中，游戏规则一般都建立在公司间、行业间、国别间、地区间的双边及多边谈判与协议的基础之上，并在此基础上进行修改和更正。美国早在20世纪60年代末就对通讯领域进行了规制改革并取得了良好的成效。从20世纪80年代开始，日本虽然也进行了规制缓和，但通信市场一直处于垄断状态，没有进行彻底的规制改革，也没有引进市场竞争机制。参见赵瑾：《日美贸易摩擦：由宏观经济摩擦转向制度摩擦》，载《国际经济评论》2001年第7~8期。

已经普遍形成。[①] 托马斯·弗里德曼（Thomas Friedman）在其出版的《世界是平的：21世纪简史》一书中就生动地指出了网络化和全球化的进程戏剧性地变幻出一种全新的景象。

新的变革时代需要新的理论思维。极具爆炸力的网络化发展和极具穿透力的全球化浪潮，让整个人类社会开始思考如何建立一种适应时代要求的新的社会财富的创造体系？如何建立一个适应时代要求的新的社会运行模式？如何学会共同面对现代发展中所衍生的问题？事实上，这也是对以往现代化发展状态的一种反思。

当然，自现代化诞生之日起，对现代化的反思就没有终止过。现代化是一把双刃剑。正如历史学家黄仁宇指出的那样：“现代化既可以当做快乐与新生命之原动力，也可以视为许多失望与灾害的渊薮，因而我们无法在理智上或情绪上默然视之。”[②] 事实上，在早期现代化发展中就已经衍生了许多问题，形成了两次发展危机，由此造成了资本主义的大分裂——爆发了两次世界大战。马克思早已敏锐地认识到了现代社会的矛盾性和对抗性，并将这种矛盾性和对抗性称为“现代的灾难”。尤其是20世纪，可以说是历史上变革最大、斗争最激烈、折腾最多的一个世纪。就是说，20世纪既是生产方式和生活方式发生历史巨变的世纪，也是社会动荡最剧烈、最不稳定的世纪，故有人称20世纪为“人类流血最多和怨恨最深的世纪”。[③] 第二次世界大战后，尤其是网络化发展和全球化浪潮为世界所带来的变化，让世界各国比以往任何时候都更具有共时性，人们越来越认识到现代化发展的局限性，开始探索现代化发展的协同性、适应性、灵活性、柔韧性，探索一种适合人类生存和发展的现代社会运行的新模式。[④]

（1）单纯追求经济增长模式导致了片面追逐经济利益的现象广泛蔓延，经济发展与人们的良好愿望相背离的倾向引发出了一系列新的发展问题——道德堕落问题、生活贫困问题、社会公平问题、环境保护问题。[⑤]

---

① ［美］熊彼特：《经济分析史》（第三卷）（中文版），商务印书馆1996年版，第1页。

② ［美］黄仁宇：《资本主义与二十一世纪》（中文版），生活·读书·新知三联书店2006年版，第1页。

③ 罗荣渠：《现代化新论续篇——东亚与中国的现代化进程》，北京大学出版社1997年版，第36页。

④ ［英］齐格蒙特·鲍曼：《流动的现代性》（中文版），上海三联书店2002年版，第179页。

⑤ 这也是马克思所说的“异化”问题，涂尔干所说的“反常失态”问题，韦伯所说的“非道德性”问题。罗荣渠：《现代化新论续篇——东亚与中国的现代化进程》，北京大学出版社1997年版，第42页。

一是技术发展造成的人类异化现象。正如雅斯贝斯所指出的那样：“现代技术的发展已经给人类环境中的日常存在造成了根本的转变，它迫使人类的工作方式和人类社会走上了全新的道路，即大生产的道路，把人类的全部存在变质为技术完美的机器中的一部分，整个地球变成了一个大工厂。在此过程中，人类已经并正在丧失其一切根基。人类成为在地球上无家可归的人，正在丧失传统的连续性。精神已经被贬低到只是为实用功能而认识事实和进行训练。”[①] 尤其是网络技术的发展，使人类更处在一个无实体的、虚幻的瞬间时间里，也是一个不连贯的、不合逻辑的时间里。“瞬间”意味着直接的、立即的“当场”实现和完成——但是它的重要性也是在直接的、立即的枯竭和衰减。把起点和终点分割开来的时间——距离正在一起缩减或者消失。[②] 就是说，我们每个人都处于一种片刻、瞬间、碎片的状态中。许多现代人开始自暴自弃，在易于交换的伪必然性的邪恶魅力引导下，丧失了对过去和将来的认识，退缩到了狭隘的、对他并不真实的、为自己需要的任何目的而进行交易的现实中去。于是，这个时代也就充满了如法国学者所说的“不稳定性”，德国学者所说的“不可靠性”，意大利学者所说的“不确切性”，英国学者所说的“不安全性”状态中。[③] 二是工业化发展造成的环境破坏现象。工业化的发展已经给人类自身的生存环境造成了巨大的破坏，自然资源正在面临枯竭的境况。工业化的这样一种发展结果，引起了人们对现存生产方式的反省。正如未来学家警告的那样：如果全球人口都按照美国的方式占有和挥霍财富，地球“将在一代人的时间内流尽最后一滴血”。罗马俱乐部1972年发表了《增长的极限》，弗·希尔施（F. Hirsch）1976年发表了《增长的社会限制》。生态问题决定了人对自然无限制掠夺的终结，决定了自现代化以来由人类完全支配自然的乌托邦愿望的终结。因此，在世界形成了一场生态运动。三是不平等现象日益加剧。英国学者荣休教授和英国上议院议员罗伯特联合撰写文章认为，不平等正在毁掉资本主义。[④] 即使在富有魅力的美国，人们发现太阳并不明亮，人民也并非幸福。相反，今日的美国也成为一个动荡不安

① ［德］卡尔·雅斯贝斯：《历史的起源与目标》（中文版），华夏出版社1989年版，第114页。

② ［英］齐格蒙特·鲍曼：《流动的现代性》（中文版），上海三联书店2002年版，第186页。

③ 同上，第250页。

④ ［英］荣休、罗伯特：《不平等正在毁掉资本主义》，参见《参考消息》2012年11月26日“参考论坛”版。

的国家，无家可归的人们露宿街头；饥饿的现象不断增长；吸食毒品的比率与日俱增。[①]

（2）世界经济发展的不平衡问题，已经在少数发达国家与广大后发展国家之间撕开了一个巨大的罅隙，使少数发达国家与广大后发展国家处于尖锐对立的状态。卡尔·波兰尼（Karl Polanyi）在《大转型》一书中指出：市场经济在整个人类社会发展历史中还只算是新登场的“特异体制”，既有正能量的一面，也有负能量的一面。它的负能量就是分裂了这个世界。[②] 就是说，由工业化的扩散所带来的是一种纵向分工，而缺乏一种横向联系。纵向分工的结果造成了后发展国家单一型经济的发展——主要生产出口的矿产品和农产品，难以促成全面整体的经济发展，广大后发展国家成为少数发达国家的经济附庸或补充。正如有学者指出的那样：“工业社会造成了欧洲列强或者殖民主义者征服整个世界的局面。整个非洲、美洲、大洋洲和亚洲的大部分地区实际上都被欧洲所统治。”[③] 西方发达国家把自己带进了所谓的富裕之路，却将其他异质文明推入了持续性落后的深渊，而且这种差距仍然在不断扩大。1999 年的统计数据显示，世界最富裕国家和最贫穷国家人均收入差距，从 1973 年 44∶1 扩大到 2000 年的 227∶1。在第三世界之外，全球出现了“第四世界”和“第五世界”。在西方发达国家内部，也出现了“第三世界”。[④] 关于 1000～1998 年发达世界和不发达世界人均 GDP 的情况如图 6－1 所示。

（3）对西方民主化的绝对美化和盲目推行，不仅控制了人们的思想倾向，而且阻碍了人们的创造性探索。许多历史和现实的事实表明，民主不是普世的，民主的实现会受到许多因素的制约。世界各国都应该基于自己的国情和历史发展出符合自身特点的民主政治。但是，在西方发达国家总有一些人自以为独占了真理，将工业技术作为对其他国家傲慢的工具，以绝对美化的方式罔顾事实地在一些后发展国家推行其所谓

① ［美］斯塔夫里阿诺斯：《全球通史——1500 年以后的世界》（中文版），上海社会科学院出版社 1993 年版，中文版前言。

② ［日］中谷岩：《资本主义为什么会自我崩溃?》（中文版），社会科学文献出版社 2010 年版，第 85 页。

③ ［英］厄内斯特·盖尔纳：《民族与民族主义》（中文版），中央编译出版社 2002 年版，第 56 页。

④ 卫建林：《世界正在发生深刻复杂变化》，载《中国社会科学》2013 年第 1 期。

的民主。[①] 其结果，由于缺乏支持民主政治运行的社会文化制度因素，这些民主试验往往是失败的。比如在许多非洲国家强行推行所谓民主化的结果，却是出现了“部族”分裂主义倾向——经常发生政治断裂的危机。这些例子也可以说明孤立的文化因素移植到另一种环境后可能产生的问题——暴虐肆行在非洲世界实在是触目惊心。正如汤因比指出的那样：“在民主政府的表面理想与相去甚远的现实之间有天壤之别。这种西方文化因素一旦脱离了原来的文化背景就毫无意义了，因此脱离这种背景的价值判断就不是有的放矢。但是，这种差别又具有破坏性，因为，一旦做出这种判断，就会引起内部的不稳定和无法控制的冲突，还会引起外部的谴责和嘲笑。”[②] 美国哈佛大学教授若热·多明格斯（Jorge Domingos）也指出：“美国《独立宣言》开宗明义就提出，美国不应该把自己的看法强加给别国。真正意义上的自由意味着允许别人走不同的道路，无论是在人权、贸易还是环境方面，有些甚至是美国一手主导创建的国际法律，美国期望别国遵守，自己却背而行之。”[③]

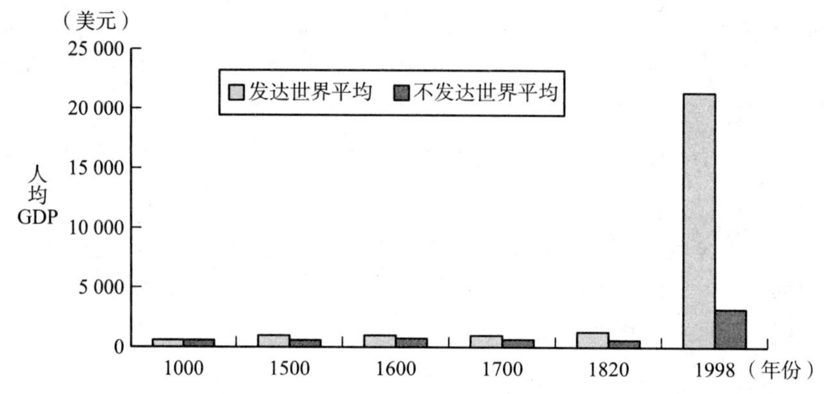

图 6-1　1000～1998 年发达世界和不发达世界人均 GDP

资料来源：转引自［美］道格拉斯·诺思：《理解经济变迁过程》（中文版），中国人民大学出版社 2008 年版，第 85 页。

---

① 西方现代化研究的正统理论认为，所谓现代化进程，必将是欧风美雨吹拂全世界的历史进程，资本主义和西方民主，是进入现代工业社会的唯一道路和最终归宿。1993 年，美国学者哈佛大学教授亨廷顿在其具有影响力的著作中，提出了“文明冲突论”。他所说的文明冲突的观点实际上就是民主与非民主政体之间的冲突。

② ［英］阿诺德·汤因比：《历史研究》（中文版），上海世纪出版集团 2005 年版，第 375 页。

③ 详见詹得雄：《替天行道还是霸迷心窍？——西方对民主的反思之二》，载《参考消息》2012 年 8 月 14 日“参考论坛”版。

此外，西方民主制度的局限也造成了西方国家的“制度困境”。新近的研究成果表明：一是选票至上原则主导下的“民主异化”现象日益突出。在西方国家，选票一直被信奉为民主制度的至上原则。政党集团为拉选票，一方面在政党之间展开白热化的斗争，另一方面为争取选民手段无所不用其极。政客们往往从个人政治利益出发，或在选举中操纵选举进程，或在选举中恶语中伤，或在选举中漫天许诺，无所不用其极。① 这种选举制度往往容易造成政策短视，最终导致缺乏公共精神的所谓民主，政府不得不寅吃卯粮，罔顾偿还能力大肆举债，国家财政负担越来越严重。与此同时，金钱政治也严重腐蚀了西方民主政治的肌体，政客们要赢得选举，必须有财界提供的资金支持，当政治力量与资本力量相互交易，并臣服于资本力量时，不仅会导致政治腐败，还会使资本处于无监管状态，并在利润最大化原则的驱使下，造成经济社会发展严重不平衡，贫富差距不断扩大，社会不公日趋加剧。② 根据美联储统计的数据显示，美国中位数家庭的资产约为772美元，最富有的10%的家庭则拥有近120万美元的资产。③ 美国诺贝尔经济学奖获得者斯蒂格利茨（Stiglitz）认为，美国的贫富不均已经达到近一个世纪以来的最高点，原因在于美国的政治制度制定了牺牲其他人群的利益而让富人受益的规则。④ 根据美国皮尤中心所做的民意调查，美国民众在2009年和2012年对自己国家现状的满意程度分别为30%和29%；英国为30%和30%；法国为32%和29%；意大利为25%和11%。⑤ 二是西方民主在设计之初，就与和平发展国际秩序相抵触。因为它的运转建立在封闭排他的领土政治之上，可以合法地将国内政治系统内的负面因素带到国际政治中，而置他国历史条件和实际利益于不

---

① ［法］伊丽莎白·瓦莱：《美国民主的选举裂缝》，载《外交世界》月刊。见《参考消息》2012年11月7日“参考论坛”版。

② 秦亚青：《西方“制度困境”的影响与启示》，载《光明日报》2012年12月12日“国家社科基金”版。2012年美国总统大选共耗资60亿美元，成为美国历史上最昂贵的大选。美式民主被批在商业利益中沉没，见《参考消息》2012年11月7日“时事纵横”版。斯特凡·比尔林：《美国人垂头丧气地开始总统选举》，载《国际政治》双月刊。见《参考消息》2012年11月8日“参考论坛”版。美国穷人陷入代际恶性循环。［美］杰弗里·萨克斯：《从洗碗工到洗碗工》，载《德国金融时报》网站。见《参考消息》2012年11月6日“参考论坛”版。

③ ［美］丹蒂·金尼：《不公平对所有人不利，对富人也不例外》，载《华盛顿邮报》2012年8月26日。

④ ［美］斯蒂格利茨：《美国不再是机遇之地》，载英国《金融时报》网站2012年6月26日。

⑤ 张维为：《西方政治体制陷入六大困境》，载《环球时报》2012年11月1日“国际论坛”版。

顾。如果不能将国内、国际关系处理得当，就难以实现世界各国的共生共处，进而爆发了两次世界大战。战后以来，民主的评价标准完全掌控在少数西方国家。在这样一种具有明显偏见的民主评价机器下，每当西方国家拟对别国进行军事干涉前，肆意把别国贴上专制、独裁的标签时，这些国家离内战和混乱就不远了。在西式民主评价机器下，你被认为进步到“民主”国家的唯一前提，就是对其俯首帖耳，放弃自己独立的外交和国内政策。总而言之，“西式民主在今日的退化和衰落，应为那些仍然在摸索政治制度建设道路的发展中国家所警惕，若盲目照搬，别人今日之困境，必将成为自己明日之难题。如果民主只是金钱的游戏……民主使人们越来越感觉个人微不足道、无足轻重，民主越来越被认为用来合法地欺负外人，民主被认为制造对立和分裂，民主制造出越来越多‘合法’战争，这种民主绝非人类对美好政治的追求方向。”因此，我们必须从“民主——非民主”这个由西方国家设定的单极思维怪圈中解放出来。此外，就西方国家自身的民主政治来讲，也越来越表现出这样一种迹象：精英脱离民众、政客不负责任的承诺、选民投票率下降、舆论受到操纵、对外粗暴干涉等，这些都可以归纳为其民主政治出现了问题。[①]

新的时代呼唤新的理论。正如联合国教科文组织总干事长伊琳娜·博科娃（Irina Bokova）在2012年第二届巴黎尼山论坛开幕式发言中所指出的那样：我们的世界在变化。我们需要一种新的人文主义，需要尊重人的基本意愿和文化的多样性。我们需要对发展有一种新的眼光。[②] 在历史发展的转折点上，世界各国在对现代化反思的基础上已经形成了新的发展趋势——确立以人为中心的指导思想，保持生产力尺度与生态尺度的统一，提高个人的、民族的、社会的内在发展活力，竞争型增长向协调型增长的转变等。[③] 具体来说有如下几个方面：

（1）关于发展的共识。发展属于战后社会科学的一个新概念。[④] 人们关于发展的认识，大致经历了经济增长、经济发展、社会发展、可持续发

---

① 苏长和：《西方需要再民主化》，载《环球时报》2013年1月9日“国际论坛”版。

② 参见《巴黎论道：儒学与新人文主义》，载《光明日报》2012年5月14日“国学”版。

③ 在全球发展的坐标轴上，一面是发达国家，另一面是后发展国家。过去人们习惯用的“文明”与“野蛮”之分和“富裕”与“贫困”之分，而今天则用“发达”（后发展）与“欠发达”（欠发展）的区分以代之。罗荣渠：《现代化新论续篇——东亚与中国的现代化进程》，北京大学出版社1997年版，引言。

④ 罗荣渠：《现代化新论续篇——东亚与中国的现代化进程》，北京大学出版社1997年版，引言。

展、科学发展五个阶段。就是说，当今人们所谈到的发展，已经不再是一个简单的经济问题，它是指诸多经济因素与非经济因素交织在一起的动力学问题——包括经济、政治、社会、文化等各个方面。世界各国已经在如下方面越来越趋向达成共识：一是不应该把发展简单地理解为一个经济范畴，它同时也是一个社会范畴和人文范畴；二是工业化是推动社会发展的重要动力，但不是人类社会发展的所有目标，更不是终极目的。1977 年联合国正式通过了关于“发展权”的概念。1987 年通过了《东京宣言》，提出了改善经济增长的质量，以持续的、平等的、公正的、安全的发展作为衡量社会发展的重要指标。2000 年联合国通过了“千年发展目标”，这也是全球化时代人文主义的体现。在这个意义上，全面的社会发展实际上是现代经济增长所引起的具有进步意义的各种社会变革，科学发展则是新一轮现代化发展的本质要求。

（2）全球意识的觉醒。伴随网络化和全球化的发展，整个世界已经成为由通信技术和跨国公司控制的单一整体——生活方式、思想样式、经济发展。人类的共同家园就是世界本身。世界不再是那种简单的纵向分工，每个国家都是世界的组成部分——发达与后发展状态是同一枚硬币的两面。如果我们缩小这个范围，我们所组成的人类画面就将变得不完全和不真实。现在，发达国家和后发展国家坐在同一条船上，每个国家都在面临着一同覆舟溺水的严峻现实。① 如果说某一个地区只想着自己繁荣昌盛，而身边的整个世界都是饥荒的话，它的繁荣是不可持续的。因此，世界需要有一种“共同的认识”，② 需要有一种共生主义的思想——各个国家的发展日益形成全球相互依存的发展。正如有学者指出的那样：“由现代技术所造成的某些问题已经超越了任何一个单独国家的利益和解决能力，无论其如何强大。核能的控制、自然环境的保护和恢复，以及食品和原材料的供应都属于这类问题。……所有国家或相当多的国家，在这些问题的解决上具有共同利益，这种利益应当在超越单个国家的利益的共同政策中反映出来。”③ 各国不但要关注国内的协调发展，同时要关注全球的协调发

---

① ［美］斯塔夫里亚诺斯：《全球分裂——第三世界的历史进程》（中文版），商务印书馆 1995 年版，作者前言。

② 同上，第 24 页。

③ ［美］汉斯·摩根索：《国家间政治——权力斗争与和平》（中文版），北京大学出版社 2007 年版，第 144 页。综合体互惠性是生物体和细胞生存的必要条件。如果一个生物体的细胞疯狂生长，而不顾及综合体的相互关系，那么这个生物体就会患上致命的癌症。［英］阿诺德·汤因比：《历史研究》（中文版），上海世纪出版集团 2005 年版，第 374 页。

展。正是与这样一种思想的形成相适应，1984 年联合国设立了环境与发展的世界委员会，其目的就在于促进和加强世界各国之间的协调与合作。哈萨克斯坦总统纳扎尔巴耶夫在 2012 年第五届斯塔那经济论坛上提出了人类文明良性发展的“五项原则”——改革进化、平等协商、包容互信、全球透明、和平共处。

（3）对多样化的尊重。现代化发展的历史表明，西方民主政治是特定历史环境的产物，而通向现代化发展的道路和与之相适应的民主化进程则是多种多样的。况且，西方民主也存在自身的局限性。[①] 德、日、意所形成的法西斯主义的现代化道路就曾给整个人类和本国人民带来深重灾难。因此，我们不应该将西方国家的现代化道路视为绝对化。德国哲学家雅斯贝斯就认为西方文明不是可以一直走到尽头的，中间会有大的转变。“任凭欧洲有一切卓越，西方仍感觉不到的是什么？我们所没有的和极其关切的要在亚洲找到！我们从亚洲得到的问题深深地存留在我们脑海里。我们为我们所产生和实现了的东西、为了我们的发展而付出了代价。我们决非走上了通向人类自我完善的路途。亚洲对我们完善的需要是必不可少的。”[②] 汤因比则一再强调：“在当今世界，西方技术型文化的价值和目标不再是确定无疑的……因此，现在有某些迹象显示，对于西方自己引起的但又无法解决的社会和道德公正问题，似乎有了另一种非西方的解决之道。”[③] “最初由西方向世界提出的问题，未来可能会有一个非西方的回答。”[④] 美国现代化问题专家巴林顿·摩尔也曾经坦率地承认：在以往的研究视域之外，还存在着尚未充分展开，有待深入研究的辽阔历史空间，这包括印度、非洲、拉丁美洲等许多国家和地区的历史和现状。这些国家和地区正面临着全新的历史选择，这一方面意味着对上述历史发展途径予以批判性反思；另一方面，这些国家的未来命运，也将对《起源》所提出的历史命题构成某种判决性检验。[⑤] 法国前总理让-皮埃尔·拉法兰

① 再比如，资本主义最大的特点是信用体系。然而，如果信用被贪欲改变了，资本主义的基础就有了问题。全球金融危机就是贪欲造成了信用的破产。就民主政治而言，也被金钱绑架了。金钱绑架了民主政治，贪欲破坏了信用体系。

② ［德］卡尔·雅斯贝斯：《历史的起源与目标》（中文版），华夏出版社 1989 年版，第 81 页。

③ ［英］阿诺德·汤因比：《历史研究》（中文版），上海世纪出版集团 2005 年版，第 380 页。

④ ［日］森岛通夫：《透视日本——“兴”与“衰”的怪圈》（中文版），中国财政经济出版社 2000 年版，第 365 页。

⑤ ［美］巴林顿·摩尔：《民主和专制的社会起源》（中文版），华夏出版社 1987 年版，译者前言。

(Jean－Pierre Raffarin) 也指出：我们切勿忘记，“我们有一种更高的价值，是全世界都要遵守的，这就是文化多样性。”[①] 2002 年，联合国通过了一项具有历史意义的决议，把每年的 5 月 21 日定为世界不同文明的对话日。

从现代化发展的历史进程可以看到：在数千年的变迁中，西方经历了激烈的决裂和突然的跳跃。雅斯贝斯就认为“西方国家在精神上统一的宗教社会，在政治上却对立的分裂社会，因此，“战争成了宗教战争”。[②] 在工业革命后，西方国家又把对立与冲突带到了世界。因此，阿诺德·汤因比寄希望于中国探索一条中间道路，把前工业社会的传统生活方式和近代以来已经在西方和西方化国家生根的工业方式这二者的优点结合起来，而又避免二者的缺点。如果中国能够在社会和经济的战略选择方面开辟出一条新路，那么它也会证明自己有能力给全世界提供中国和世界都需要的礼物。这个礼物应该是现代西方的活力和传统中国的稳定二者恰当的结合体。他希望中国能够创造出一个能够使人类免于自我毁灭的“综合体”。[③]

6.1.2 国内环境变化

经过 30 多年的改革开放，中国社会已经进入“多重复合”的社会转换的最关键时期，中国现代化也正在面临许多新的问题和矛盾。

（1）从市场化角度来看，中国通过大力推进市场化改革，促进了市场经济的活跃与快速发展。西方国家的市场化是经历了先企业、后政府的发展路径，中国的市场化则经历了先政府、后企业的发展路径。就是说，中国的市场化改革是在政府主导下进行的——政府主导下的市场培育和企业改制。在农村改革中，尤其是在乡镇企业的诞生和发展过程中，基层政府凭借自身的权威性支持了的发展，克服了土地、劳动力和信贷市场的缺失这个问题，极大地促进了农村的经济发展。只是在产品市场、劳动力市场等市场发育得相对充分之后，才逐渐地加快了国有企业改制的步伐。国有企业改制经历了放权让利、利改税、承包制、股份制等过程后，最终以产权的变更得到完善，这种稳健的渐进式的制度安排具有中国特色。这种稳

---

① 参见《巴黎论道：儒学与新人文主义》，载《光明日报》2012 年 5 月 14 日“国学”版。

② ［德］卡尔·雅斯贝斯：《历史的起源与目标》（中文版），华夏出版社 1989 年版，第 71 页。

③ ［英］阿诺德·汤因比：《历史研究》（中文版），上海世纪出版集团 2005 年版，第 394 页。

健的渐进式改革，确保了国有企业的改制并没有引起大的社会冲突，同时取得了比较符合效率的改制效果。[①] 与此同时，市场拓展和分工深化是现代经济增长的重要源泉。中国通过深化与世界市场的分工合作，扩大了市场范围。从一般性来看，市场拓展应该是企业决策的结果，而中国则是在政府主导下有秩序地进入世界市场体系的，这样实际上带动了更多的企业投入到国际市场，从而促进了市场因素的更加活跃。中国也从对外开放中获得了巨大的经济利益，没有对外开放，中国的经济改革不可能取得今天这样的成就。

（2）从民主化角度来看，经济增长是一个要素积累、技术进步和制度变革驱动的历史过程。除了要素积累和技术进步因素外，制度变革是一个重要因素。没有制度的变革，中国的市场化发展以及市场开拓是不可能的。如果我们细心观察就会发现，在经济领域发生翻天覆地变化的同时，政治改革也在有条不紊地向前推进。中国的民主化发展大致经历了三个阶段：第一，从 1978 年至 1989 年的社会主义民主恢复与初步探索阶段。在经历了“文化大革命”冲击后，中国的民主化建设遭受了严重的挫折，国家现代化建设处于百废待兴的关键时期。中国共产党第十一届三中全会在明确提出全党工作重心由阶级斗争转移到经济建设的同时，就提出了在政治上必须发展社会主义民主，健全社会主义法制的问题。由此，政治生活的民主化和国家治理的法治化开始成为中国政治发展的主线。第二，从 1989 年至 1997 年是社会主义民主建设调整与继续深化时期。在 20 世纪 90 年代末特定的国内国际背景下，政治改革的风险性和社会稳定的重要性日益凸显。尽管如此，中国共产党继续在可控的前提下审慎地推进所确定的政治体制改革，但在各项目标的优先安排上进行了适宜的调整——在政策和策略选择上开始以政治稳定和长治久安为优先考虑，党的自身建设和执政能力建设、依法治国和行政体制改革成为主要任务。第三，1997 年以后，政治体制改革与民主化进程取得突破性进展。1997 年，中国共产党第十五次全国代表大会报告明确指出：“我国经济体制改革的深入和社会主义现代化跨世纪发展，要求我们在坚持四项基本原则的前提下，继续推进政治体制改革，进一步扩大社会主义民主，健全社会主义法制，依法治国，建设社会主义法治国家。”2002 年，中国共产党第十六次全国代表大

① 王永钦：《大转型：互联的关系型合约理论与中国奇迹》，上海三联书店 2009 年版，第 132 页。

会报告第一次提出“建设社会主义政治文明”，对政治体制改革与民主化建设的目标、途径和内容阐述得更加深刻。加强党的执政能力建设开始成为政治改革与民主化建设的一项重要内容。

事实表明，中国的政治体制改革与民主化进程从来没有停止过。中国改革的总设计师邓小平高度重视中国的政治体制改革问题。他把实现党政分开视为政治体制改革和社会主义民主制度建设的关键。1980 年，他在《党和国家领导制度的改革》这篇纲领性报告中指出：在加强党的一元化领导的口号下，不适当地、不加分析地把一切权力集中于党委，党委的权力又往往集中于几个书记，特别是集中于第一书记……这种做法的弊端是“党政不分、以党代治”，也是出现官僚主义、机构臃肿、滥用权力、压制民主、专横跋扈、贪赃枉法等弊端的制度性根源。尽管对一些问题的认识尚未达成共识，一些问题还没有得到根本解决，但不可否认的是，中国的政治体制改革正在日积跬步，以其特有的节奏与方式向前推进。比如在公法方面，1989 年颁布实施了《行政诉讼法》，这是中国首部行政单位法，使得“行政程序须合法”的理念落实到了法律层面并且渐入人心；1996 年颁布实施了《行政处罚法》，2003 年颁布实施了《行政许可法》，2004 年颁布实施了《行政强制法》。此外，还有《立法法》、《公务员法》、《反垄断法》。这些法律的出台，已经将政府行政权力纳入法律的框架，也使政府行政权力受到限制。在私法方面，2004 年“人权入宪”与“私产入宪”秉承了保障公民权利、限制公共权力的思想，被视为中国民主化道路上的一个里程碑。如今，中国公民已经开始从国家体制中解放出来，有了更多选择的自由——居住迁移的自由，职业选择的自由，宗教信仰的自由，选举的自由。在国家体制转变过程中，中国政府已经由管理控制型政府向公共服务型政府逐渐转变——“有限政府”、“透明政府”、“责任政府”的理念日益彰显。据统计，到 2007 年，中国各级法院受理一审查行政案件首次超过年 10 万件。如今，官方败诉在中国已经不再是新闻。

恩格斯曾经指出：“在任何一次革命中，就像其他任何时候一样，难免会做出许多蠢事；当人们最后平静下来，以致能够重新进行批评的时候，他们必然会得出这样的结论：我们做了许多最好不做的事，因此事情搞糟了。”[①] 今天，当回顾中国改革开放历史性进程的时候，我们会发现

① 转引自罗荣渠：《现代化新论续篇——东亚与中国的现代化进程》，北京大学出版社 1997 年版，第 121 页。

在经济繁荣的背后，一些不容忽视的矛盾和问题也在积累。经济有其自身的积极因素，也有固有的消极因素。市场不能自动解决宏观经济稳定、收入分配公正、公共产品供应等问题。例如，长期以来形成的结构性矛盾和粗放型增长方式尚未根本改善；经济增长的资源环境代价过大；城乡和区域社会发展不平衡现象加剧；农业稳定发展的困难仍然存在等。由于这些问题的长期积累，最终导致了民生问题越来越突出，社会公平问题越来越凸显，社会失序问题越来越严重。因此，2007 年，中国共产党第十七次全国代表大会报告明确指出："实现未来经济发展目标，关键要在加快转变经济发展方式、完善社会主义市场经济体制方面取得重大进展。"中国共产党第十八次全国代表大会报告提出了到 2020 年实现全面建成小康社会目标的新要求。改革开放以来，我国在全面建设小康社会道路上迈出了重要步伐，但经济增长方式转变仍然落后，成为经济社会生活中的突出问题。主要表现是：经济结构调整进展缓慢，经济增长质量和效益不高；教育、卫生、收入分配、社会保障等社会建设和社会管理领域矛盾较多；公共服务体系特别是基本公共服务体系建设滞后；城乡、区域发展差距较大。这些问题固然有多方面的原因，但都与体制存在的缺陷与弊端有关。

以民生问题为例。我国改革开放的初衷是要解决人民的民生问题，邓小平同志形象地称之为"温饱问题"。此后，解决民生问题的概念越来越明确，主要体现在"建设小康社会"和"全面建设小康社会"的政策目标上。初期的改革开放政策非常成功，数亿人口走上了脱离贫困的道路。不过，近年来，民生问题离经济发展似乎越来越远，即经济发展越快，民生问题越严重。经济发展很快，国家财富大量增加，富豪不断涌现，但社会大多数人的民生越来越艰难。如果经济发展继续和大多数人的民生问题脱节，中国社会必然继续分化。很显然，如果不能解决民生问题，中国就会面临社会稳定乃至政治稳定问题。围绕民生问题，中国已经出现了两种不稳定因素：其一，源于收入分配不公、社会分化和公平正义的缺失导致的普遍性社会不满。根据中国社会科学院、社会科学文献出版社联合发布的《2013 年中国社会形势分析与预测》社会蓝皮书显示，中国城乡之间、地区之间和社会成员之间的收入差距扩大趋势尚未得到扭转。根据国家统计局公布的数据显示，2003 ~2012 年全国居民基尼系数一直处于 0.47 ~0.49 的高位水平。[①]

① 基尼系数为意大利经济学家基尼于 1922 年提出的，定量测定收入分配差异的程度。其值在 0 和 1 之间。越接近 0 就表明收入分配越是趋向平等，反之，收入分配越是趋向不平等。按照国际一般标准，0.4 以上的基尼系数表示收入差距较大，当基尼系数达到 0.6 时，则表示收入悬殊。

2012 年 31.6% 的社会民众表示最关注贫富分化问题，仅次于物价、房价，位居第三。从整体上看，一个比较明显的趋势是，职工工资总额占 GDP 的比重，居民收入和劳动收入在国民收入分配中的比重均出现下降。相比较而言，中国劳动者报酬占 GDP 比重不到美国的 1/4，而企业经营利润所占的比重则相当于美国的三倍。[①] 其二，源于“期待改革”的年轻群体的不满。多年来的教育发展，有效地提升了民众所接受的教育水平，但因为教育体制改革本身的弊端，很多人学无所用，找不到工作或者就业不足。大学生和农民工工资水平的拉平是典型的例子。而这个群体的期望很高，一旦不能满足，对社会和政府的不满就成为必然。

由于民生问题越来越严重，很可能导致中国陷入“中等收入陷阱”。中国人均 GDP 已经达到 4 930 美元，跨入中等收入国家的行列。但是人们也注意到，中国开始出现同那些经过或者在经历着“中等收入陷阱”困扰的国家类似的现象——经济增长乏力、贫富分化、腐败多发、公共服务短缺、就业困难、社会不稳、信仰缺失。历史地看，“中等收入陷阱”可以在许多国家观察到，如巴西、阿根廷、墨西哥、智利和马来西亚等，这些国家在 20 世纪 70 年代均进入了中等收入国家行列，但直到现在仍然挣扎在人均 GDP 3 000 ~ 5 000 美元的发展阶段。如何才能摆脱“中等收入陷阱”，这就需要通过深化体制改革，促成可持续的经济发展。然而，不解决民生问题，所谓的“深化体制改革”必然成为空谈。人们早已经认识到传统的经济发展模式已经到了尽头，进一步的发展需要通过转型寻找新的经济增长点——建设消费社会。但是，目前最主要的问题在于尚未形成消费社会的基础。主要表现为：一是社会政策缺失，没有建立起社会保障、医疗、教育和住房等方面的基本制度。在无助的情况下，人民即使有了些积累，也不敢消费。二是一般劳动所得过少，收入不高。很显然，建设消费社会最直接的方法，就是继续提高人民的生活水平，改善民生。一般来看，要解决民生问题，一个现实的问题就是国家的财力问题，没有财力，就无能为力。所以，一个国家民生问题的解决，往往发生在该国处于比较长期的经济上升发展并且政府或者社会积累了相当财富的时期。一旦这个国家的经济增长缓慢下来，政府和社会财力衰退，那么民生问题就会难以解决，社会发展就可能由此进入一个恶性循环和怪圈。[②]

---

① 熊培云：《重新发现社会》，新星出版社 2012 年版，第 28 页。

② 郑永年：《为中国辩护》，浙江人民出版集团 2012 年版，第 192 ~ 194 页。

6.2 中国市场化民主化的未来取向

事实上，在当今世界各国的竞争更是一种制度的竞争和文明的竞赛。对于21世纪的中国而言，能否化解“多重复合”社会转换过程中的问题和矛盾是我们必须面对的挑战。中华民族是一个能够不断进行自我反思的民族，改革、开放、进取，已经成为中国今后发展的主题，我们需要通过正反两个方面的经验和教训不断进行自我纠正，以更好地适应未来的发展。中国已经取得的经验证明，一个社会转换的成功与否，不仅依赖于这个国家特定的经济、政治和社会结构，而且高度依赖于改革者对于这些结构参数的认识，即是否拥有一种克服困难的勇气和智慧，并在此基础上选择转换过程中的合理性序列安排。事实上，改革的本质并不在于速度的快慢，而关键在于是否选择了既符合现代化发展规律、顺应时代发展要求，又符合中国社会实际的序列安排，否则就有可能“欲速则不达”。根据环球舆情调查中心的舆情调查表明，中国民众更愿意接受渐进式的改革方式。[①] 这不仅表现出了中国民众理性平和、积极向上的国民心态，同时也为我们稳步推进改革奠定了重要的社会心理基础。

6.2.1 以国家制度建设为根本

国家制度是一整套相互联系的规则和规范体系，规定了一个国家内特定组织、机构或集体的行为模式和交往方式；这些规则和规范体系包含了某些明示或默许的指向。作为组织、机构或集体行动的规则和规范体系，制度对人们的控制和影响是普遍有效和持续不断的。国家制度建设包括国家根本层面的制度、社会基本层面的制度、公民具体层面的制度。从世界现代化发展进程来看，任何有效的市场化和民主化的发展都是建立在有效的现代国家制度基础上——现代国家制度能够保证把不同社会集团按既定的程序稳步地吸收到体制之内，以避免它们在体系外造成无规则的破坏。一般情况下，现代国家制度建设处于低水平状态的社会是不稳定的，现代

---

① 《中国民众更接受渐进式改革，不认同照搬西方》，载《环球时报》2012年3月13日“新闻背景”版。

国家制度建设处于高水平状态的社会是稳定的。因此，一个社会如果希望民主化的发展，首先要存在最低限度的国家制度、政治秩序和国家对领土和人民的有效控制。

在现代化的发展过程中，西方国家逐渐确立了一套比较完备的现代国家制度，形成了巨大的国家动员能力，而许多后发展国家还没有形成这样的一套制度。近代以来，中国之所以在西方现代国家面前失去了竞争能力，中国的改革之所以屡遭失败，关键在于没有建立一个适应现代化发展的新型的现代国家制度。1895 年，清朝败于日本，李鸿章到日本求和。日本首相伊藤博文问李鸿章：“十年前，我和你谈论改革的事，为什么直到现在，你一件事情也没有做成?”李鸿章回答道：“我国的事务深为传统所限制。我不能做我想做的事。我力不从心，没有力量去达到我的目标。我为此深感羞愧。”① 还有一些后发展国家盲目效仿西方发达国家，很多政治的、社会的和经济的斗争超前发展了；在没有建立民族国家基础的情况下搞起了独立；在尚未形式国内统一市场和缺乏市场经济联系的情况下，搞起了联邦制；在尚未形成能发挥领导作用的资产阶级，人身依附关系还普遍存在于广大农村的情况下，搞起了自由民主。这种超常发展所引起的社会矛盾，根本不是脆弱的政治制度所能承受的，因而进一步加剧了社会的动乱。② 从一些后发展国家的经验来看，民主化并不能够帮助它们建立现代国家制度，只有现代国家制度建立以后，民主化才有可能实现。

可以说，自新中国建立以来，中国对国家制度建设的认识经历了不断深化的过程。毛泽东时代初步确立了现代国家制度——人民代表大会制度、中国人民政治协商制度和民族区域自治制度。但是，在“文化大革命”中，这些制度都在不同程度上遭到了破坏。改革开放后，中国又经历了以经济建设为中心到“三位一体”、“四位一体”、“五位一体”的建设思路，表明我们对现代国家制度建设的认识越来越全面。③ 中国改革开放的目的是建设一个具有现代意义的国家制度，在转型时期内中国的根本任务仍然是致力于这样的国家制度建设。正如邓小平 1992 年在南方谈话中

---

① 郑永年:《未竟的变革》，浙江出版联合集团 2011 年版，第 33 页。

② 世界现代化进程研究丛书:《罗荣渠与现代化研究》，北京大学出版社 1997 年版，第 78 页。

③ 新中国成立以来，以毛泽东、邓小平、江泽民同志为核心的党的三代领导集体，对中国特色社会主义建设的总体布局由在经济建设内部进行农业、轻工业和重工业综合平衡的布局，发展成为经济、政治、文化建设“三位一体”。新世纪新阶段，以胡锦涛同志为总书记的党中央明确提出了经济、政治、文化、社会“四位一体”的总体布局。党的十八大报告进一步明确提出了经济、政治、文化、社会、生态“五位一体”的社会主义现代化建设的总体布局。

指出的那样："恐怕再有三十年的时间，我们才会在各方面形成一套更加成熟、更加定型的制度。在这个制度下的方针、政策，也更加定型化。"①现在，中国正处于"多重复合"转型的关键时期，中国的社会经济和文化等许多方面都发生了新的变化，国家制度建设也应该与时俱进，否则就容易出现由于国家制度的缺失而导致的国家权威危机。②而制度建设的首要任务，仍然是中国的国家权威需要进一步从革命型向制度型转变，执政方式从运动型向法治型转变。为什么要强调进一步从革命型向制度型转变，执政方式从运动型向法治型转变呢？现代国家的一个重要标志，就是指"统治者开始区分公权和私权，并开始用公权保护私权、用公权为私权服务"③。在现代国家，人们不再是皇家的臣民，而是独立的个体，个体的价值受到国家的尊重。过去，中国的国家体制在名义上实行的是高度集权，但这个高度集中的中央权力被成千上万个高度地方化的政权和组织所瓜分。实际上，现代国家制度建设的重要特点不是弱化中央集权，而是强化中央集权。如何集权？关键在于民主，民主并非只是选举体制的确立那样简单。概括地说，民主就是要增加国家各项制度中的人民性，就是说要让人民参与国家制度，分享国家权力。只有当人民的权力转化成为国家权力，或者说国家权力有了人民这个基础，中央集权才有可能，国家制度建设才会真正落到实处。④

人民民主是我们党始终高扬的光辉旗帜。世界现代化的历史和中国现代化的历史均表明，最富有生命力的对希望的追求，始终根植于人民大众的内心深处。受人民拥护则国兴国强，遭人民反对则国衰国亡。所以，人民民主始终是中国共产党高扬的光辉旗帜。改革开放以来，我们总结发展社会主义民主正反两个方面的经验，强调人民民主是社会主义的生命，坚持国家一切权力属于人民，不断推进民主化进程。人民群众的主体性、独立性、自由度和参与度空前高涨，无论农村改革还是城市改革都应归功于人民群众的实践和创造。就现实的情况来看，我们应该大力推进三个层面的制度建设。在国家制度层面，大力加强有利于国家富强、民主、文明、

---

① 转引自魏礼群：《加快建立中国特色社会主义行政体制》，载《光明日报》2012 年 11 月 23 日"观点"版。

② 郑永年：《未竟的变革》，浙江出版联合集团 2011 年版，第 38 页。

③ 现代意义上的国家起源于 1648 年的《威斯特伐利亚合约》，是欧洲世界体系的产物。这表明，国家利益是在世界体系中形成的。领土完整、主权独立、民族统一以及在国际社会中发挥的作用被看成是国家利益。在现代社会，国家主导的目的是形成国际领域的整体竞争优势。

④ 郑永年：《未竟的变革》，浙江出版联合集团 2011 年版，第 5 页。

和谐的制度建设，进一步完善人民代表大会制度，健全社会主义协商民主制度，完善基层民主制度，完善相关的法律体系；在社会制度建设方面，大力加强有利于自由、民主、公平、法制范围形成的制度建设，加快形成党委领导、政府负责、社会协调、公众参与、法制保障的社会管理体制，深化收入分配制度改革，完善社会保障制度；在公民个体层面，大力加强有利于爱国、敬业、诚信、友善道德培养的制度建设，尽快建立个人信用档案制度，大力宣传理性道德。

6.2.2 以社会基本建设为基础

马克思认为，良好的社会秩序需要国家与社会之间的良性互动，二者之间以友好协作、互为服务、共同发展为指向而形成一种合力，有效防止、抑制或调节各种社会矛盾，促进安居乐业的社会秩序的生成。[①] 改革开放以来，为了调动各个方面发展经济的积极性，国家制定了许多带有差异性的制度安排，并以各种差别性政策表现出来。例如，享受各种政策优惠的经济特区、经济开发区，各种社会群体社会保障的制度性差异，各阶层工资福利的制度性差异，户籍制度，行政权力介入的行业垄断等。由于制度安排的原因，形成了一道道社会鸿沟，反映了新时期的“社会不平等”，产生了严重的社会问题，加剧了社会矛盾与冲突。[②] 中国共产党第十八次全国代表大会报告明确提出到2020年全面建成小康社会的宏伟目标。要实现这一目标，就必须以加快社会基本建设为途径，克服发展中不平衡、不协调、不可持续的问题，消除城乡和区域发展差距、居民收入分配差距以及教育、就业、社会保障、生态环境、食品安全、社会治安、执法司法等关系人民群众切身利益的矛盾和鸿沟，维护社会公平和公正。

现代社会应该是一个经济发达的社会，也应该是一个公平公正的社会。有学者这样认为：“一个国家是否强大，关键不在于国家，而在于社会，在于民间力量的养成。”[③] 而民间力量的养成关键依靠两个重要因素：一是政府要维护社会的公平公正，二是政府要为全体社会成员谋求幸福。正如瑞典经济学家西斯蒙第所指出的那样：“政府是为全体人民的利益而

---

① 张静、张陈：《马克思的社会秩序观》，载《光明日报》2012年5月1日第5版。

② 唐任武：《消除社会鸿沟才能全面建成小康》，载《中国教育报》2013年1月18日“理论周刊”版。

③ 熊培云：《重新发现社会》，新星出版社2012年版，第117～118页。

建立的，它必须经常考虑全体人民的利益。正如政府应该向一切公民广施自由、道德和文化的恩泽一样，政府还应该通过政治经济学来为所有的人管理全民财产的利益；它应该设法维持秩序，使富人和穷人都享受到丰衣足食和安宁的生活，这种秩序不许国家里有任何人受苦，不许有任何人为自己的将来感到担忧，不许有任何人不能以自己的劳动获得本人和自己的家庭所需的衣食住行；要使人的生活变成一种享受，而不是一种负担。抽象地说，积累国家的财富绝不是成立政府的目的，政府的目的是使全体公民都能够享受财富所代表的物质生活的快乐。”①

一般来说，社会基本建设包括如下几个方面：(1) 社会民生建设，其主要手段是社会政策体系的构建和基本公共服务的均等化。建立一个公平社会一直是每一位中国人的梦想，也是现代化发展的应有之义。早在两千多年前，孔子便希望建立一个大同社会。他认为：“大道之行也，天下为公，选贤用能，讲信修睦。故人不独亲其亲，不独子其子；使老有所终，壮有所用，幼有所长，鳏寡、孤独、废疾者皆有所养。”改善民生也是中国共产党的政治追求。共产党军队从尊重私人产权开始闹革命，赢得了人民群众的拥护。中国的改革开放也是为了人民群众过上更有尊严的生活。改革开放以来，从邓小平时代的“解放生产力”到江泽民时代的“三个代表”，再到胡锦涛时代的“以人为本”。中国共产党第十七次全国代表大会报告又将“民生”问题具体概括为让全体国民“学有所教、劳有所得、病有所医、老有所养和住有所居”。(2) 社会管理创新，建立公共事

---

① 立法者努力奋斗的目标，即一方面要全面考虑一部分人通过社会组织可能获得的幸福，另一方面要使所有的人共享这种幸福。如果立法者为了使所有的人得到同等的享受，而不能使某些杰出的个人得到充分的发展，如果他不允许任何人出类拔萃，如果他不能为同类找出一个模范，作为寻求公共利益的先驱，那么，他就没有完成立法任务。如果只是以造成一些特权的人为目的，使一小撮人高高在上，而使其他一切的人因此受苦受难，那就更不能说他完成任务了。在某些国家里，人们并不受苦，但是他们也没有相当的余暇或相当的安闲去尽情享乐和钻研学问，这些国家即使给予下层阶级很多的幸福的机会，它也只算是一个半文明国家。在某些国家里，如果广大人民群众经常感到匮乏，生活极不稳定，意志被挫折，精神被斫丧，人格被贬低，即使上层阶级获得至高无上的人类幸福，充分发挥一切才能，极尽人间乐事，这个国家仍然是一个被奴役的国家。既考虑全民族，又考虑每个人。立法者绝不是用平分财产的方法来使人获得幸福，因为这样可能破坏唯一能创造一切财产的劳动的热情，而且劳动只在这种不平均的情况下才能受到鼓舞，劳动热情才能通过领导而不断恢复。相反地，要通过经常保证一切劳动得到报酬的方法，也就是说，要用维持灵魂的精力和希望的方法，要使穷人和富人同样享有稳定的生活，并且要使人们尝到完成自己任务以后的人生乐趣。这样说来，完美的社会制度对穷人和富人同样有利，我们必须努力建立这样一种制度。[瑞] 西斯蒙第：《政治经济学新原理》（中文版），商务印书馆1997年版，第19~23页。

务的治理模式。社会管理不同于管理社会。社会管理不仅包括了政府对社会的管理，如群众利益协调、社会治安防控与食品药品安全监管等，还包括了社会的自我管理——建立在社会自我组织基础上的自主管理，以及社会组织协同政府的社会管理。社会管理创新，就是充分发挥市场在资源配置中的基础性作用，充分发挥社会组织参与公共服务的提供、协同政府社会管理的作用，积极培育和发展社会组织，稳步推进公众参与和民主决策，扩大社区自治，形成多元共治的公共事务治理模式。（3）社会体制改革，培育和发展社会组织，充分发挥社会组织在社会管理中的基础性作用。一个有序的社会必然是一个自然融合的社会。就中国目前的社会体制来说，其改革尚未取得实质性的突破。比如社会组织的双重管理体制，大大限制了社会组织的合法性获得和发展空间；社会流动体制比较多地还是依靠政治动员的方式，法治框架下的公众有序参与进展缓慢；制度设计造成的城乡二元、身份分割和区域分割现象还普遍存在。因此，必须通过大力推进社会体制改革，逐步消除差异性的制度设计，使每个社会成员都享有平等的社会福利和公共服务资格，能够充分参与社会公共生活；社会流动是自由开放的，向上流动是可能而且是通畅的，社会动员和集体性干预是法治化的。

6.2.3 以政治稳定为前提

伴随着改革开放的深化，中国的制度建设越来越向纵深推进，在各种利益日益多元化的条件下，如何保持中国制度建设的顺利进行，将是一个巨大无比的难题。美国学者亨廷顿指出：“经济的现代化并不必然带来政治的稳定。”[①] 各国在现代化过程中都发生过一定的社会冲突，[②] 对许多后发展国家来说，政治稳定显得更为重要。稳定和发展密切相关，有稳定则有发展，无稳定则无发展。如果没有稳定，一切现代化努力都将在混乱中

---

① ［美］塞缪尔·亨廷顿：《现代化理论与历史经验的再探讨》，上海译文出版社 1996 年版，第 131 页。

② 比如英国就曾发生了宗教叛乱和农民暴动。“自 14 世纪以来，一些迹象已经表明，农村和城市的商品贸易经济的重要性在增强，封建主义日趋没落，并被英国软弱的王室专制主义所代替。这种没落和代替在激烈的不断发展的宗教斗争中继续下去，而那种宗教斗争形式反映了一种文明取代另一种文明之际所必然产生的焦虑和痛苦。”［美］巴林顿·摩尔：《民主和专制的社会起源》（中文版），华夏出版社 1987 年版，第 2 页。

付诸东流。[1]

在一个社会里，每一社会成员的行为选择都会影响到其他社会成员的行为选择。全体社会成员都追求自身福利的最大化，所以，他们的行为选择是相互依赖的，也可以说是一种“社会博弈”。当社会成员之间的这种相互运动进入了某一状态，并且在那个状态里没有谁愿意继续运动的时候，那个状态就是一种“博弈均衡”。在均衡状态里，社会成员所持的博弈策略就构成一个均衡的策略格局。[2] 只要一个社会是足够稳定的，而不是处于极端不稳定的状态，那么人们的理性行为选择就是合作的。社会发展需要市场化，市场化发展需要秩序化和信用化，而实际上，暴力是对市场的最大破坏，不稳定是对信用的最大伤害。因此，对许多正在追求现代化的国家来说，“基本的问题不是自由，而是创立一个合法的公共秩序……人们可以有秩序而没有自由，但他们不能有自由而没有秩序。必须先有权威，然后才能对它加以限制”。没有稳定的国家权威现代化就无从谈起，现代化的第一个条件就是建立强大的、为全体人民接受的国家权威。[3] 一般来看，现代化在不同时期需要不同的稳定条件：现代化启动时期，需要国家的权威性；现代化发展时期，需要体制的灵活性；现代化成熟时期，需要法理的权威性。

6.2.4 以鼓励创新为导向

美国学者威廉·鲍莫尔（William Baumol）认为：在现代社会，经济增长是缓解社会紧张的润滑剂。停滞的社会是没有希望的社会，因为这样的社会难以让人们相信自己的福利会得到改善。在这样的社会里，能够改变现实秩序或改善一个人自身生活水平的企业家精神非常匮乏或根本不存在，更不要说改善人们的生活水平。简而言之，经济增长缺失本身就可能变成一种障碍，抑制进步，甚至更糟。[4] 当然，经济增长有“蛮力”的增长和“精明”的增长之分。前者是指增加更多的投入即投入更多的劳动力

---

① 世界现代化进程研究丛书：《罗荣渠与现代化研究》，北京大学出版社 1997 年版，第 64 页。

② 汪丁丁：《制度分析基础讲义》，世纪出版集团 2005 年版，第 41 页。

③ 世界现代化进程研究丛书：《罗荣渠与现代化研究》，北京大学出版社 1997 年版，第 67 页。

④ ［美］威廉·鲍莫尔：《好的资本主义、坏的资本主义》（中译本），中信出版社 2008 年版，第 29 页。

和更多的资本；后者是指通过技术进步带来的增长，可以将一个经济从收益递减中解放出来。不断地用更好的机器或设备来装备既定的劳动力。[①] 美国学者德鲁克（Drucker）在诠释熊彼特有关企业家“创造性破坏”的说法时指出：“一个健康经济的‘常态’是由创新的企业家所带来的动态非均衡，而不是均衡和最优化。”[②] 因此，创新是“精明”的经济增长的根本原因。一般来说，创新主要包括三个方面，即技术创新、产业创新和制度创新。以上三者虽然同属创新，但所表现的特点和所需要的支撑性条件各不相同。

（1）技术创新具有个体化、偶然性、规模小的特点。关于技术创新，美国经济学家熊彼特在其《经济发展理论》一书中列出了五个方面，即开发新的产品、引进新的生产手段、开拓新的市场、获得原料和半成品的新的供给源以及实现新的产业组织。[③] 他认为，这样的技术创新一旦出现，经济社会发展就会产生一种“不连续的”飞跃。正是这样一种“不连续的”飞跃，才成为经济增长发动机运转的根本推动力。技术创新具有风险性，这主要是指由于外部环境的不确定性、技术创新项目的难度与复杂性以及创新者自身能力及实力的有限性而导致技术创新活动达不到预期目标的可能性及其后果。因此，熊彼特认为赋予研发者一定的垄断力量是鼓励创新是合理制度安排。专利制度的设计就是赋予研发者垄断力量的制度安排。有学者证明，专利保护越强，研发投资就越多。1980 年以来，美国积极进行了专利制度的改革：一是将更多的产品纳入专利保护的范围，如软件、生物工程、金融衍生工具甚至企业的商业竞争方法都可以申报享受专利保护；二是设立联邦巡回上诉法院管辖专利侵权诉讼案件，赋予专利持有人更强有力的法律保护；三是将专利保护期从 17 年延长至 20 年。加强专利保护的最终目的是促进研发和技术进步，推动经济增长。20 世纪 80 年代以后，美国专利数量增速明显，到 2000 年，美国的专利数量达到 1980 年两倍之多。[④]

（2）产业创新具有连锁性、扩散性和市场规模的特点。技术进步通过

---

① ［美］威廉·鲍莫尔：《好的资本主义、坏的资本主义》（中译本），中信出版社 2008 年版，第 34 页。

② 同上，第 2 页。

③ ［美］约瑟夫·熊彼特：《经济发展理论——对于利润、资本、信息、利息和经济周期的考察》（中文版），商务印书馆 1991 年版，第 73～74 页。

④ 徐朝阳：《专利制度与创新：争论与进展》，载《经济社会体制比较》2009 年第 1 期。

产业间的相互影响，会将更多的产业卷入发展的过程中。用熊彼特的话说，技术创新一旦卷入商业过程，便会“不断地从内部使这个经济结构革命化，不断地破坏旧结构，不断地创造新结构”，实现“产业突破”。因此，“技术创新必须向技术扩散转变，而技术扩散需要技术扩散能力，技术扩散能力则依赖产业的扩散系统支持”。[①] 同时，产业创新又为技术创新提供丰厚的利润回报，从而推动技术的持续性创新，二者由此进入良性互动状态。产业创新需要承担更大、更多的市场风险，所以产业创新需要制度鼓励，提供创新机会并给予创新回报。

（3）制度创新使技术创新和产业创新活动从偶然性到常规化，从自发行为到组织行为，从企业行为到国家体系。技术所有者需要保护，产业创新者需要鼓励，政策制定者需要公益。一般来说，“制度框架提供了激励，这些激励规定了哪些种类的技能和知识能够带来最大报酬”[②]。如果制度安排不巧将更多的报酬给予了寻租活动，或破坏性活动，诸如战争或有组织的犯罪，而将较少的报酬给了生产性的创新活动，此时我们可以预料一个经济体中的企业家资源将会被配置在生产性事业之外。“典型的资本主义经济与所有其他经济体系最鲜明的差别就是自由市场中存在的压力迫使企业不断地进行创新，因为创新对许多企业而言是生死攸关的。”[③] 因为，只有市场压力，才能驱使企业采用可行的最经济的生产方式，并提供最符合消费者需求的产品组合。因此，“对一个社会而言，最有希望推动创新活动的方式，就是减少非生产性或破坏性寻租行为的收益”[④]。在其他类型的经济体中，新技术的扩散是以缓慢的速度进行的，通常需要几十年甚或几百年的漫长过程，而市场经济中存在的竞争压力迫使企业不断地进行创新，同时给予创新行为以相应的制度保证。

从技术创新、产业创新、制度创新三者的相互关系可以看出，技术创新是动力，产业创新是核心，制度创新是保障。而技术、产业、制度环境三者发展的高度融合已经成为现代经济增长的关键。[⑤] 正如美国学者迈克尔·波特（Michael Porter）指出的那样，“持续的技术创新连锁效应的生成条件”包括四大要素：一是高度的人才、社会基本建设和包括知识产权

---

① 周密：《技术差距理论综述》，载《经济社会体制比较》2009 年第 3 期。

② ［美］道格拉斯·诺思：《理解经济变迁过程》（中文版），中国人民大学出版社 2008 年版，第 55 页。

③④ ［美］威廉·鲍莫尔：《资本主义的增长奇迹》（中文版），中信出版社 2004 年版，前言。

⑤ 黄茂兴：《技术选择、产业结构升级与经济增长》，载《世界经济》2009 年第 7 期。

在内的要素条件；二是内需规模和包括个人消费者在内的国内客户成熟且严格的市场需求因素并重；三是关联产业之间的互动和产业集群的存在；四是可散发技术创新动力的国内竞争。[①] 不难看出，这四大要素无不与制度条件有关。只有在制度创新的条件下，技术创新以及由此而引发的产业创新才具有必然性和经常性的特征。

吴敬琏先生曾经对中国过去30年的经济增长做出如下解释，他说：“改革开放初期，中国在保持原有经济体制和行政主导大体不变的条件下，实行了一系列变通性的制度安排（包括农村家庭承包制、价格双轨制、财税包干制和经济特区），在原有大一统的僵化体制上打开了一个缺口，为有创业能力的人从事生产性活动提供了广泛的可能性，由此推动了民间创业活动的兴起。正是大量企业家才能转而配置到了生产性活动上面，中国的民营经济部门得到了迅速发展，中国经济才实现了一次比较长时间的高速增长。”[②] 当然，这些变通性制度安排没有及时地被更加正式的法治体制和市场体制所取代，相反，它们逐渐被固化为一种国家主导型的体制，各级政府依然掌握大量经济资源的配置权，而且通过行政审批权限的设定侵犯了企业家的市场进入权，与此同时，一些大型国有企业在许多领域保持着垄断地位。于是，伴随着经济的发展，中国也就成了一个腐败和寻租猖獗的国家，同时也是收入分配严重不公的国家。[③] 因此，我们需要继续以创新为导向，为更多民间企业或中小企业提供公平发展的机会。

6.2.5 以加强党的建设为保障

改革开放以来，在中国共产党的领导下，中国的政治体制改革已经取得了很大的成效。比如领导干部任期制度的确立，有效地防止了个人迷信与个人专权的再出现。党代表大会、人民代表大会、政治协商会议与各党派、群众团体的大会与换届制度的坚持，正在使民主生活常规化、制度化。干部任免的程序与考评，使民意已经能够发挥相当的作用。党代表大会和人民代表大会已经为表达民意提供了很大的空间。纪律检查与监察工作大为加强，使贪腐者丧胆。舆论监督也在发挥越来越大的作用。所有的不带有偏见的人都会承认，中国的政治体制得到了很大的改善，社会的政

---

① 参见［日］小岛明：《日本的选择》（中文版），东方出版社2010年版，第10页。

②③ ［美］威廉·鲍莫尔：《好的资本主义、坏的资本主义》（中译本），中信出版社2008年版，序言。

治生活面貌和氛围也大为改观。中国共产党已经成为中国团结、稳定、奋进、发展的决定性因素和根本保障。

世界政党政治发展的历史表明，一个执政党治国理政的思路具体来说有五个方面：一是为谁执政？二是确立什么样的指导思想？三是执政的目标是什么？四是围绕实现目标的制度设计是怎样的？五是实现目标的具体途径是什么？中国共产党第十八次全国代表大会报告已经从执政理念、指导思想、奋斗目标、制度设计、路径选择五个方面，进一步阐述了治国理政的新思路。现在，最应该做的就是围绕上述几个方面大力加强党的自身建设：加强学习型政党建设、服务型政党建设和创新型政党建设，这也是中国共产党第十八次全国代表大会报告提出了执政党建设的新要求，是新形势下全面加强和改进党的建设的新部署，也是党的执政理念的新发展。

建设学习型执政党，就是要不断学习、善于学习，系统掌握中国特色社会主义理论体系，学习历史经验，学习人民群众的实践经验，学习世界各国包括资本主义创造的人类文明的优秀成果，努力掌握和运用新思想、新经验，学以致用，解决实际问题，不断推动社会发展进步。同时，学习现代科学知识，学习与岗位职责相关的新技术、新技能，自觉运用科学思维与科学方法，优化执政思维，提高工作效率和决策水平。

建设服务型执政党，就是要坚持全心全意为人民服务的根本宗旨，坚持立党为公、执政为民的执政理念，始终把实现好、维护好、发展好最广大人民的根本利益作为自己的庄严使命。在延安时期，中国共产党就提出了“全心全意为人民服务”、“从群众中来，到群众中去”以及从严治党的坚持群众路线的原则立场、基本方法和根本保障，并形成了许多有益的基本经验。比如在党的建设方面，提出了把党建设成为一个广大群众性的马克思主义政党的目标；在政权建设方面，提出实行“三三制”的原则，建立起广泛的抗日民族统一战线；在经济发展方面，开展了精兵简政和大生产运动。1945 年，毛泽东在中国共产党第七次全国代表大会报告中指出：“人民，只有人民，才是创造世界历史的动力。”① 党中央制定了放手发动群众，壮大人民力量，在党的领导下，打败日本侵略者，解放全国人民，建立一个新民主主义的中国的政治路线。坚持党的群众路线既是党领导革命、建设和改革成功的基本经验，也是对中国特色社会主义现代化建设新的发展阶段所面临挑战的回应。践行党的群众路线，就要着力解决人

① 《毛泽东选集》第三卷，人民出版社 1991 年版，第 1031 页。

民群众反映强烈的贪污腐败、脱离群众、形式主义、官僚主义等方面的突出问题。

新的形势和新的任务要求不断推进党的建设实践创新、理论创新、制度创新，使党的建设不断适应党的事业发展要求；要求我们不断创新党的领导体制和工作机制，建立健全的以党章为根本、以民主集中制为核心的制度体系，推动党的建设科学化、制度化、规范化，发展党内民主，进一步增强党的创造活力。民主集中制是中国共产党在长期革命、建设与改革发展实践中始终坚持的根本组织制度和组织原则，是党的活力源泉，是党保持先进性的内在机制，是党战胜困难和抵御风险的重要武器，也是党的事业兴旺发达的根本保证。加大推进民主集中制的制度体系建设，实现制度建设的科学化和规范化，避免党的政治生活和组织系统出现紊乱，坚决杜绝有制不依、权大于制的现象发生。

7

开放世界中的中国市场化民主化与现代化

7.1 世界总体格局中的大国战略

伴随着世界现代化发展进程，人类社会由农业时代走向工业时代，由自然经济走向市场经济。英国得益于第一次工业革命成为世界上最早的工业化国家，德国仰仗于第二次工业革命走上了超越发展的道路，美国依托于第三次科技革命成为世界性的超级大国。无论对于发达国家还是后发展中国家，现代化是人类社会发展的必然趋势。中国的改革开放是在世界经济全球化的大背景下进行的，经济全球化为中国的发展带来了机遇，也带来了挑战。冷战结束后，美苏两极格局开始向“一超多强”的美、欧、日、俄、中等五大力量的格局过渡。这种过渡性格局也意味着世界的权力分配进一步走向分散化和复杂化。

7.1.1 美国的全球战略

冷战结束后，美国仍然借助其在全球的发展优势，推行美国的全球战略。冷战时期，美国对苏联采取强硬的“遏制”战略。冷战结束后，为确保美国的国家利益和全球领导地位，美国对其全球战略进行了调整。老布什政府时期的美国全球战略，确定了冷战后美国的全球战略总目标。20世纪90年代初期，老布什在前期“超越遏制战略”的基础上，又提出建立“世界新秩序”的战略以应对美国面临的新挑战。克林顿时期则形成美国全球战略的经济、安全、民主三大支柱，向全世界宣布“扩展战略”以及“参与扩展战略”。小布什时期又提出全面部署导弹防御体系和地区导弹防御体系计划。尤其在“9·11”事件后，把反恐放在首位，以进一步推行导弹防御体系，提升美国在战略进攻和战略防御上的绝对优势。同时，在外交政策上推行单边主义，推广美式民主和价值观。“以美国画线”，“非友即敌”，在反恐和人权问题上坚持双重标准。伊拉克战争是美国单边主义外交政策和“先发制人”军事行动的直接后果。奥巴马上台后，在内外政策方面推出了一系列重大举措，力图对内重振美国国威，对外重塑美国形象，提出了所谓“多伙伴关系”，来维系美国领导下的世界秩序。同时，开始了美国全球战略重心的东移政策，彰显美国在亚太地区势力的全方位的实际存在。因此，“冷战后的美国霸权主义是更具全球扩张性的霸权；是‘硬权力’与‘软权力’相结合的霸权；是以强大实力为支撑的制度化、机制化霸权。”① 事实上，不论是冷战时期美国的全球战略，还是冷战结束后的美国全球战略，美国全球战略的总目标，代表美国总的国家利益是始终一致的。正如郑永年教授所说：“自从20世纪初威尔逊总统期间美国涉足世界事务以来，美国战略一直表现出相当惊人的一致性。尽管每一任美国总统总会有其自身特色的战略，但总脱离不了这种一致性。”②

7.1.2 俄罗斯的国家安全战略

苏联解体后，俄罗斯成为取代原苏联的“法定继承者”，继承了原苏联70%以上的领土、主要的经济实力和大部分的军事力量，仍是一个自然资源丰富、科技潜力雄厚、人口素质颇高的大国。在走出了1998年的金融危机之后，21世纪进入了其发展的平稳期。在国家安全方面，俄罗斯则开始实施重振大国地位的“全方位务实”国家安全战略。

7.1.2.1 俄罗斯国家安全总体构想的确立

普京上台后，签署了《俄罗斯联邦国家安全构想》文件。这个文件的正式生效，标志着俄罗斯面向21世纪的国家安全总体构想的完全确立。

---

① 韩玉贵、王域霞：《冷战后美国霸权主义的新特点》，载《当代世界与社会主义》2006年第2期。

② 郑永年：《通往大国之路——中国与世界秩序的重塑》，东方出版社2011年版，第18页。

这份重要的文件明确提出了美国和北约是俄罗斯外部的最大威胁；强调高新技术在现代战争中产生的重大作用；特别值得注意的是，这份文件确定把核武器作为威慑手段，提出在俄罗斯与其盟国遭到侵略时可以使用核武器对入侵者进行打击的政策，明确提出俄罗斯有权首先使用核武器。俄罗斯之所以会做出这样的政策选择，原因主要有三个方面：（1）北约东扩的威胁。1994 年，北约提出的东扩计划启动，1999 年，随着波兰、捷克和匈牙利三国的加盟，北约继续东扩迈出了实质性的步伐。此次北约东扩，使俄罗斯西侧的纵深防御体系缩短了 2 000 公里，危害了俄罗斯的国家安全，极大地恶化了俄罗斯的安全环境，使俄感到了巨大的军事压力。2004 年，北约又完成了新的一轮东扩，保加利亚、爱沙尼亚、拉脱维亚、立陶宛、罗马尼亚、斯洛文尼亚、斯洛伐克加入北约，其成员国已达 26 个。普京对北约东扩，“采取了既明确反对又分化利用，既全面应对又谋求介入的政策”[①]。同时，普京又认为仅仅通过外交努力根本不可能确保国家安全，必须运用军事手段来保证国家安全利益，提高军事手段在国家对外战略中的地位。2007 年，俄罗斯成功试射了可变轨飞行的 RS－24 洲际弹道导弹。（2）美国的进一步打压。以美国为首的西方国家对俄罗斯在车臣问题上的政策与行动总是横加指责，表面上是标榜“人权”，而实际上却是为了外高加索地区的原油和重要的地理位置，竭力干涉俄罗斯内政；在裁军和军备控制的问题上，美国及其北约通过《第二阶段削减战略武器条约》和《欧洲常规武器力量条约》，消除了俄罗斯在核武器和常规武器方面的优势；普京为了使俄罗斯在与美国关于《反弹道导弹条约》的谈判中具有讨价还价的筹码，于 2000 年敦促俄议会上下院批准了俄美《第二阶段削减战略武器条约》[②]；同年，俄国家杜马又批准了《全面禁止核试验条约》。为了维护核均势，普京坚持把削减进攻性战略武器与限制发展导弹防御系统相挂钩。（3）北约新战略的威胁。1999 年，在美国的主导之下，北约通过了新的《联盟战略概念》，其核心内容是北约有权在其势力范围之外，不经联合国安理会批准就可以采取军事行动，改变了北约“集体防御性组织”的传统模式，使其可以在北约以外的国家采取军事行动。企图使北约职能“全球化”，这不能不引起俄罗斯的警惕。特别是 1999 年的科索沃战争，加之北约东扩、对俄罗斯内政车臣问题的干涉等，均危及

① 张毓诗：《世纪之初的国际关系》，时事出版社 2007 年版，第 194 页。

② 新华社莫斯科 2000 年 4 月 14 日讯。

了俄罗斯的国家安全利益。为此，俄罗斯提出了重新确立“核威慑”政策。在“核威慑”政策主导之下，普京采取了加强军队建设的重要措施：增加军事科研和装备经费的投入，2000 年的国防预算为 67 亿美元，比过去增加了 550 亿卢布；加快新型武器的研制和装备；加强部队的作战训练，提高部队的快速反应能力。

7.1.2.2 反对单极独霸的世界、致力于建立多极世界

反对单极独霸的世界、致力于建立多极世界是复兴俄罗斯大国地位的重要途径。为此，普京提出要“同一切主张多极世界的国家发展友好关系”。普京认为俄罗斯过去和今后仍然是一个世界大国，“将在国际政治中起明显的作用”。众所周知，俄罗斯拥有丰富的资源、科技人才力量以及强大的军事力量。从美国对俄罗斯的极力遏制足可以看出这一点。因此，普京在其总理任内，便明确提出了要反对单极独霸的世界，认为“单极”世界是对世界和平与安全的威胁。强调要致力于建立多极世界，提出“同一切主张多极世界的国家发展友好关系”①，使俄罗斯成为多极世界中的重要一极。在实践中，俄罗斯做出了积极的努力：（1）积极推行与美国抗争的政策，参与全球重大问题与地区热点问题的解决，力争享有与西方国家平等的参与权与发言权。长期以来，俄罗斯以其在冷战期间发展起来的超大规模核武库来维持其大国地位，得以保持与美国在一定水平上的战略平衡。但近年来，美国开始提出修改美苏时期签署的《反弹道导弹条约》，并启动了《国家导弹防御系统》和《战区导弹防御系统》的建议，企图获取单方面的核优势，打破俄美之间的军事战略平衡，达到彻底削弱俄罗斯在国际事务中的影响力。2007 年，在德国召开的慕尼黑安全政策会议上，普京抨击了美国的单边主义和其在东欧部署反导系统。在俄罗斯看来，美国的《国家导弹防御系统》和《战区导弹防御系统》都是“星球大战”计划的翻版，不仅对俄罗斯国家安全构成威胁，而且对欧亚地区乃至全球的和平与稳定构成威胁。因此，俄罗斯坚决反对，并采取了应对措施。在参与国际事务方面，俄罗斯态度积极，2000 年，俄与美共同主持了第二次中东问题多边谈判的外长级会议，使与会各国同意恢复中断近 4 年的中东多边谈判。（2）积极推进独联体一体化进程，抵制西方对独联体的渗透，努力维护在其传统势力范围内的主导地位。俄在加强独联体一体化

① 新华社 2000 年 4 月 6 日讯。

进程的具体操作上大体为三部曲：对与俄关系较密切的白俄罗斯、亚美尼亚等国，积极推进双边或多边一体化进程，使之成为独联体的核心；对在俄美争夺中无明显“西靠”迹象的土库曼斯坦、塔吉克斯坦等国，则调整自身策略，使之继续依赖俄罗斯而不倒向西方；对已转向美国的格鲁吉亚、阿塞拜疆等国，尽量友好相处，使之不与俄公开对立。并坚决反对美国在一些独联体国家策动的“颜色革命”，与独联体国家进行“能源外交”。由此可见，对于俄罗斯来说，无论在政治上、经济上、军事上，发展与独联体各国的关系都是至关重要的。（3）注重发展与欧洲国家的关系，力争融入欧洲社会，以发挥其地区大国作用。欧洲始终是世界政治经济格局中的一支重要的力量。对于俄罗斯来说，其“欧洲情结”是不言而喻的。从苏联到俄罗斯，由于其历史上的原因，加之其政治、经济、文化中心及人口的发展与民族的分布，决定其虽然横跨欧亚两大洲，但实际上它还是一个欧洲国家，与欧盟各国的关系也是至关重要的。普京提出，要与欧洲建立“更紧密的协作”关系，俄罗斯是欧盟27国的主要能源供应国，同时，欧洲国家在对待俄罗斯问题上与美国有着明显的区别，俄罗斯寄希望于欧洲，企盼欧盟能够在欧洲取代北约，以此来挑战美国的单极世界，为世界格局向多极化方向发展奠定基础。（4）进一步发展与中国的战略协作伙伴关系，运用这一机制来推动建立多极化世界，以制约西方国家。俄中两国之间没有根本的利害冲突，并且在许多重大问题上有共识。如：加强联合国在国际事务中的主导作用问题；反对美国修改《反弹道导弹条约》；反对美日同盟，反对美日在亚太地区部署战区导弹防御系统；打击国际恐怖主义等。这些问题都需要与中国合作，共同致力于解决。因此，普京曾多次表示，俄中关系是面向21世纪的，不会因为时局的变动而动摇。中俄关系是建立在和平共处五项原则基础之上的不结盟、不对抗、不针对第三国的关系，这种关系体现了两国人民的根本利益，有利于世界的和平与稳定。（5）发展与亚洲及世界其他国家之间的关系，要“同一切主张多极世界的国家发展友好关系”。自苏联解体后，西方国家对俄罗斯采取又拉又压的方针说明，俄罗斯在当今世界多极化格局发展趋势中占据重要的一极，虽然俄罗斯的综合国力不能与当年苏联相比，但它毕竟是在当今世界上唯一能与北约及其盟主美国相抗衡的军事大国。

7.1.2.3 积极开展经济外交，为复兴俄罗斯大国地位提供根本保证

普京十分强调对外政策的务实性和全方位性。积极开展经济外交，是

普京时代对外政策须臾不可或缺的重要组成部分。普京认为，俄罗斯“要从国家利益出发制定对外政策，内部目标应高于外部目标。切实的国家利益，其中包括经济利益，理应成为俄外交家的法则”①。因此，普京的对外政策仍以国家利益优先，特别是国家的经济利益优先，这是复兴俄罗斯大国地位的根本保证。为了开展积极的经济外交，俄强调对外政策的务实性、全方位性，发展与世界上所有国家的平等互利关系。（1）以振兴经济为目的发展对外关系。普京为了恢复、振兴俄罗斯经济，十分重视对外经济关系。众所周知，俄罗斯与美国在许多领域有矛盾，当北约接纳了波兰、捷克、匈牙利之后，美国又极力鼓动波罗的海三国加入北约，并在中亚地区加紧活动，扩大其在该地区的军事存在，力图压缩俄的传统势力范围的战略空间。特别令俄罗斯不能容忍的是，美国加紧对油气资源丰富的里海和高加索地区的渗透。然而，俄罗斯要发展自身经济，就必将在贷款等方面需要西方各国包括美国的援助。因此，改善与美国的关系，是俄罗斯取得经济实惠的必由之路。目前，俄罗斯与美国的关系虽然存在许多矛盾与分歧，但双方还有许多地方需要相互借重，因此，俄罗斯与美国之间的关系只能是矛盾与合作并存。对于欧盟，普京在其就任总统后的首次会谈中就明确指出：“从地理、文化和经济统一的观点来说，俄罗斯和以往一样是欧洲的一员，与欧洲的关系今后仍将摆在最重要的位置上。”② 俄罗斯之所以如此重视欧盟，首先是因为欧盟是俄罗斯出口的主要市场、主要贷款者和投资者。其次是因为俄要恢复世界大国地位，其重要的前提是必须融入欧洲社会。2000 年，总统大选后，普京不仅打破了俄宪法中关于总统和总理不能同时出国的规定，而且改变了俄总统出访欧洲必须先访问德、法两国的顺序，而首先对英国进行了访问，这在一定程度上改善了俄英关系，普京在力求英国及其西方盟国理解俄在车臣问题上的立场和政策之同时，积极争取英国和西方加大对俄的投资，帮助俄振兴经济。（2）以发展经济为主导拓展对外关系。普京以独联体国家为轴心，施以经济援助手段，发展与独联体国家的伙伴关系。俄与独联体国家的外交关系，其经济利益与政治、军事利益同样重要。在 2000 年初召开的独联体国家元首理事会结束之际，普京表示，对于俄罗斯而言，“同独联体国家的合作，过去、现在和将来都将是绝对优先发展的方面”。为了发展彼此的全方位

---

① 新华社 2000 年 4 月 29 日讯。

② ［日］《读卖新闻》2000 年 5 月 30 日。

关系，采取了以经济合作、财政补给的方式来达到其目的。2005 年，在普京第二任期内，积极推行“能源外交”，大大提升了俄罗斯的综合国力和大国地位。使“全方位的务实”安全战略基本上达到了预期。2008 年，梅德韦杰夫出任俄罗斯总统，提名普京为政府总理，创建了“梅普组合”，在战略上，继续了普京时期的基本战略框架，从国家利益出发重启与美关系，在此期间，由于摆脱了经济危机对俄罗斯的影响，俄罗斯经济增长率恢复到 4% 以上。2012 年，普京再次担任俄罗斯总统，并提名梅德韦杰夫为政府总理，完成了普梅换位组合，普京连任，使俄罗斯国家安全战略有了持续性的保证。

7.1.3 欧盟的发展战略

欧洲联盟从煤钢联营经欧洲经济共同体到欧洲共同体直至今日的欧盟，经历过了 60 多年的发展历程，欧盟内部的合作进一步深化。20 世纪 90 年代，虽然东西方对峙已经宣告结束，但“欧盟各成员国之间仍一直在对其外交、安全以及防务政策利益进行整合与协调”①。这主要表现为如下两个方面：

（1）欧盟的共同外交战略。欧盟的共同外交，根基于欧盟经济政治一体化。欧元的诞生使欧洲一体化进一步加强，大大改善整个欧元区和欧元国家的宏观经济条件，推动欧洲内部贸易的增长，刺激欧洲资本市场的发展，增强欧洲企业的竞争力，加强欧盟在经济全球化过程中的地位和作用；欧盟经济一体化对其政治一体化建设的顺利开展产生了促进作用。因此，使欧盟在调整对外政策方面，出现了谋求与大国建立“伙伴关系”的新动向，具体表现在它对美国、俄罗斯、中国三方政策的调整。在欧美关系上，美国是欧盟的天然盟友，在处理欧洲事务中，仍然起着重要作用。欧美之间的关系，既是合作伙伴关系，又是竞争对手的关系。在国际社会，欧盟主张推动世界多极化，反对美国的单边主义；同时，欧盟对美国经济的依赖程度很高，共同的价值取向，决定了欧美是密切的伙伴关系。在欧俄关系上，欧盟的东扩政策，大大挤压了俄罗斯经济的发展空间。在欧亚关系上，对于欧盟来说，亚洲是其最大的市场，所以欧盟发展与亚洲

---

① ［德］弗兰科·阿尔吉利：《对欧盟共同外交与安全政策的要求》，载《世界经济与政治》2004 年第 8 期。

各国的关系。

（2）欧盟的共同防务政策。欧盟的安全与防务机制，确立了共同防务政策和实施共同防务的长远目标，从而使发展欧洲安全与防务特征成为共同外交与安全政策的一个组成部分。2005 年，在比利时首都布鲁塞尔，时任美国总统布什与欧盟委员会主席巴罗佐、欧盟轮值主席国卢森堡首相容克及欧盟共同外交与安全政策高级代表索拉纳共同出席记者招待会。当时，欧盟 25 个成员国的首脑与来访的美国总统布什举行了特别首脑会议，双方一致强调将致力于加强跨大西洋团结。

7.1.4 日本的谋求政治大国战略

冷战结束后，日本以谋求政治大国为目标，积极推行大国外交战略，强化日美同盟关系，发展日欧关系，调整与俄罗斯的关系，改善与中国的关系，增强其在亚太地区和国际社会的影响，为向政治大国的方向迈进增加砝码。可以说，日本的谋求政治大国战略是伴随着日美同盟关系，服从于美国的全球战略而发展的。

冷战结束后，随着国际体系发生的结构性变化，日美同盟关系也发生了很大变化，出现了同盟双方关系的转型。1995 年日本政府公布实施的新《防卫计划大纲》，1996 年日美共同发表了《日美安全保障联合宣言》，1997 年日美双方又公布了《日美防卫合作指针》，特别是 21 世纪以来，两国间的同盟关系又有了进一步的强化，美国国防部 2002 年度的《国防报告》指出："美日联盟是美国亚洲安全战略的核心。近年来，两国都积极更新这种共同合作关系和框架结构。"[①] 日美同盟的地位已超过了美国在亚太地区的其他同盟关系，成为美国亚太地区战略的基轴。这为日本追求"政治大国"的外交战略提供了契机。从联盟的性质来看，"一国是否采取联盟政策并不是一个原则问题，而是一个权谋问题。"从联盟的作用来看，"在多国体系内，联盟必然具有平衡权力的功能"，一是"它们可以把其他国家的权力添加在自己的权力上"；二是"它们可以阻止其他国家的权力添加到对手的权力上"。[②] "9·11"事件可以说是美国历史上所经历的最大的一次安全危机，而 2008 年的金融危机又是美国历史上经历

---

① 程漫红：《美日安保同盟与台湾问题》，载《世界形势研究》2005 年第 10 期。

② ［美］汉斯·摩根索：《国家间政治——权力斗争与和平》（中文版），北京大学出版社 2006 年版，第 219 页。

的最大的一次金融危机。“9·11”事件后，日本追随美国反恐，2008年的金融危机，日本再次追随美国进行摆脱金融危机的困扰。金融危机风暴除了表现在对全球经济体系的冲击和实体经济的影响之外，还显示了对美国自身形象的影响。使美国在国际社会的影响力逐渐降低，使国际社会对美国的信任度也在降低，金融危机对世界两种社会制度三种类型国家的冲击，使这些国家对美国价值观的质疑，对美国诚信度的质疑，以及对美国摆脱金融危机的影响能力的质疑，都在不同程度上存在。这无疑会使国际社会的凝聚力发生转向。这无疑对国际秩序和国际关系格局产生巨大的冲击。因此，为了继续维护以美、日、欧所主导国际政治经济秩序，日美同盟关系出现了强化和转型。

奥巴马上台后，对美日关系仍然十分重视，提出美日关系是东亚安全的基石。奥巴马政府运用了由苏珊尼·诺瑟（Suzanne Nossel）提出的，经过约瑟夫·奈（Joseph Nye）诠释的“巧实力”，继续加强美日同盟关系。并将美日同盟定位于亚太地区和平与稳定的基础。2009年，日本首相鸠山由纪夫与首次访日的美国总统奥巴马举行会谈。两国首脑会谈内容的重点是关于日美同盟问题，明确确定：第一，就深化并发展日美同盟达成一致。在《日美安保条约》修订50周年，双方开始磋商再次讨论日美同盟。第二，就日美同盟是亚太地区稳定的基轴这一认识达成一致。第三，鸠山介绍称日美同盟是东亚共同体设想的前提，表示期待美国在亚洲地区增加存在感。[①] 鸠山提议“希望建设面向未来的、具有建设性的日美同盟”。奥巴马回应称：“日美同盟关系是亚太地区稳定的基轴。”2010年，当中国成为国际社会的第二大经济体时，日本国内的“中国威胁论”沉渣泛起。针对中国的钓鱼岛主权问题，竟有日本“民主党众议员松原仁等12名国会议员联名上书，要求政府在‘尖阁列岛常驻自卫队’”[②]。2012年，时任日本首相的野田佳彦更是提出了“购岛”论和“出兵”论。安倍晋三再次上台后，其态度一改其第一任期的懦弱，无视中国的主权领土安全，对中国的钓鱼岛主权开始彰显其强硬态度。综上所述，日本谋求政治大国战略目标的实现，具有很多的制约因素，其中最根本的原因是日本对第二次世界大战的历史没有正确的认识，缺乏起码的认知诚意，日本这种对历史罪孽进行彻底反省心态的缺失，构成了对东亚乃至世界和平的严

① 中国新闻网2009年11月13日电。

② 刘江永：《日本武力介入钓鱼岛的图谋与法律制约》，载《国际问题研究》2012年第5期。

重威胁。

此外，作为南亚次大陆上最大的国家——印度，其战略地位也十分重要。印度自独立以来，一直追求大国目标，印度“正处在把自己确立为一个大国的过程之中，并把自己视为一个潜在的重要全球性角色”①。冷战时期印度的对外政策重点放在南亚次大陆，把维持印度在南亚地区的主导地位作为其政策的首选目标。冷战后，印度调整其外交政策，实行全方位的务实外交政策，发展与大国之间的关系，以增强国际竞争力为主要目标。几十年来，印度的对外战略从“不结盟”理念开始到事实上的务实性和全方位性外交政策的推行。冷战时期，“印度的外交重点在南亚次大陆，把维持印度在南亚的核心地位作为其地区政策的首要目标”②。在这一目标指导之下，印度直接影响了南亚次大陆其他国家的政治、经济、军事与对外关系，也掌控了南亚局势的稳定与否，在南亚地区处于绝对的优势地位，是南亚地区霸主形象。冷战结束后，印度所依赖的战略基础不复存在。社会制度因素和意识形态因素淡化，以经济为基础的综合国力的竞争上升为主要地位，印度注意调整本国的内外政策，印度的科技实力、企业实力、政党政治的发展、经济的发展都为印度成为地区大国乃至世界大国创造着有利条件。按照美国前总统安全事务顾问布热津斯基（Brze Zinski）的说法：“活跃的地缘战略棋手是有能力、有民族意志在其国境之外运用力量或影响去改变现有地缘政治状况以至影响美国的利益的国家。”③ “在目前的全球情况下，在欧亚大陆新政治地图上至少可认明五个关键的地缘战略棋手和五个地缘政治支轴国家……法国、德国、俄罗斯、中国和印度是主要的和积极的地缘战略棋手……”④

7.1.5 中国的和平发展战略

中国的和平战略凝聚着中国共产党历代领导集体的聪明才智，自1949年中华人民共和国成立迄今，中国和平发展已经走过了60多年的历程。

---

① ［美］兹比格纽·布热津斯基：《大棋局——美国的首要地位及其地缘战略》（中文版），上海人民出版社1998年版，第61页。

② 孙士海、葛维钧：《列国志——印度》，社会科学文献出版2003年版，第444页。

③ ［美］兹比格纽·布热津斯基：《大棋局——美国的首要地位及其地缘战略》（中文版），上海人民出版社1998年版，第54页。

④ 同上，第55页。

在60多年来的中国和平发展实践中，坚持以马克思主义、毛泽东思想、邓小平理论、“三个代表”重要思想、科学发展观为指导，以中国人民的根本利益为出发点，全面实行独立自主的和平发展政策，确立和巩固了我国在国际社会上的地位。20世纪80年代末到90年代初，东欧剧变、苏联解体，国际形势发生急剧变化，中国第三代领导集体坚持和平共处五项原则，超越“冷战思维”，反对霸权主义和强权政治，维护世界的安全与和平。这一时期的“和平发展”是延续了20世纪80年代初期提出的概念的升华，并发展到战略高度。在这一战略框架下，到20世纪90年代中期及其以后，中国已陆续同主要大国建立了伙伴关系，积极参与国际组织的活动，参与联合国的维和行动，参与多项国际公约的制定，为我国改革开放和现代化建设赢得了有利的和平国际环境。

7.2 和平与发展仍然是当代世界的主题

7.2.1 改革开放后中国对世界主题的判断

二战结束后，世界处于东西方两大阵营全面对立的“冷战”之中，同时民族解放运动风起云涌，战争与革命成为当时的时代主题，并在相当长时期内深深影响着中国的外交战略。20世纪70年代末以来，苏联与美国两个超级大国关系趋于缓和，同时世界上以经济和科技为核心的综合国力竞争日趋尖锐，世界形势发生了重大历史变化。

恩格斯指出：“每一时代的理论思维，从而我们时代的理论思维，都是一种历史的产物，它在不同的时代具有完全不同的形式，同时具有完全不同的内容。”① 20世纪70年代末以后，党对世界形势的发展变化逐渐形成了新的判断。1977年，邓小平在中央军委全体会议上的讲话中，分析了国内外形势时指出：“国内形势是好的。”“国际形势也是好的。我们有可能争取多一点时间不打仗。”“战争可能延缓爆发，可是我们不能只看到这一方面，我们要防备别人早打、大打。”② 20世纪80年代初，随着东西方

① 《马克思恩格斯选集》第4卷，人民出版社1995年版，第284页。
② 《邓小平文选》第二卷，人民出版社1994年版，第76、77页。

关系的调整和殖民体系的瓦解，以及被剥削被压迫的民族逐渐完成民族独立的历史使命之际，1982 年，邓小平在会见时任联合国秘书长的德奎利亚尔（Decuellar）时谈到中国的对外政策，指出："中国的对外政策是一贯的，有三句话，第一句话是反对霸权主义，第二句话是维护世界和平，第三句话是加强与第三世界的团结和合作"，"因为反对霸权主义、维护世界和平对第三世界有特殊的意义"。[①] 1984 年，邓小平在会见美国乔治城大学战略与国际问题研究中心代表团时指出："世界上有许多争端，总要找个解决问题的出路。我多年来一直在想，找个什么办法，不用战争手段而用和平方式，来解决这种问题。"[②] "但是要把世界局势稳定下来，总要想些主意，我多次讲过，中国人不比世界上任何人更少关心和平和国际局势的稳定。"[③] 1985 年，邓小平在会见日本商工会议所访华团时指出："现在世界上真正大的问题，带全球性的战略问题，一个是和平问题，一个是经济问题或者说发展问题。和平问题是东西问题，发展问题是南北问题。概括起来，就是东西南北四个字。南北问题是核心问题。"[④] 邓小平在判断当今世界主题时的主要依据是中国当时所处的"世界情势"和"国内情势"。20 世纪 70 年代中期以后，老殖民体系最终崩溃，资本主义和社会主义，东西方两大阵营的竞争是长期性的，这意味着在很长的一段历史时期内资本主义和社会主义是共存的，谁也消灭不了谁。科技的发展为各国带来了机遇与挑战，追求经济发展成了各自的共同目标，各国都认识到只有综合国力增强了，一个国家才能在世界上有立足之地。"维护和平与发展经济，是相互影响、互为作用的。和平的国际环境是各国谋求发展必不可少的条件；而国际经济合作的扩大，广大国家的经济繁荣与发展，又能维护和增强世界和平与稳定的力量。"[⑤] 因此，和平与发展成为当今世界的主题。由于党对世界主题的正确认识和把握，使我国适时把工作的重心转移到经济建设上来。中国的稳定和发展，有利于促进世界的稳定和发展。随着中国综合国力的提高和国际影响的日益扩大，中国共产党第三代领导集体提出中国是维护世界和平和地区稳定的坚定力量，"中国的发展和进步，不会对任何人构成威胁。将来中国富强起来了，也永远不称霸。

---

① 《邓小平文选》第二卷，人民出版社 1994 年版，第 415 页。

② 《邓小平文选》第三卷，人民出版社 1993 年版，第 49 页。

③ 同上，第 50 页。

④ 同上，第 105 页。

⑤ 《人民日报》1985 年 6 月 7 日。

中国始终是维护世界和平与地区稳定的坚定力量”[①]。21世纪初期，中国共产党第四代领导集体审时度势，根据世界出现的新情况提出“建设和谐世界”理念，肯定了“持久和平”与“共同繁荣”是当代世界要实现的两大目标，是对我国长期奉行的和平外交政策的丰富与发展。从这个界定来看，“和谐世界”的基本内涵仍旧是和平与发展。2012年以来，中国共产党新一代领导集体，全面解读了中国所处的国际形势和国际体系的特征，强调和平、发展、合作、共赢的重要性，认为和平是基础，和平为发展和合作创造条件。同时，提出处理国与国之间关系的新理念，建立长期稳定的新型大国关系。目前，中国参与多边国际事务的趋势日益加强。

总之，新形势再次继续强调和平与发展具有内涵的扩充性和外延的拓展性。中国是世界上的第二大经济体，但并不意味着中国是世界上的强国。因此，未来的路还很长，很艰辛。

7.2.2 霸权主义与强权政治引发的局部动荡

“霸权主义是指大国，特别是超级大国，凭借其政治、经济和军事实力，践踏别国主权、侵占别国领土、干涉别国内政，加紧推行侵略和战争，扩张军备和准备发动心的世界战争，力图控制、支配和统治其他国家和地区以及整个世界。”[②] 霸权主义就是推行对外侵略扩张政策，谋求一个地区或者世界霸权。辨别一个国家是不是搞霸权主义，不是看它的面积、人口和兵力有多少，而是要看它执行的是什么样的对外政策。[③]

霸权主义是有碍世界和平的不稳定因素。凡是在国际上发生侵犯别国的独立、主权，干涉他国的内政，以自己的意志强加于人的情形，即使有时候它们不是以战争的形式出现，但它们造成国际关系的冲突和对抗，绝不是和平的表现形式，而是干扰和平、破坏和平。因此，这种行为不论是否以战争形式出现，均属霸权主义的行径。如美国对中国台湾问题的干涉，就是粗暴地践踏了中国的内政；1978年，越南入侵占领柬

---

① 《江泽民文选》第二卷，人民出版社2006年版，第62页。

② 王德仁：《中国外交的主要内容与基本原则》，见刘山主编：《中国外交新论》，世界知识出版社1997年版，第111页。

③ 人民日报评论员：《维护世界和平必须反对霸权主义》，载《人民日报》1983年1月5日。

埔寨；1979 年，苏联侵入和占领阿富汗。尽管苏联、越南是社会主义国家，自称这样做是出于国际主义和人道主义的原因，但因为他们侵犯了他国的独立、主权，干涉了他国的内政，把自己的意志强加于人，所以他们的所为就是带有霸权主义性质的行径。把自己的意志强加于人，凡是严重地发生在国际关系中，就是强权政治、霸权主义。可以看到第二次世界大战后的很多次较大规模的战争，如美国侵略朝鲜的战争、美国侵略印度支那的战争、苏联侵略阿富汗的战争等，人们都能看见霸权主义的影子。

当今世界的主要问题和矛盾是霸权主义、强权政治与世界各国人民之间的矛盾。因为当前全世界人民受到的主要威胁，特别是解决和平与发展两大问题的根本阻力是来自以超级大国实行的霸权主义和强权政治。由此可见，当前世界的主要矛盾也就是少数推行霸权主义、强权政治的国家与世界各国的主权、安全和发展的矛盾。

一国是否侵犯他国的独立主权，是否干涉他国内政，是否把自己的意愿强加于人，这是判断其是否是霸权主义和强权政治的重要依据。美国作为世界上唯一的超级大国，多年来凭借其经济和军事实力，大肆推行霸权主义和强权政治。不断制造借口侵犯他国主权，干涉他国内政，强化和扩大军事同盟，发展尖端武器系统，破坏国际战略平衡。发展中国家要发展，就必须要推翻旧的国际政治经济新秩序，建立新的国际政治经济新秩序。要建立国际政治经济新秩序，所遇到的阻力就是霸权主义和强权政治。当前世界人民的普遍愿望和要求是，在和平与发展的形势下，建立国际经济和政治新秩序。但是，困难重重，阻力很大。帝国主义旧的殖民统治虽然瓦解了，然而原来的旧秩序并没有被摧垮，原来的宗主国以种种理由和借口推行霸权主义和强权政治，竭力维护旧秩序。只要霸权主义、强权政治不消除，国际经济和政治新秩序就难建立。所以，反对霸权主义，维护世界和平就成为世界人民的一项重大任务。霸权主义强权政治是当今世界和平与安全的一大威胁。中国人民愿意同广大的发展中国家以及世界爱好和平的国家一道加强团结，反对霸权主义、强权政治，维护世界和平。只要世界人民团结一致，同霸权主义的一切表现进行坚决的斗争，世界和平是有可能维系的。中国对于支持被压迫民族的独立解放运动，立场坚定不移，而且付出了巨大的努力。中国是一个社会主义国家，中国奉行的外交是和平外交，中国需要在和平的环境下进行经济建设。

7.2.3 维护世界和平发展的新安全观

7.2.3.1 国际社会的新安全观

在国际社会上存在着与西方三大主流国际关系理论相匹配的三大安全观，即：一是现实主义的安全观，二是自由主义的安全观，三是建构主义的安全观。现实主义的安全观在解决安全困境时所采取的是均势和霸权稳定两种方式；自由主义的安全观在解决安全困境时所主张的是集体安全体系；建构主义的安全观在解决安全困境时提倡建构安全共同体。到了20世纪70年代以后，随着经济全球化的深入发展，新的安全观应运而生。所谓新安全观，其内涵涵盖着综合安全、共同安全与合作安全。综合安全发端于20世纪70年代末的日本。在当时日本提出的国家综合安全保障战略中阐述了综合安全的理念。综合安全的内涵既包括传统安全，也包括非传统安全；同时，综合安全的载体既包括主权国家行为体。又包括非主权国家行为体；共同安全发端于20世纪80年代初的瑞典，当时瑞典提出一种生存的蓝图——共同安全，共同安全的含义在于，认为国际社会的所有国家间的安全是相互依赖的，只有国家间的合作才能达到共同安全。合作安全发端于20世纪90年代初，由加拿大和澳大利亚两国外长共同提出，其内涵是由各主权国家行为体和非主权国家行为体，在平等的条件下实行多领域的合作，以期达到行为体的共同安全。

7.2.3.2 中国特色的新安全观

中国特色的新安全观发端于20世纪90年代末。1999年3月江泽民访问瑞士，在日内瓦裁军谈判会议上发表了《推动裁军进程，维护国际安全》的讲话。一是讲话中强调了建立新安全观的重要性和紧迫性。指出："历史告诉我们，以军事联盟为基础、以加强军备为手段的旧安全观，无助于保障国际安全，更不能营造世界的持久和平。这就要求必须建立适应时代需要的新安全观，并积极探索维护和平与安全的新途径。"[①] 二是讲话中阐述了新安全观的核心思想。指出："新安全观的核心，应该是互信、互利、平等、协作。" 三是具体阐述了新安全观的可行性和有效性。指出："各国互相尊重主权和领土完整、互不侵犯、互不干涉内政、平等互利、

① 《江泽民文选》第二卷，人民出版社2006年版，第313页。

和平共处五项原则以及其他公认的国际关系准则，是维护和平的政治基础。互利合作、共同繁荣，是维护和平的经济保障。建立在平等基础上的对话、协商和谈判，是解决争端、维护和平的正确途径。只有建立新安全观和公正合理的国际新秩序，才能从根本上促进裁军进程健康发展，使世界和平与国际安全得到保障。"[①] 讲话对新安全观的政治基础、经济保障、正确途径和安全保障所做的全面阐述，对于中国新安全观的发展起了重要作用。对于维护世界和平与发展，反对霸权主义和强权政治具有重要影响。

我国学者认为，新安全观强调的是安全的合作性、综合性与机制性。[②] 同时，"新安全观存在四大现实困境：一是美国单极霸权与多极化趋势的冲突，二是全球军备竞赛与军事威胁，三是地区冲突与国际安全的两难，四是全球性问题与国家安全利益的博弈"[③]。这说明，我们在重视新安全观的同时也要重视传统安全观的客观存在。

7.3 开放世界中的中国现代化发展战略

在经济全球化程度进一步加深之际，中国社会主义市场化民主化有了长足的发展，为中国现代化发展战略的全面展开打下了坚实的基础。经济全球化为社会主义市场化经济的发展提供了机遇，也提出了挑战；经济全球化又为社会主义民主化进程提供了发展的空间和视野；经济全球化为中国现代化发展提供了诸多可借鉴的经验，而中国的现代化发展战略的付诸实施也为广大的发展中国家的现代化发展提供了榜样。

7.3.1 全球化条件下中国现代化的走向

中国特色的市场化改革道路，发端于1978年12月的中共十一届三中全会，以农村家庭联产承包责任制为其突破口，收效颇丰。1984年10月，中共十二届三中全会时，中国特色的市场化改革开始深入发展，由农村向

① 《江泽民文选》第二卷，人民出版社2006年版，第313页。

② 安卫、李东燕：《十字路口上的世界——中国著名学者探讨21世纪的国际焦点》，中国人民大学出版社2000年版。

③ 刘胜湘：《国家安全观的终结？——新安全观质疑》，载《欧洲研究》2004年第1期。

城市进行转型，以国有企业的改革为重点，突破了计划经济的藩篱。1992年10月，中共十四大确立了建立社会主义市场经济体制的目标，1994年以后，我国社会主义市场经济体系的确立，2001年，我国加入世界贸易组织后，国内市场开始全面与国际市场接轨，市场化程度有了实质性的突破。

改革极大地解放和发展了社会生产力，冲破了束缚生产力发展的体制障碍，推动了社会主义市场经济的发展，在社会主义市场经济体制建立的过程中，市场化给我们提供了全新对外开放的格局，市场化经济的发展，其正面的积极进步作用是毫无疑义的，人们的思想得到了解放，人们的理念得到了更新，人民的生活水平得到了迅速的提升。但是，随着市场化程度的加深，其负面的影响所派生的问题和衍生物矛盾对国际社会的影响是很大的，有的甚至是全球的共性问题，如资源消耗过度、生态环境恶化、贫富差距扩大等。因此，建设社会主义的市场经济体制，必须加强宏观调控机制，既要发挥市场在资源配置中的基础性作用，又要发挥政府的宏观调控职能。

7.3.2 中国融入国际社会的现代化发展战略

7.3.2.1 积极支持发展中国家的对外战略

在20世纪70年代，中国积极参与并大力支持以中国为首的发展中国家争取建立国际经济新秩序的斗争，发展民族经济，维护本国经济利益，废除原有的国际经济旧秩序，建立国际经济新秩序这个发展中国家对外战略的主要目标。早在20世纪60年代的联合国贸发大会上，广大发展中国家为了维护自己的经济利益，成立了七十七国集团。20世纪70年代初，大多数发展中国家相继独立，都将国家建设的重心转移到经济建设方面，对现有的旧的国际经济体系感到失望和不满。不久，还相继出现了拉美国家发起维护发展中国家海洋权以及阿拉伯国家为维护石油权益的斗争运动。在1973年联合国海洋会议上，发展中国家要求制定公平合理的海洋法公约。中国坚决支持此公约，并指出：确定国家的领海和管辖范围是各国自己的主权，不能由一两个超级大国决定，沿海国家有权根据本国的实际情况合理地确定自己适当宽度的领海，并在领海以外制定适当范围的专属经济区或专属渔区；在确定本国领海和管辖范围时，应当照顾邻国的正当利益和国际航行的便利；新的海洋法公约应当由世界各国在真正平等的基础上，充分讨论、认真协商和共同制定。[1]

7.3.2.2 中国积极参与建立国际经济新秩序

1973年10月，第四次中东战争爆发，阿拉伯国家运用石油武器展开反对以色列及其庇护者美国的斗争，对美国和荷兰实行石油禁运，夺回了石油标价权，油价的大幅度上涨使本已陷入滞胀的发达国家经济遭受到了沉重打击。在石油斗争胜利的鼓舞下，第三世界国家掀起了要求建立国际经济新秩序的高潮。与此同时，中国坚决支持阿尔及利亚关于召开联合国特别会议来研究“原料和发展问题”的倡议，并由邓小平率代表团出席了1974年4月召开的第六届特别联大。会议通过了《关于建立新的国际经济秩序的宣言》和《行动纲领》，这是发展中国家在国际经济领域团结斗争的又一成功范例。[2] 宣言号召第三世界国家以各国平等相待、主权平等、相互依赖、共同利益合作等为基本原则，为实现发展中国家建立公平、平等、合理的国际经济关系而努力。邓小平在会议上指出第三世界国家在发展民族经济方面拥有巨大潜力，各国应独立自主、自力更生，互相尊重主权、平等互利，实现本国的经济独立，摆脱不平等的国际经济旧秩序对第三世界的束缚，共同反对霸权主义、强权政治。他着重指出：国家之间的政治和经济关系，都应该建立在和平共处五项原则的基础上；国际经济事务应该由世界各国共同来管，而不应该由少数国家垄断。发展中国家对自己的自然资源应享有和行使永久主权。它们要求改善对外贸易条件应该予以满足；对发展中国家的经济援助应该尊重受援国的主权；对发展中国家提供的贷款应该是无息或低息，必要的时候可以延期还本付息；对发展中国家技术援助应该实用、有效、廉价、方便和合法。

7.3.3 中国现代化发展战略的主要特点

第一，寻求和平的国际环境，是中国现代化发展战略的基本要求。寻求和平的国际环境是中国现代化发展战略的基本要求和前提条件。邓小平曾指出：“我们的对外政策，就本国来说，是要寻求一个和平的环境来实现四个现代化。”“这不仅是符合中国人民的利益，也是符合世界人民利益的一件

---

① 邓力群、马洪、武衡：《当代中国外交》，中国社会科学出版社1987年版，第262页。

② 顾关福：《战后国际关系（1945～2003）》，时事出版社2003年版，第354页。

大事。"[①] 中共第十八次全国代表大会报告中也强调："必须坚持和平发展。和平发展是中国特色社会主义的必然选择。要坚持开放的发展、合作的发展、共赢的发展，通过争取和平国际环境发展自己，又以自身发展维护和促进世界和平，扩大各方利益汇合点，推动建设持久和平、共同繁荣的和谐世界。"[②] 不言而喻，中国自身的发展，其外溢效益是广泛的，对于国际社会，对于世界和平发展，对于国际经济政治新秩序的建构均有着不同寻常的作用。

第二，具备一个安定团结的国内政治局面，是中国现代化发展战略的根本保证。从哲学的角度来看，外因只是重要的条件，内因才是根本。中国的现代化发展战略的健康运行，营造一个安定团结的国内政治局面是根本保证，这是至关重要的。邓小平指出："一心一意地搞四个现代化建设，必须一心一意地维护和发展安定团结、生动活泼的政治局面。这始终是摆在我们面前的一个十分重要的问题。"[③] 安定团结的国内政治局面的确立和保持需要坚持维护社会的公平正义，才能达到社会的和谐。

第三，中国现代化发展战略是一个漫长而艰苦的奋斗过程。中国现代化发展战略从新中国成立初期开始，迄今已经历了60多年的历程了，目前我国到了发展的关键时期，中国现代化的完全建成需要100多年的时间，100年以后还要不断地向前发展，因此，我们的现代化发展战略是一个漫长的历史过程。加之，"中国搞四个现代化，要老老实实地艰苦创业，我们穷，底子薄，教育、科学、文化都落后，这就决定了我们还要有一个艰苦奋斗的过程"[④]。这个艰苦奋斗的过程凝聚着中国共产党一代又一代领导集体聪明才智的付出与奉献；这个艰苦奋斗过程需要全国的人民团结一心、不畏艰辛、合力奋斗。

7.3.4 中国现代化发展战略的当代价值

中国是世界上最大的发展中国家，中国的和平与发展，中国现代化发展战略的起步、发展、目标实现，具有重大的国际意义与当代价值。

（1）中国现代化发展战略的示范效应。中国现代化的现实基础是社会

---

① 《邓小平文选》第二卷，人民出版社1994年版，第241页。

② 胡锦涛：《坚定不移沿着中国特色社会主义道路前进　为全面建成小康社会而奋斗》，人民出版社2012年版，第15页。

③ 《邓小平文选》第二卷，人民出版社1994年版，第276页。

④ 同上，第257页。

主义初级阶段。在目前的国际社会，发达国家占少数，而发展中国家占世界的绝对多数，众多的发展中国家的基础均比较薄弱，生产力发展水平较低，经济结构不尽合理，在它们的发展进程中需要有榜样和示范。但是，这种榜样和示范是发达资本主义国家所给不了的，只有发展中国家，并且是发展中的大国——中国才能产生这种榜样和示范的力量和效应。

（2）中国现代化发展战略的正能量释放。中国的现代化发展战略是走中国特色的社会主义道路的现代化发展战略，按照马克思恩格斯设想的未来社会，我们正处于社会主义的第一阶段，这个阶段虽然不是社会主义的高级阶段，但未来的发展方向是已经给定了的，是毋庸置疑的。目前，在世界范围内，在一体化程度最高的政府间国际组织内部，有学者分析在其一体化发展进程中存在着社会主义因素。而中国这个社会主义大国，我们的内政外交，我们的发展战略都是行进在中国特色社会主义的大道上。记得早在50多年前毛泽东曾经预测说："现在美国操纵联合国的多数票和控制世界地方的局面只是暂时的，这个局面总有一天要起变化。中国的穷国地位和在国际上无权的地位也会起变化，穷国将变为富国，无权将变为有权——向相反的方向转化。在这里，决定的条件就是社会主义制度和人民团结一致的奋斗。"[①] 因此，中国的现代化发展战略是中国特色的社会主义现代化发展战略，这个战略在国际社会上所释放的是正能量，即使西方国家企图向中国进行和平演变，也是无济于事了。

（3）中国现代化发展战略是全方位的平衡发展。现代化初始于西方发达资本主义国家，发达资本主义国家在其现代化发展进程中，给国际社会造成的负面影响，给发展中国家和后发展国家所造成的影响，特别是垂直型国际分工所造成的影响，使发展中国家和后发展国家遭受的损失是有目共睹的。中国的现代化是中国特色的社会主义的现代化。完全意义上的现代化，实际上应当包括"经济现代化"、"政治现代化"、"社会现代化"以及"人的素质的现代化"。中国的现代化正是按照完全意义的现代化向前发展，虽然我们现阶段还不能达到完全平衡发展，但是我们的目标是明确的，我们的现代化发展战略是从中国的实际出发，符合中国的国情，符合中国的生产力发展水平和科技发展水平的。在其发展进程中，我们会适时调控，最终趋于平衡向前发展。真正完成从农业化向工业化的发展；从农业国向工业国的过渡与发展；从农业文明向工业文明的过渡和发展。

---

① 《毛泽东著作选读》下册，人民出版社1986年版，第794页。

中国大转型与未来展望

20 世纪 70 年代末开始的中国改革涵盖了经济、政治和社会等各个领域，“表现为一个融经济增长、政治发展、社会建设、精神成长、国家崛起为一体的全面进步过程”[①]，促使各方面发生了深刻的变化。在经济领域，中国实现了持续、快速和普遍的增长。世界银行报告（2012）指出，中国的每个省、直辖市和自治区与世界其他国家和地区相比，都是增长最快的经济体。30 多年间，有 5 亿人口摆脱了贫困，使贫困率由 65% 降至 10% 以下。中国现已成为世界第二大经济体（2010 年中国 GDP 占全球 GDP 比重达到 9.5%）、世界最大出口国（占世界 16% 的市场份额）和制造国，从而成为世界经济增长的重要引擎。同时，中国在健康、教育、科学技术等方面也取得了长足进步，与世界先进国家的差距迅速接近。[②] 在政治领域，中国坚定不移地发展社会主义民主政治，积极稳妥地推行政治体制改革。在人民代表大会、政治协商、党内民主、基层民主、法制建设和政府改革等方面，都取得了较大发展。在社会领域，社会不断发展，社会结构出现深刻分化，社会整合机制发生改变，市场契约关系及其他社会组织，在整合经济社会活动方面开始发挥日益重要的作用。总体来讲，有中国特色的社会主义市场经济与民主政治建设表现为国家主导下的社会活力不断释放的过程，从而极大地促进了中国的大发展。

中国市场化民主化建设是与现代化过程紧密联系在一起的，从历史视角来看，发生在当代中国的伟大变革是百年来中国现代化进程的一部分。

---

① 潘世伟：《纪念改革开放 30 年丛书总序》，见林尚立等：《政治建设与国家成长》，中国大百科全书出版社 2008 年版。

② World Bank Report. China 2030：Building a Modern，Harmonious，and Creative High－Income Society. Feb，2012，pp. 4，83.

中国的市场化与民主化建设始终以实现现代化为目标，同时，市场化与民主化也是中国现代化发展的内在取向和必然要求。中国是世界现代化进程中的后发展国家，具有与发达国家现代化不同的发展逻辑。这表现在：第一，中国现代化是在自身内部现代性尚未孕育成熟的条件下进行的，这与发达国家尤其是西欧现代化鲜明的“内生性”具有显著的区别。第二，中国现代化具有鲜明的时间压缩过程。中国现代化进程起步于半殖民地半封建社会，在很短的时间内，不仅要走完西方发达国家过去几百年所走过的整个现代化路程，而且要同时跨入后现代化的发展历程。第三，中国现代化面临着明显的空间挤压境遇。中国作为后发展国家，在现代化过程中固然可以利用“后发优势”，借鉴发达国家经验，加速实现现代化；但同时面临着更多的历史机遇的限制和来自一些核心发达国家及国际环境的压力。民族主义作为对来自国际环境压力的回应，成为影响中国现代化发展的重要因素。

中国后发现代化的特殊性决定了其市场化民主化建设必然是一个复杂的过程，从而使中国市场化民主化建设表现出鲜明的特色：第一，中国政府不仅直接介入市场化民主化转型进程，而且在转型进程中居于主导地位。中国政府是市场化民主化转型目标的设定者，而且是转型进程中最有力的推动者。中国转型进程在政府主导下从总体上表现为一个自上而下的战略设计与制度安排过程，在这一过程中，中国政府表现出“强政府”和“中性政府”特征，在转型进程中具有自主性，并保持对政治、经济与社会的控制能力。第二，快速发展与持续稳定成为中国政府在市场化民主化转型中的基本的、刚性的诉求。中国政府在转型过程中始终注意将发展与稳定有机地结合起来，寻求二者之间的平衡，从而更好地促进转型。而这一点与俄罗斯东欧中亚国家存在明显的区别。在后者，转型更多地成为政府的基本诉求，政府为实现转型目的甚至在某一特定时期会牺牲发展与稳定目标，而这也是中国转型与俄罗斯东欧中亚国家转型绩效存在显著差别的重要原因。第三，中国转型过程中在快速发展与保持稳定间的政策权衡与调试选择决定了其渐进式的转型方式特征。渐进式转型方式能够较平稳地启动转型进程并使转型顺利进行下去，从而形成转型、发展与稳定间的良性互动关系。

但是，转型是一个动态的、需要不断进行政策调整的过程。中国在转型进程中所采取的模式成就了经济增长和体制转型的双奇迹，但同时也面临着在下一阶段转型进程中如何解决在经济、政治与社会领域中日益凸显的快速发展与持续稳定间失衡的“现代化难题”问题，中国转型模式需要进一步完善。在2012年由世界银行和中国国务院发展研究中心联合发布的研究报告——《2030年的中国：建设现代、和谐、有创造力的高收入社会》中指出，在经历30多年高速增长之后，中国已经到达另一个转折点，需要再一次进行根本性战略转变。在今后20年中，国际国内环境都将出现新的变化。从国际环境来看，一方面，中国及新兴市场国家经济的迅速崛起使其面临的能源、自然资源、粮食、水及环境压力加大，同时劳动力增速降低，劳动成本提高。另一方面，全球化趋势日趋明显，商品、服务、人员、资本及技术的跨国界流动日益频繁，国际生产分工日益细化；在清洁水、能源储存及生物领域等方面的技术创新使后发展国家利用新技术赶超发达国家成为可能。从国内环境来看，首先，中国经济增长将趋于放缓，预计经济增长率将由2011~2015年的年均8.6%降至2026~2030年的5.0%。[①] 其原因主要有以下几方面：第一，中国经济增长的主要驱动力早已由资源产业及农业转移至以资本投入为主的工业，而随着资本——劳动比率的上升，资本积累对经济增长的贡献率将趋于下降。第二，今后20年，中国人口老龄化现象将日趋严重，预计至2015年，中国劳动力规模将开始缩小。第三，衡量经济效率和技术进步的重要指标——全要素生产率已开始下降，部分原因在于前一阶段改革的“政策红利”及进口先进技术的经济收益逐渐用尽，因此，利用国外先进技术及下一阶段改革政策对经济增长的效应将可能降低。其次，随着中国在全球市场份额的上升、发达国家在全球市场份额的下降及中国国内需求上升导致进口增加，中国的出口增长将放缓而导致贸易盈余下降；而同时出于对国外贸易保护主义的反应及寻求更高的收益动机，中国国内资本外流将趋于增加从而使资本账户出现逆差并不断上升。再其次，随着中国经济的快速发展，对包括土地、空气、水资源在内的资源环境压力逐渐加大，这一严峻挑战将促使中国更多地采用“绿色技术”，转变经济增长模式。最后，过去20年间出现的收入不平等持续上升态势正在出现趋于平缓甚至下降的迹象，其原因在于：中西部地区经济增长加速将继续保持，沿海与内地的收入差距将缩小；农民工工资将持续增长，从而缩小与城市居民的收入差距；随着农业与工业之间结构调整减弱，农村——城市间的劳动力转移也将趋于放缓，农村——

---

① World Bank Report. China 2030：Building a Modern，Harmonious，and Creative High - Income Society. Feb，2012，pp. 8.

城市间的收入差距比率亦随之下降，预计由2010年的3.2∶1降至2030年的2.4∶1。[①] 同时，中国教育水平的提高促进了生产技术的进步，这一趋势近年来呈加速态势，而中国居民水平的提高使中国中产阶级得到发展，从而有助于公民社会的发育与成熟。因此，世界银行报告（2012）认为，今后20年中国发展的机遇与风险并存。机遇在于：中国与世界其他新兴市场国家的经济快速发展，将促进中国企业技术创新及规模经济的发展；中国参与世界生产分工的加深及资本存量的增加有利于技术赶超并促进产业升级；国内已经认识到转变经济发展方式及对重新界定各级政府权力的重要性等方面。风险在于：宏观经济冲击的可能性依然存在，例如，房地产价格的突然下降或投资的突然缩减以及发达国家经济增长缓慢所导致的全球贸易增长缓慢；"中等收入陷阱"的隐患依然存在，即随着一国经济发展水平由低收入阶段进入中等收入阶段，农村剩余劳动力逐渐减少而工资上涨，竞争力也随之被削弱。这些因素都将可能导致经济增长的突然下滑，从而使其背后隐藏的一些负面因素诸如低效率、仍然不完善的银行系统及企业等问题暴露出来，从而引发危机。此外，中国目前相对较高的收入分配不均等、低消费及公共服务不足等问题都可能引发社会风险，并对政府治理提出挑战。

党和政府对中国未来发展的环境有十分深刻的认识，在"十二五规划纲要"中指出，"综合判断国际国内形势，我国发展仍处于可以大有作为的重要战略机遇期，既面临难得的历史机遇，也面对诸多可以预见和难以预见的风险挑战"。"十二五规划纲要"指出了加快转变经济发展方式是我国今后经济社会发展的主线，它贯穿经济社会发展的全过程，是我国经济社会领域的一场深刻变革。而"改革是加快转变经济发展方式的强大动力，必须以更大决心和勇气全面推进各领域改革"，"大力推进经济体制改革，积极稳妥推进政治体制改革，加快推进文化体制、社会体制改革"。这包括坚持和完善基本经济制度、推进行政体制改革、加快财税体制改革、深化金融体制改革、深化资源性产品价格和要素市场改革、加快社会事业体制改革等方面。"十二五规划纲要"强调要"更加重视改革顶层设计和总体规划，明确改革优先顺序和重点任务，进一步调动各方面改革积极性，尊重群众首创精神"，"使上层建筑更加适应经济基础发展变化"。

---

① World Bank Report. China 2030: Building a Modern, Harmonious, and Creative High-Income Society. Feb, 2012, pp. 9.

这表明，自1993年中共十四届三中全会提出整体推进改革战略以来，改革的整体理念已基本形成。而随着改革的继续深入，经济、政治与社会领域的各种深层次矛盾逐渐显露，需要从战略管理的高度统筹改革与发展的全局，对改革目标、过程及实施进行整体性、全局性、长远性、重大性的设计。因此，下一阶段的改革，将会更加注重战略性设计，解决制约中国发展的全局性难题。

2012年3月，温家宝总理在十一届全国人大五次会议上所做的《政府工作报告》中，将经济增长目标调整为7.5%，这是中国GDP增长目标8年来首次低于8%。这表明，中国政府正在各方面把工作着力点放到加快转变经济发展方式、切实提高经济发展质量和效益上来，以利于实现更长时期、更高水平、更好质量的发展。与经济增速降低相对应，中国改善民生的步伐在逐步加快。2012年国务院《政府工作报告》提出城镇新增就业900万人以上，城镇登记失业率控制在4.6%以内以及居民消费价格涨幅控制在4%左右的目标。并将优化财政支出结构、突出重点，更加注重向民生领域倾斜，加大对教育、文化、医疗卫生、就业、社会保障、保障性安居工程等方面的投入。更加注重加强薄弱环节，加大对“三农”、欠发达地区、科技创新和节能环保、水利、地质找矿等的支持。值得关注的是，2012年国务院《政府工作报告》中近70次提及改革，指出改革开放是决定中国前途命运的正确抉择，必须按照科学发展观要求，尊重群众首创精神，大胆探索，以更大决心和勇气继续全面推进经济体制、政治体制等各项改革，破解发展难题。这充分反映出中国政府对改革重要性的认识程度和紧迫感。今后一段时期，改革的重点领域和关键环节是：进一步转变政府职能，完善宏观调控体系，理顺政府与市场的关系，更好地发挥市场配置资源的基础性作用；推进财税体制改革，理顺中央与地方及地方各级政府间财政分配关系，更好地调动中央和地方两个积极性；深化土地、户籍、公共服务改革，理顺城市与农村的关系，推动工业化、城镇化和农业现代化协调发展；推进社会事业、收入分配等改革，理顺经济与社会发展的关系，有效保障社会公平正义；推进依法行政和社会管理创新，理顺政府与公民和社会组织的关系，建设服务、责任、法治、廉洁政府。尤其是，政府改革首次被纳入2012年重点领域改革，中央与地方关系、政府与市场关系、政府与公民和社会组织关系被重点提及。这从某种程度上意味着中国政治体制改革与民主化建设将可能取得新的突破性进展。

2012年11月，党的十八大召开，提出了指引中国未来改革发展的方向、目标、任务及战略。十八大报告中进一步提出了全面建成小康社会和全面深化改革开放的目标，指出全面建成小康社会，必须以更大的政治勇气和智慧，不失时机深化重要领域改革，坚决破除一切妨碍科学发展的思想观念和体制机制弊端，构建系统完备、科学规范、运行有效的制度体系，使各方面制度更加成熟更加定型。在经济体制改革方面，核心问题是处理好政府和市场的关系，必须更加尊重市场规律，更好地发挥政府作用。实施创新驱动发展战略，坚持走中国特色自主创新道路，以全球视野谋划和推动创新，深化科技体制改革，推动科技和经济紧密结合，加快建设国家创新体系，着力构建以企业为主体、市场为导向、产学研相结合的技术创新体系。推进经济结构战略性调整，以改善需求结构、优化产业结构、促进区域协调发展、推进城镇化为重点，着力解决制约经济持续健康发展的重大结构性问题。推动城乡发展一体化，加大统筹城乡发展力度，增强农村发展活力，逐步缩小城乡差距，促进城乡共同繁荣。加快完善城乡发展一体化体制机制，着力在城乡规划、基础设施、公共服务等方面推进一体化，促进城乡要素平等交换和公共资源均衡配置。全面提高开放型经济水平，实行更加积极主动的开放战略，完善互利共赢、多元平衡、安全高效的开放型经济体系。在政治体制改革方面，指出政治体制改革是我国全面改革的重要组成部分，必须继续积极稳妥推进政治体制改革，发展更加广泛、更加充分、更加健全的人民民主。支持和保证人民通过人民代表大会行使国家权力，依法行使立法、监督、决定、任免等职权。健全社会主义协商民主制度，围绕团结和民主两大主题，推进政治协商、民主监督、参政议政制度建设，推进协商民主广泛、多层、制度化发展。完善基层民主制度，健全基层党组织领导的充满活力的基层群众自治机制，以扩大有序参与、推进信息公开、加强议事协商、强化权力监督为重点，拓宽范围和途径，丰富内容和形式，保障人民享有更多更切实的民主权利。全面推进依法治国，加强重点领域立法，拓展人民有序参与立法途径，进一步深化司法体制改革，确保审判机关、检察机关依法独立公正行使审判权、检察权。深化行政体制改革，按照建立中国特色行政体制目标，深入推进政企分开、政资分开、政事分开、政社分开，建设职能科学、结构优化、廉洁高效、人民满意的服务型政府。深化行政审批制度改革，继续简政放权，推动政府职能向创造良好发展环境、提供优质公共服务、维护社会公平正义转变。建立健全权力运行制约和监督体系，确保决策权、执行权、监督权既相互制约又相互协调，确保国家机关按照法定权限和程序行使权力。巩固和发展最广泛的爱国统一战线，高举爱国主义、社会主义旗帜，巩固统一战线的思想政治基础，正确处理一致性和多样性的关系。尤其是十八大报告提出了建设中国特色社会主义事业“五位一体”的总体布局，即经济建设、政治建设、文化建设、社会建设与生态文明建设全面推进、协调发展，标志着我国社会主义现代化建设进入新的历史阶段。

中国的市场化、民主化与现代化是在中国共产党领导下所进行的伟大事业，是中国特色社会主义制度的自我完善和发展。这是一项充满希望和挑战的伟大事业。中国必须根据本国国情和国际环境，找出适合自身条件的建设路径。无论是裹足不前还是全盘西化，都不符合国家与人民的根本利益。回顾转型30多年来，中国沿着具有特色的市场化民主化现代化之路取得了举世瞩目的伟大成就。展望未来，中国会最终克服发展道路上的各种障碍，创造新的转型与发展的中国奇迹。党的十八大已提出到2020年全面建成小康社会的宏伟目标，中国市场化民主化现代化之路将既是中华民族伟大复兴之路，也是中国为人类文明发展做出更大贡献、影响世界之路。

参考文献

1. ［英］英格尔斯：《人的现代化》（中文版），四川人民出版社 1985 年版。

2. ［美］巴林顿·摩尔：《民主和专制的社会起源》（中文版），华夏出版社 1987 年版。

3. ［美］布莱克：《现代化的动力》（中文版），四川人民出版社 1988 年版。

4. ［美］威廉·德雷：《历史哲学》（中文版），生活·读书·新知三联书店 1988 年版。

5. ［德］卡尔·雅斯贝斯：《历史的起源与目标》（中文版），华夏出版社 1989 年版。

6. ［美］塞缪尔亨廷顿：《现代化理论与历史经验的再探讨》（中文版），上海译文出版社 1993 年版。

7. ［美］斯塔夫里阿诺斯：《全球通史——1500 年以后的世界》（中文版），上海社会科学院出版社 1993 年版。

8. ［法］孟德斯鸠：《罗马盛衰原因论》（中文版），商务印书馆 1997 年版。

9. ［美］兹比格纽·布热津斯基：《大棋局——美国的首要地位及其地缘战略》（中文版），上海人民出版社 1998 年版。

10. ［以］S. N. 艾森斯塔德：《现代化：抗拒与变迁》（中文版），人民出版社 1998 年版。

11. ［美］戴维·伊斯顿：《政治生活的系统分析》（中文版），华夏出版社 1999 年版。

12. ［德］彼得·科斯洛夫斯大基：《后现代文化》（中文版），中央编译出版社 1999 年版。

13. ［美］安吉洛·M·科迪维拉：《国家的性格》（中文版），上海世纪出版集团 2001 年版。

14. ［美］戴维·S·兰德斯：《国富国穷》（中文版），新华出版社2001年版。

15. ［英］齐格蒙特·鲍曼：《流动的现代性》（中文版），上海三联书店2002年版。

16. ［美］T. 帕森斯：《社会行动的结构》（中文版），译林出版社2003年版。

17. ［美］约翰·米尔斯海默：《大国政治的悲剧》（中文版），上海人民出版社2003年版。

18. ［日］富永健一：《日本的现代化与社会变迁》，商务印书馆2004年版。

19. ［美］黄仁宇：《资本主义与二十一世纪》，生活·读书·新知三联书店2006年版。

20. ［英］阿诺德·汤因比：《历史研究》（中文版），上海世纪出版集团2005年版。

21. ［英］彼德·杰伊：《财富的历程》（中文版），国际文化出版公司2005年版。

22. ［美］保罗·肯尼迪：《大国的兴衰》（中文版），国际文化出版公司2006年版。

23. ［美］汉斯·摩根索：《国家间政治——权力斗争与和平》（中文版），北京大学出版社2006年版。

24. ［美］皮特·N·斯特恩斯：《全球文明史》上册，中华书局2006年版。

25. ［美］汉斯·摩根索：《国家间政治——权力斗争与和平》（中文版），北京大学出版社2007年版。

26. ［英］赫伯特·乔治·威尔士：《大国的崛起》（中文版），陕西师范大学出版社2007年版。

27. ［美］道格拉斯·诺思：《理解经济变迁过程》（中文版），中国人民大学出版社2008年版。

28. ［美］塞缪尔·亨廷顿：《变化社会中的政治秩序》（中文版），上海人民出版社2008年版。

29. ［美］劳伦·勃兰特、托马斯·罗斯基：《伟大的中国经济转型》（中文版），格致出版社、上海人民出版社2009年版。

30. ［美］罗伯特·J·巴罗：《自由社会中的市场和选择》（中文

版)，格致出版社、上海三联书店、上海人民出版社2010年版。

31. ［日］中谷岩：《资本主义为什么会自我崩溃?》(中文版)，社会科学文献出版社2010年版。

32. ［澳］郜若素（Ross Garnaut）、简·戈利（Jane Golley）：《中国未来二十年的改革与发展》(中文版)，社会科学文献出版社2011年版。

33. ［美］黄仁宇：《现代中国的历程》，中华书局2011年版。

34. ［美］黄仁宇：《历史视界》，中华书局2011年版。

35. ［美］亨利·基辛格：《论中国》(中文版)，中信出版社2012年版。

36. ［法］托克维尔：《旧制度与大革命》（中文版)，商务印书馆2012年版。

37. ［美］傅高义：《邓小平时代》（中文版)，生活·读书·新知三联书店2013年版。

38. 胡耀邦：《全面开创社会主义现代化建设的新局面——在中国共产党第十二次全国代表大会上的报告》，人民出版社1982年版。

39. 黄炎培：《八十年来》，文史资料出版社1982年版。

40. 周恩来：《周恩来统一战线文选》，人民出版社1984年版。

41. 《毛泽东著作选读》，人民出版社1986年版。

42. 邓力群、马洪、武衡：《当代中国外交》，中国社会科学出版社1987年版。

43. 孙立平：《社会现代化》，华夏出版社1988年版。

44. 罗荣渠主编：《从“西化”到“现代化”》，北京大学出版社1990年版。

45. 《邓小平文选》第三卷，人民出版社1993年版。

46. 《邓小平文选》第一卷，人民出版社1994年版。

47. 《邓小平文选》第二卷，人民出版社1994年版。

48. 罗荣渠：《现代化新论——世界与中国的现代化进程》，北京大学出版社1993年版。

49. 林毅夫、蔡昉、李周：《中国的奇迹：发展战略与经济改革》，上海三联书店、上海人民出版社1994年版。

50. 林毅夫：《制度、技术与中国农业发展》，上海三联书店1994年版。

51. 《马克思恩格斯选集》第4卷，人民出版社1995年版。

52. 罗荣渠：《现代化新论续篇——东亚与中国的现代化进程》，北京大学出版社1997年版。

53. 薛君度、陆南泉：《新俄罗斯政治、经济、外交》，中国社会科学出版社1997年版。

54. 陈宗胜、吴浙、谢思全：《中国经济体制市场化进程研究》，上海人民出版社1999年版。

55. 江泽民：《论有中国特色社会主义》，中央文献出版社2002年版。

56. 江泽民：《全面建设小康社会，开创中国特色社会主义事业新局面——在中国共产党第十六次全国代表大会上的报告》，2002年11月8日。

57. 顾关福：《战后国际关系（1945~2003）》，时事出版社2003年版。

58. 陆忠伟：《非传统安全论》，时事出版社2003年版。

59. 俞可平：《增量民主与善治》，社会科学文献出版社2003年版。

60. 胡位钧：《均衡发展的政治逻辑》，重庆出版社2005年版。

61. 李少军：《国际战略报告：理论体系、现实挑战与中国的选择》，中国社会科学出版社2005年版。

62. 程伟等：《经济全球化与经济转轨互动研究》，商务印书馆2005年版。

63. 《江泽民文选》第一卷，人民出版社2006年版。

64. 《江泽民文选》第二卷，人民出版社2006年版。

65. 《江泽民文选》第三卷，人民出版社2006年版。

66. 佟家栋：《发展中大国的贸易自由化与中国》，天津教育出版社2005年版。

67. 汪丁丁：《制度分析基础讲义》，世纪出版集团2005年版。

68. 张宇：《中国的转型模式：反思与创新》，经济科学出版社2006年版。

69. 樊纲、王小鲁、朱恒鹏：《中国市场化指数——各地区市场化相对进程2006年报告》，经济科学出版社2007年版。

70. 俞正樑：《国际关系与全球政治——21世纪国际关系学导论》，复旦大学出版社2007年版。

71. 吴敬琏：《呼唤法治的市场经济》，生活·读书·新知三联书店2007年版。

72. 张毓诗：《世纪之初的国际关系》，时事出版社2007年版。

73. 俞可平：《中国治理变迁30年》，社会科学文献出版社2008年版。

74. 陈尧：《难以抉择：后发展国家的政治发展战略研究》，上海人民出版社2008年版。

75. 林尚立等:《政治建设与国家成长》,中国大百科全书出版社 2008 年版。

76. 陆铭等:《中国的大国经济发展道路》,中国大百科全书出版社 2008 年版。

77. 杨海蛟:《回顾与展望:改革开放以来的中国政治发展》,人民出版社 2008 年版。

78. 李景治、熊光清等:《当代中国政治发展与制度创新》,中国人民大学出版社 2009 年版。

79. 李晓西:《中国市场化进程》,人民出版社 2009 年版。

80. 迟福林:《危机挑战改革》,中国经济出版社 2009 年版。

81. 《马克思恩格斯文集》第 2 卷,人民出版社 2009 年版。

82. 吴敬琏:《中国增长模式抉择》(增订版),上海远东出版社 2009 年版。

83. 尚书:《美日同盟关系走向》,时事出版社 2009 年版。

84. 闫健:《让民主造福中国——俞可平访谈录》,中央编译出版社 2009 年版。

85. 北京师范大学经济与资源管理研究院:《2010 中国市场经济发展报告》,北京师范大学出版社 2010 年版。

86. 郑永年:《中国模式:经验与困局》,浙江人民出版社 2010 年版。

87. 邹至庄:《中国经济随笔》,中信出版社 2010 年版。

88. 李善同、刘云中等:《2030 年的中国经济》,经济科学出版社 2011 年版。

89. 郑永年:《未竟的变革》,浙江人民出版社 2011 年版。

90. 郑永年:《通往大国之路——中国与世界秩序的重塑》,东方出版社 2011 年版。

91. 姚洋:《中国道路的世界意义》,北京大学出版社 2011 年版。

92. 胡锦涛:《坚定不移沿着中国特色社会主义道路前进 为全面建成小康社会而奋斗》,人民出版社 2012 年版。

93. 习近平:《毫不动摇坚持和发展中国特色社会主义,在实践中不断有所发现有所创造有所前进》,《人民日报》2013 年 1 月 6 日。

94. 郑永年:《为中国辩护》,浙江人民出版集团 2012 年版。

95. 于歌:《美国的本质——基督教支配的国家和外交》,当代中国出版社 2012 年版。

96. 姚中秋：《华夏治理秩序史·天下》，海南出版社2012年版。

97. 熊培云：《重新发现社会》，新星出版社2012年版。

98. 许倬云：《大国霸业的兴废》，上海文化出版社2012年版。

99. Abed, George T. and Snjeev Gupta (2002). Governance, Corruption and Economic Performance. International Monetary Fund, Xii, P. 564.

100. Akos Rona – Tas (1994). The First Shall Be Last? Entrepreneurship and Communist Cadres in the Transition from Socialism. *American Journal of Sociology*, vol. 100, pp. 40 – 69.

101. Barro, R. J. (1996). Democracy and Growth. *Journal of Economic Growth* 1 (January).

102. Chang – Tai Hsieh, Ralph Ossa (2011). A Global View of Productivity Growth in China. NBER working papers, W16778.

103. G. Esping – Anderson, L. Rainwater, and M. Rein (1987). Stagnation and Renewal in Social Policy. M. E. Sharpe.

104. Holz, Carsten A (2006). China's Reform Period Economic Growth: How Reliable Are Angus Maddison's Estimates? Review of Income and Wealth. 52 (1), pp. 85 – 119.

105. Kung, James Kai-sing (2000). Common Property Rights and Land Reallocations in Rural China: Evidence from a Village Survey. World Development. 28 (4), pp. 701 – 719.

106. Liliwang, Adam Szirmai (2012). Capital inputs in the Chinese economy: Estimates for the total economy, industry and manufacturing. *China Economic Review*, Vol (23), issue1, pp. 81 – 104.

107. Lipset, S. M. (1959). Some Social Requisites of Democracy: Economic Development and Political Legitimacy. *American Political Science Review*: 53, pp. 69 – 105.

108. Marcos Chamon, Kai Liu and Eswar S. Prasad (2010). Income Uncertainty and Household Savings in China. NBER working papers, W16565.

109. Naughton, B. (1994). Reforming Planned Economy: Is China Unique? In Lee, c, . and Reisen, H. eds. From Reform to Growth: China and other countries in Transition. Development centre, OECD, Paris, France.

110. Pei, Minxin (2006). China's Trapped Transition: The Limits of Development Autocracy. Harvard University Press.

111. Svejnar, Jan (2002). Transition Economies: performance and Challenges. Journal of Economic Perspectives. 16 (1), pp. 3 –28.

112. V. Nee (1989). A Theory of Market Transition: From Redistribution to Markets in State Socialism. American Sociological Review, Vol. 54, pp. 663 – 681.

113. Wei Chi, Richard B. Freeman and Hongbin Li (2012). Adjusting to Really Big Changes: The Labor Market in China, 1989 –2009. NBER working papers, w17721.

114. World Bank (1994). Averting the Old Age Crisis. Oxford University Press.

115. World Bank Report. China 2030: Building a Modern, Harmonious, and Creative High – Income Society. Feb, 2012.

116. Wu, Harry X (2007). The Chinese GDP Growth Rate Puzzle: How Fast Has the Chinese Economy Grown? Asian Economic Papers 6 (1), pp. 1 – 23.

117. Y. J. Bian & J. Logan (1996). Market Transition and the Persistence of Power. American Sociology Review, Vol. 61, pp. 739 –758.